國家古籍整理出版資助項目
北京市優秀古籍整理出版扶持項目

忠文王紀事實録校注

〔南宋〕謝起巖 撰
姜錫東 岳東雲 校注

中國書店

圖書在版編目（CIP）數據

忠文王紀事實録校注 /（南宋）謝起巖撰 ；姜錫東，岳東雲校注．— 北京 ：中國書店，2024.3
ISBN 978-7-5149-3189-1

Ⅰ．①忠… Ⅱ．①謝… ②姜… ③岳… Ⅲ．①岳飛（1103—1142）－傳記 Ⅳ．①K825.2

中國國家版本館CIP數據核字(2023)第255510號

忠文王紀事實録校注

［南宋］謝起巖　撰　　姜錫東　岳東雲　校注

責任編輯：姚文杰　趙小波　趙文杰

出版發行：中國書店

地　　址：北京市西城區琉璃廠東街115號

印　　刷：北京鑫益暉印刷有限公司

開　　本：880mm × 1230mm　1/32

印　　張：9.5

版　　次：2024年3月第1版　2024年3月第1次印刷

字　　數：141千

書　　號：ISBN 978-7-5149-3189-1

定　　價：398.00元（全二册）

本書爲全國高校古籍整理研究工作委員會資助項目（批准編號爲1823）成果。

本書出版得到教育部人文社會科學重點研究基地——河北大學宋史研究中心基地建設經費、河北大學雙一流學科建設經費資助。

特此説明并致謝。

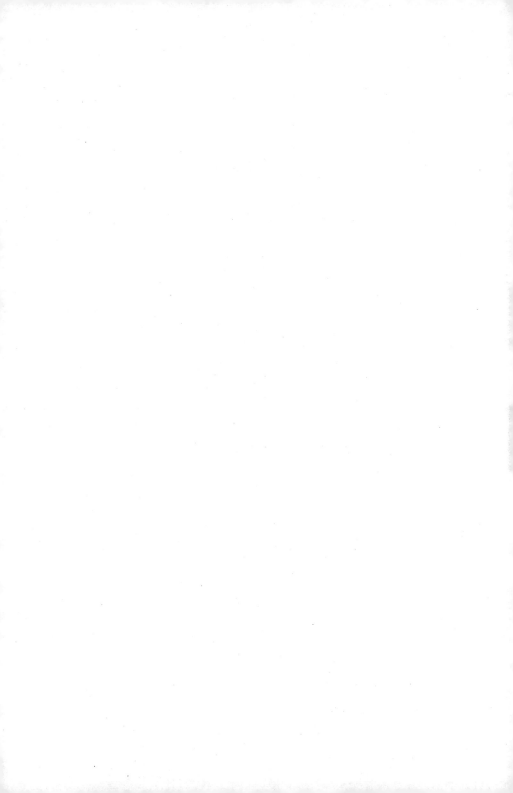

校注説明

忠文王紀事實録是我國現存最早的一部岳飛傳記完整刻本。作者謝起巖，吉州廬陵人（今江西吉安），生卒年不詳，曾是南宋景定年間（1260—1264）明善齋太學生。其在古籍中事迹不详，难以稽考。所作忠文王紀事實録五卷，原書今收藏于國家圖書館。

忠文王紀事實录于1986年由中華書局影印，編入古逸叢書三編；2002年，『中華再造善本工程』啓動，這一工程由國家投入巨資，財政部、文化部共同主持，國家圖書館具體承辦，集中國內一批頂尖學者共同參與，通過大規模的複製出版，共推出古籍善本1300餘種，忠文王紀事實録也被囊括其中；該書在續四庫全

書中也有收録。

作爲現存最早的岳飛傳記完整刻本，其對岳飛史料文獻研究有着舉足輕重的作用。關于岳飛的相關史料有宋史、金史、建炎以來繫年要録、三朝北盟會編、鄂國金佗稡編、續編等，除金史外，其餘都有秦檜黨羽篡改歷史的痕迹。『自紹興八年冬，檜既監修國史，岳飛每有捷奏，檜輒欲没其實，至形于色。其間如闊略其姓名，隱匿其功狀者，殆不可一二數。』秦檜這樣做的目的『大率欲薄先臣之功，以欺後世，使後世以爲不足多恨』。①岳飛之孫岳珂爲辨祖父之冤，撰寫了鄂國金佗稡編二十八卷、續編三十卷。忠文王紀事實録即取材于鄂國金佗稡編，并補録他文。

實録現存最原始的底本是南宋咸淳七年吴安朝刊本，藏于國家圖書館，長期以來不爲外人所見，故此次點校整理用的底本是古逸叢書三編忠文王紀事實録。至于他校用書，自然是王曾瑜先生校注的鄂國金佗稡編續編校注、宋史、宋會要輯稿、

---

① 岳珂著，王曾瑜校注：鄂國金佗稡編续编校注，北京：中華書局，2018年，第1126頁。

建炎以來繫年要録、三朝北盟會編、皇宋中興兩朝聖政以及宋人筆記、文集等歷史文獻。

在點校過程中，使用全式標點；分卷出注，注文序號用〔〕形式；底本之异體字、俗體字，儘量改爲通行字；底本有誤，或者字迹漫漶不清之處，均出校記；原書中的斷板、缺字等情况均予以修訂補正；爲了保存原書的原貌，對底本中因避諱所删『賊』等字眼，均忠實于原著，予以增補；對于因避宋諱而改字者，指明而不回改。

傅增湘先生所作的宋本忠文王紀事實録書後，詳細論述了實録的作者、内容、版本源流、版本特點、岳飛『忠文』謚號的由來、『忠文』謚號不傳之因、實録的輾轉流傳以及重要價值。通過這篇跋文，可以感受到傅老對此書的珍視。有鑒于此，我們對傅老的跋文也予以校注説明，以資研究者參考。書後又有吴安朝跋文及蓬山話舊，對這兩篇跋文我們也進行了校注。

由于學識有限，點校之中難免有不當之處，歡迎各位讀者批評指正。

前言

忠文王紀事實録一書，現收藏于國家圖書館，是南宋後期太學生謝起巖撰寫的一部專門記述著名歷史英雄岳飛事迹的傳記。在記述岳飛事迹的各種著作中，其具有特殊的重要價值，是現存唯一的一部宋刻本岳飛傳。

岳飛出生在北宋河北西路相州湯陰縣（今河南省安陽市湯陰縣）一個普通農民家庭。他從小習武，箭術超群，并有機會學習讀書作文。金軍南下進攻宋朝後，他積極投身抗金戰争中，萬里征程，捨身報國，浴血奮戰，屢立戰功，成爲南宋杰出的軍事將領。他有勇有謀，善于以少勝多，敢打硬仗，能打硬仗。他治軍嚴格，軍紀嚴明，因爲軍隊不擾民而廣受贊譽。他不僅在戰術上因地制宜，機動靈活，屢

創奇績，而且在戰略上胸懷全局，目光長遠，出類拔萃。他忠君愛民，矢志不渝，百折不撓。他孝敬父母，節儉持家，廉潔自律，是『忠孝兩全』的典範。他是中國歷史上非常杰出的將領、著名的英雄，受到廣泛的崇敬。但不幸的是，岳飛没有戰死沙場，而是慘死于奸臣秦檜之手，令人不勝悲憤。

但是，歷史畢竟不容埋没。岳飛逝世 20 年後，得到平反昭雪，岳成爲『盡忠報國』的一面大旗。在這面大旗的鼓舞激勵下，無數英雄兒女前赴後繼，勇往直前，誓死報國。

八百多年來，很多仁人志士、專家學者爲厘清岳飛的英雄事迹，鈎沉索隱，做了大量工作。其中，岳飛之孫岳珂編寫的鄂國金佗稡編、續編，内容最豐富，是我們研究岳飛、了解岳飛最重要的史料。謝起巖的忠文王紀事實録，就是在此書基礎上删編、補充部分新資料而成。就大部分史料而言，謝著并没有超過岳著。但是到 20 世紀時，岳著已經有所散佚，難睹全帙。而謝著可以補充岳著之部分缺失。首先發現這一優缺點并兩相對照的，是民國時期的著名學者傅增湘先生。（見本書宋本忠文王紀事實録書後）後來，著名宋史專家王曾瑜先生在整理、校注岳珂的鄂國

金佗稡編、續編時，就利用謝著校補了不少缺失之處。

特別重要的是他書失載的以下兩件史事：第一，岳珂去世之後，宋理宗景定二年（1261），在楊懋卿等人的申請下，南宋朝廷又敕封岳飛王爵爲『忠文王』，并同時敕封岳飛的祖、父、母、妻、子、女和部分將佐。第二，岳飛第二位妻子李娃及其部分不平凡的事迹。這些珍貴的史事和資料，唯賴謝著得以記載、流傳。

岳飛生前，曾在南宋臨時都城臨安府（今浙江省杭州市）得到南宋朝廷賞賜的宅邸一所，估計在他罹難時被收回，後來改爲太學。岳飛得到平反昭雪後，此處宅邸可能又歸還岳飛遺屬，也可能是允許岳飛遺屬居住其中。詳情如何，因爲史料缺失，難以確知。但從謝著中所載史料可知，當時的太學所在地是岳飛『故宅』，岳飛的『諸孫』似乎也居住其中并與太學生們交往密切。謝著中的這些史料，也非常珍貴。

謝起巖編纂忠文王紀事實録的動機，他在該書序言（忠顯廟忠文王紀事實録本末序）中有所説明：『今皇帝紬功繹德，闡幽煥懿，辟雍湯湯，皃像堂堂，彼得祠于他所者，莫之與京。且暢其忠義之氣，充之以脉斯文。「忠文」徽號，視疇昔

「武穆」爲有加。意向所寓，亦可睹矣。蓋欲合光岳之氣，有相之道，壹是全材，以副時需。豈止使之能欂禮樂，以陶吾民於天下治而已。故事實之有本末，王所以垂竹帛，而詔令傳後者，竊志之久矣。嘗嘆其在國史者不易見，在家集者不及見，在將傳者不多見。幸歲昨得與「忠文」諸孫同筆硯交，見其鄂國金佗有編，裒類浩繁，僭躐仍其纂記，而爲要之提，暫書一通，以置之側。』從中可知，他認爲，宋理宗爲了弘揚岳飛的『忠義』之氣，使之擴充文教事業，加賜岳飛『忠文』徽號，超越了以前的『武穆』謚號。這不僅是爲了符合禮儀、陶冶天下民衆，更是爲了適應時代需要。他早就有志于把此事本末和新詔令傳諸後世，以前曾經感嘆岳武穆、忠文王的事績功德，不太容易閲知。幸運的是，他有些日子與忠文王諸孫在一起學習交流，看到内容浩繁的鄂國金佗稡編、續編。于是，在此書基礎上進行提要存精，（加録新詔令），重新編爲忠文王紀事實録。

因爲是太學生身份，經濟實力有限，謝起巖完成實録後，并没有立即刊刻。從該書書末太學生吴安朝的跋得知，到宋度宗咸淳七年（1271），太學生們『裒集』資金，雇工刊刻。但是，書板刻畢後，南宋王朝已經風雨飄摇、危在旦夕，這些太

學生也無力刷印了。幸運的是，這些書板被人珍藏、保留下來，到明初洪武年間還基本上保存完好，被當時的有識之士使用公文紙印刷出版。印刷之前，按照朱元璋的避諱規定，把書板中的『賊』字進行挖删，但挖删的并不徹底。（參見插圖一）由于書板保存時間長達一百年左右，個别地方已經開裂（參見插圖二），有些地方則漫漶不清（參見插圖三、四、五）。但大部分保存完好，爲後人一睹宋版書、宋字的芳容，提供了又一個實物參考。至于書面背後的公文，據丁瑜先生講，是明初洪武九年、十一年浙江省紹興地區的政府公文。（丁瑜：宋刻孤本三種——忠文王紀事實録、育德堂奏議、水經注，文獻 1986 年第 4 期）這次整理校注時，我們曾經想把書中的這些明初公文也一并整理出來，爲學術界提供一點新史料。雖經努力，最終未果。

由于謝起巖忠文王紀事實録的大部分内容，抄録（有所删改）自岳珂的鄂國金佗稡編、續編，難免存在錯抄、漏抄之處。這次整理，我們參考王曾瑜先生的鄂國金佗稡編續編校注，全力予以糾正、補充。部分校注内容，參考、移録自王曾瑜先生的鄂國金佗稡編續編校注，已在書稿中隨時注明。在此，向王曾瑜先生表示崇

高的敬意和衷心的感謝。

我們從小敬佩岳飛，深爲岳飛『盡忠報國』的偉大情懷所感動。閲讀岳飛的史料和論著越多，敬意愈高。敬佩之餘，也想爲岳飛歷史文化的研究和傳承做點事情。然而，尊敬的鄧廣銘、王曾瑜、龔延明等先生已經做了大量工作，發表了大量研究成果，後來人難以有新的重大突破。在這種情況下，就一直想盡力做一點拾遺補缺的工作。4年前，岳東雲、韓秀峰兩位青年朋友考上我們河北大學宋史研究中心的碩士研究生，我成爲他們的指導教師。我建議他們研究岳飛的歷史，他們欣然同意。期間，我們三人合作撰寫、發表了應尊重韓世忠對岳飛冤案的質問和抗議（載中原文化研究2020年第1期）。2020年，韓秀峰成功完成碩士畢業論文宋元時期岳飛傳記研究，通過答辯，順利畢業。岳東雲則于2019年成爲我們宋史研究中心碩博連讀的博士生，研究方向仍然是岳飛歷史文化。

促使我們決定整理、校注謝起巖忠文王紀事實録的直接原因，是拜讀了傅增湘先生的宋本忠文王紀事實録書後一文，受到傅老的激勵。傅先生作爲民國時期非常著名的學者和藏書家，非常崇敬岳飛。他在這篇文章中説：他曾經廣泛搜集史料，

校刊岳珂的金佗稡編。其中，得益于謝起巖忠文王紀事實録者甚多。他高度評價忠文王紀事實録的珍貴性：『傳世最稀，罕秘特甚。遍檢古今書目，皆未入録。明徐階之岳廟志，徐晋芳之精忠實録亦未述及……遲至今日，乃借余手錶而出之，抑何幸歟！夫孤本秘删已自足珍，矧其告詞可考史籍之遺，其文字可補故書之闕。天假奇緣，錫兹瑰寶。』最後，他殷切希望『廣其流傳，爲此書續命』。傅老在天之靈可感欣慰的是，中華再造善本、續四庫全書和古逸叢書已經影印出版了該書，大有功于該書的流傳和使用；今吾與岳東雲君再加整理校注，由中國書店出版，爲該書更加廣泛的流傳、更加方便的使用略盡綿薄之力。書稿難免存在疏誤之處，敬請讀者批評指正。

目録

宋本忠文王紀事實録書後 …… 一
忠顯廟忠文王紀事實録本末序 …… 八
忠文王紀事實録卷之一 …… 一一
高宗皇帝宸翰 …… 一三
追封鄂王告（中书舍人李大異行詞） …… 五三
王之子雲贈節度使告（中書舍人俞烈行） …… 五五
王之将張憲贈承宣使告（同前人行） …… 五六
太學陳請賜廟額封王爵及父母、妻子、子婦、將佐加封事 …… 五七

録白忠文王告詞……六四
録白王父告祠……六五
録白王子告祠……六六
録白佐神告祠……六七
忠文王紀事實録卷之二……八一
行實編年一……八三
行實編年二……九九
忠文王紀事實録卷之三……一三五
行實編年三……一三七
行實編年四……一五四
行實編年五……一七一
忠文王紀事實録卷之四……二一七
行實拾遺……二一九
秦國夫人李氏遺事……二三四

諸子遺事……二三五
昭雪廟謚……二三六
籲天辨誣通叙……二四〇
忠文王紀事實録卷之五……二五七
奏議……二五九
附　录……二七三

宋本忠文王紀事實録書後

本書紀岳鄂王事，凡五卷，宋太學明善齋學生廬陵謝起巖輯。前有景定癸亥起巖自序，標題爲忠顯廟忠文王紀事實録本末，後有咸淳七年太學明善齋諭學生吳安朝跋。卷一高宗宸翰後附進封『鄂王』及將佐等告詞，又景定時中書省牒文及改謚『忠文』告詞；卷二卷三行實編年；卷四行實紀遺；卷五奏議。景定刊本，半葉十行，每行二十二字。白口，雙闌，板心上記字數，下記刊工姓名，可辨者錢桓、及于、徐、東、明、昌等姓名[一]一字。收藏印記有『錫山安國寶藏』『子高文房之印』『晚香閣記』三印[二]。函面金牋題『乾隆己酉賜經筵講官禮部尚書兼文淵閣直閣事臣紀昀』三行[三]。

按宋史淳熙五年九月賜岳飛謚『武穆』，寶慶元年二月改謚『忠武』，蓋以孔明之興漢，汾陽之復唐，取二謚之美以旌异之。至『忠文』之謚，世不盡知，或且疑其不類。惟近時錢汝雯新編鄂王年譜引岳廟志略及明金忠士請金佗祠額疏，知德祐元年有賜謚『忠文』之典，然詔敕無征，月日不詳，始以傳疑而已。今得此書觀之，則太學學録學生楊懋卿等申文已詳叙，尚書省牒中更以吴安朝跋證之。始知太學爲鄂王故宅，司土之神即王也。其祠名『靈通』，其神爲『正顯昭德文忠英濟侯』。懋卿等因請八字侯封改畀王爵，太常寺議賜名『忠顯祠』，其封號原擬『文忠』，又以二字恐與先聖相類，因先忠後文，以示有别。其後詳載忠文告詞與王父子將佐加封告詞，其時景定二年二月也。秖以事出晚季，宋社旋墟，此書既少流傳，典故遂歸湮滅。致令考古者詫爲异聞，紀事者存爲虚説，亦可嘆矣。

考謝氏此書，其自序言：『昨得與忠文諸孫同筆硯交，見其鄂國金佗有編，裒類浩繁，僭仍其傳記，纂而爲要之提』云云。知當時編輯純取材於金佗稡編明矣。今以本書與稡編對勘，則所録高宗宸翰、行實編年與夫行實拾遺，其文字同，次第

同，第其稱謂改『先臣』爲『王』耳。然取浙刻稡編本逐卷細校，則訂僞補佚幾於不可勝計。蓋近刻稡編皆祖明嘉靖本，其所據宋元舊本，以年深板蝕，字多損浥，且展轉散佚，闕板至數十番之多。余頻歲游杭，仰瞻祠墓，追念孤忠，因有校定稡編之志。遂尋求宋元古刻，雖殘篇斷卷，亦所不遺，而所補闕文曾不及半。兹取實録參校，凡稡編自卷一至卷九，所有奪文訛字，訂正一清。舉其犖犖大者述之：如卷四行實編年『崇寧二年』下脱王初歲遺事一葉二百八十字；『宣和六年春三月賊』下脱『首張超』二十二字；卷五『紹興元年十二月升神武副軍都統制』下脱紹興二年壬子歲事實二百六十三字；紹興三年『撫勞再三』句下脱二十字；『沿江制使』下脱六十四字；卷六『紹興五年窺覦上流程』下脱一葉二百四十七字；卷七『紹興七年此皆宣撫岳飛』下脱三十六字；卷九遺事中，『一時名人才士』下脱一百七字；『秦國夫人遺事』脱八十字；諸子遺事脱六十七字；昭雪廟謚『門皆悲感嘆服』下脱六十八字；追封張憲告詞下脱三十二字，咸賴以補完，通得一千一百八十二字。而追封忠文牒文告詞及妻子家屬、故將封告之詞，爲他書不見者又二千餘言。噫！可謂夥矣！

此書傳世最稀，罕秘特甚。遍檢古今書目，皆未入録。明徐階之岳廟志、徐縉芳之精忠實録，亦未述及。其書以官牘紙印行，細審紙背，有洪武九年嵊縣申文，洪武十一年紹興府册籍各字迹，知明初其板尚存於浙中。是此書刻於宋季，印於明初[四]，經『錫山安氏』之珍藏，不知何時乃歸於内府。至乾隆五十四年己酉始出，以賜河間紀文達公。光緒以來，文達遺書稍稍散佚，此書爲臨清徐梧生[五]監丞所獲。迨共和八九年間，徐氏藏書又出。余乃於内城帶經書坊獲之。其流轉大略，可考見者如此。

夫景定至今，越六百七十餘年，經歷四代，若存若亡。至乾隆時，幸出塵霾，上邀宸覽，然深鎖禁庭，未得登名秘閣。蓋高宗頻事南巡，諸臣多獻秘籍，及迴鑾以後，多付重裝，遂皆別庋。余掌故宫書庫時，常見古書綴有簽題，多出天禄琳琅之外，此書宜亦類是。及文達公拜賜之時，則四庫全書告成已近十年，無由補録，其沈埋堙没又百餘年，遲至今日，乃藉余手錶而出之，抑何幸歟！夫孤本秘册，已自足珍，矧其告詞可考史籍之遺，其文字可補故書之闕。天假奇緣，錫兹瑰寶，不僅珍之什襲，更將傳之萬本。爰詳考始末，以質方雅，且冀當世嗜學好古之士，謀

所以廣其流傳，爲此書續命，則匪獨余一人之私幸已也〔六〕。

藏園傅氏寫本

校注記：

〔一〕下記刊工姓名，可辨者錢桓、及于、徐、東、明、昌等姓名：錢桓是南宋咸淳年間的刻字工人，除錢桓外，其他名字不可考。

〔二〕收藏印記有『錫山安國寶藏』『子高文房之印』『晚香閣記』三印：安國（1481—1534），明代著名出版家、藏書家，字民泰，號桂坡，江蘇無錫人。無錫縣志記載：『安國，字民泰，富幾敵國，居膠山，因山治圃，植叢桂於後岡，延袤二里餘，因自號桂坡。好古書畫彝鼎，購异書。由西林膠山，安氏園也。』藏書紀事詩也記載：『（安國）漁獵子史，精於書法，善鑒别彝鼎法書名畫，珍藏之盛，甲於江左。國所治圃，地本石地，安國募夫鑿之，穿池廣數百畝，中爲二山，以擬金山、焦山。由是石田轉爲沃田，圃亦爲一邑冠。』中國藏書家印鑒款識著録『大明安國鑒定真迹』朱文長方印鑒一，除此方鈐之外，另有『錫山安國寶藏』、

葫蘆形『子高文房之印』朱文印、『香晚閣記』白文印記三方。從實録中所見的三方印記可以證明，實録在明初印刷完畢後，曾被安國收藏。

［三］函面金箋題『乾隆己酉賜經筵講官禮部尚書兼文淵閣直閣事臣紀昀』三行：可知實録其後歸内府。乾隆年間，藏書之豐，盛狀空前。乾隆五十四年（1789），將實録賜予紀昀，紀昀曾任四庫全書總編纂，此或屬四庫全書寫定後，各地進呈之書，未及著録於目。

［四］實録采用明初公文紙（亦稱官牘紙或稱公牘紙）印刷，由於元明以前，造紙術雖然發達，但紙價昂貴。因此收集官府廢弃的檔案、公文，選其完整潔净者用背面印刷書籍。此等書背紙公文，可爲今人提供當時政治、經濟、税賦、民俗等直接史料，頗受藏書家、書史研究者重視。丁瑜先生通過實録卷二背面明朝洪武年間民間販鹽的記載，推斷出忠文王紀事實録雖刻於宋度宗咸淳年間，其書版在明初尚存，印刷此本當在明洪武朝以後。①

① 丁瑜：宋刻孤本三種——忠文王紀事實録、育德堂奏議、水經注，文獻1986年第4期，182—191頁。

〔五〕徐梧生即徐坊，山東臨清人，是清末民初著名藏書家，曾在清廷擔任户部主事，後爲國子丞。辛亥革命後，溥儀退位，徐坊弃官隱居北京，後成爲溥儀的漢文老師，1916年病逝，謚『忠勤』。徐坊藏書處名曰『歸朴堂』，傅增湘先生在雙鑒樓善本書目序中説：『歷觀近代勝流，若勝意園、端匋齋、徐梧生諸公，當其盛時，家富萬簽，聲名烜赫，駸駸與南瞿北楊齊軀方駕；而鼎革未幾，楹書咸佚，求其家藏薄籍，渺不可得，未嘗不嘆風流之易歇。』

〔六〕藏園群書題記也有此文，文末有『歲在己卯七月中浣，傅增湘識於瓊島北岸之抱素書屋』。

忠顯廟忠文王紀事實録本末序

王忠孝出於天資，功業存乎社稷，萬古在後，諒亦知其烈也。誰歟厄之！我國家思所以雪澡而日熙者，直與巍然衮冕不祀威魋同科，厄果終厄乎哉？今皇帝〔一〕紬功繹德，闡幽焕懿，辟雍湯湯，皃像堂堂，彼得祠於他所者，莫之與京。且暢其忠義之氣，充之以脉斯文。『忠文』徽號，視疇昔『武穆』爲有加。意向所寓，亦可睹矣。蓋欲合光岳之氣，有相之道，壹是全材，以副時需。豈止使之能樿禮樂，以陶吾民於天下治而已。故事實之有本末，王所以垂竹帛，而詔令傳後者，竊志之久矣。嘗嘆其在國史者不易見，在家集者不及見，在將傳者不多見。幸歲昨得與『忠文』諸孫同筆硯交，見其鄂國金佗有編〔二〕，裒類浩繁，僭躐仍其纂記，而爲要

之提，誓書一通，以置之側。筆甫既，自念王之行事在國史，在人心，固不增損於事集之有無也。然有忠義於肝膽者，庶其一閲於目，則必將有激於衷，而爲之憮然。景定癸亥[三]元正。太學明善齋學生廬陵謝起巖序。

校注記：

［一］今皇帝：指宋理宗。

［二］鄂國金佗有編：指岳珂鄂國金佗稡編。

［三］景定：宋理宗年號。景定癸亥即景定四年，公元1263年。

忠文王紀事實録卷之一

高宗皇帝宸翰

紹興四年
復襄陽四詔
援淮西二詔
紹興五年
平楊么二詔
還屯武昌一詔
紹興六年
督府視師二詔

移鎮襄阳一詔
起復一詔
按邊一詔
援淮西三詔
出師襄漢三詔
撫問賜器物一詔
降槍樣一詔

紹興七年

招僞官吏一詔
合軍二詔
乞解兵柄三詔
乞本軍進討一詔
招酈瓊一詔
乞建都上游一詔

行邊一诏
屯九江賜燕勞一詔
紹興八年
和議二詔
紹興九年
戒招納一詔
紹興十年
出師三詔
援顺昌六詔
議建儲一詔
進取一十一詔
班師二詔
入覲一詔

紹興十一年

援淮西一十五詔

紹興四年

春三月，王奏請先復襄、鄧六郡，以圖中原。會方議通虜好，重於深入，御札[一]命王勿出李横所守界。

敕岳飛，矧卿忠義之心，通于神明，故兵不犯令，民不厭兵，可無愧於古人矣。今朝廷從卿所請，已降畫一，令卿收復襄陽數郡。惟是服者捨之，拒者伐之，追奔之際，謹無出李横所守舊界[二]，却致引惹，有悮大計。雖立奇功，必加爾罰，務在遵禀號令而已。收復之後，安輯百姓，隨宜措畫，使可守禦，不致班師之後，復有疏虞，始可回軍，依舊屯駐。朕當重置賞典，以旌爾功。故兹筆喻，無慢我言。十四日。

劉光世請措置荆、襄，詔不許，第令整兵，以爲王援，復賜御札。

勑岳飛，朕具省出師奏，以卿智勇，必遂克敵，更在竭力致身，早見平定。近劉光世乞行措置荆、襄，朕已命卿，豈易前制。但令光世嚴整步騎，以爲卿援，緩急動息，可行關報也。亦當令卿將佐等知，庶可益壯軍心，鼓勇士氣，所向無前，孰能禦哉！二十一日。

夏五月，進兵襄陽，克之。捷聞，廷議猶患其難守，賜御札問方略。

勑岳飛，朕具聞卿已到襄陽，李成望風而退。朕雖有慰于心，而深恐難善其後。此賊不戰而歸，其理有二：一以卿紀律素嚴，士皆效死，故軍聲遠振，其鋒不可當；一乃包藏禍心，俟卿班師，彼稍就緒，復來擾劫，前功遂廢[三]。卿當用心籌畫全盡之策[四]來上。若多留將兵，唯俟朝廷千里饋糧，徒成自困，終莫能守[五]，適足以爲朕憂。不知李成在彼如何措置糧食，修治壁壘，萬無劉豫肯爲運糧之理[六]。今既渡江，屯泊何所？及金國、僞齊事勢强弱，卿可厚以金幣，密遣間探[七]，的確具聞。蓋國計之所在也，故兹筆喻，深宜體悉。

李成益兵請戰，又大敗。復賜御札問方略，及喻王爲誘敵之計。

具省卿奏，李成益兵而來，我師大獲勝捷，乃卿無輕敵之心，有勇戰之氣之所致也。因以見賊志之小小耳！朕甚慰焉。此月九日，嘗降親筆，令卿條畫守禦全盡之策。若少留將兵，恐復爲賊有；若師徒衆多，則饋餉疲勞，乃自困之道也。卿必有以處焉[八]。及密遣間探，要知金虜、僞齊事勢强弱，點集次第，想已必達。卿宜籌畫良策來上，庶幾不廢前功也。將來議定，卿若班師，將今留人馬亦權暫少留，作守城之大計，其餘設伏，而卿亦少留近境。要當致彼賊師再來，并力掩擊剿除。而後已雖真實少留人馬[九]，彼亦不敢有所侵犯也。卿更籌之，朕不遥制[十]。

冬十一月，虜、僞合兵，大舉入寇，邊報急[十一]。賜御札，趣王提兵東下。

近來淮上探報緊急，朕甚憂之，已降指揮，督卿全軍東下。卿夙有憂國愛君之心，可即日引道[十二]，兼程前來。朕非卿到，終不安心，卿宜悉之。

十二月，提軍趨合肥，御札撫問。

卿義勇之氣，震怒無前，長驅濟江，威聲遠暢。宜奮揚於我武，務深得於敵

情。既見可乘之機，即爲擣虛之計。眷兹忠略，豈俟訓言，深念勤勞，往加撫問。

紹興五年

夏四月，奉詔平湖寇楊么，至長沙，賜御札。

近得奏，知卿已至潭州，時方盛暑，將士良勞。朕以湖湘之寇，逋誅纍年，故特委卿，爲且招且捕之計，欲使恩威并濟，綏靖一方。聞卿到彼，措畫得宜，朕甚嘉之。然今去防秋不遠，若此寇既平，則可以專意扞敵[十三]。更宜多筭[十四]，決致成功，此朕所望於卿者。其他曲折，張浚既至軍前，可就議也。二十三日[十五]。

六月，大破楊么等寇，湖湘悉平，賜御札褒寵。

比得張浚奏，知湖湘之寇已肅清，紓朕顧憂，良用欣愜。非卿威名冠世，忠略濟時，先聲所臨，人自信服，則何以平積年嘯聚之黨於旬朝指顧之間。不煩誅夷，坐獲嘉靖，使朕恩威兼暢，厥功茂焉！腹心之患既除，進取之圖可議。緬思規畫，嘉嘆不忘。然恐招撫之初，人懷反側，更宜綏輯，以安衆情。措置得宜，彼自馴

擾。浚必已與卿計之熟矣，或有陳請，可具奏來。

湖湘平，還屯武昌，御札戒王豫備。

敕岳飛，武昌控制上流，淮甸只隔一水，可多方措置，遣得力人間探，無使寇攘窺伺。即今動息如何？莫謂未有警報而緩圖之，事不素定，難以應猝。卿其用心體國，萬一有警，當極力捍禦，乘勢掃戮，無少疏虞，即卿之功。日具的實動息奏來。十四日[十六]。

紹興六年

春，詔宰臣張浚出視師，賜御札。

朕以寡昧之資，履艱難之運，雖夙宵自勵，冀恢復於丕基，而奸宄未銷，尚憑陵於方夏。殆欲親蒙矢石，身屬櫜鞬[十七]，報兩宫遷越之讎，拯百姓流離之苦。坐薪嘗膽，疾首痛心，十年于兹，終食屢嘆。今委宰輔督護戎昭[十八]，而卿以柱石之資，總貔虎之衆，居懷憤激，期于蕩平。然念王者之師本於伐叛，天下之將專以靖

民，俾號令之申嚴，慰雲霓之徯望。毋窺近效，有害成功，必使部伍無嘩，田閭不擾，副我撫綏之意，共成戡定之功。捨爵策勛，朕不敢忽。故兹親筆，卿宜悉之。

張浚既出視師，復賜御札，申諭眷倚之意。

朕以父兄蒙塵[十九]，中原陷没，痛心嘗膽，不敢皇寧[二十]。已命相臣往專經畫，正賴爾等深體此懷，各奮精忠，勉圖報效。儻有幾會，無或後時。所冀二聖還歸，故疆恢復，用副朕平日眷待責成之意。

二月，督府議進屯以圖中原，王遂移鎮襄陽。賜御札，令勉諭將佐。

朕惟國之用武，必據形勝，以爲地利。今西南之重，實占上游。既已委卿移屯要害，深圖戰守之計。卿宜以朕此意，敦喻將佐，撫勞士卒，勉思忠義，勠力一心，協贊事幾，庶克攸濟。有功必報，朕不汝忘。

三月，丁母周國夫人姚氏憂。賜御札，趣王起復[二十一]。

比閲軍中奏，知卿奄遭内艱，倚注之深，良用震怛。然人臣大義，國耳忘家，移孝爲忠，斯爲兩得。已降制命，趣卿起復，宜體幾事之重，略常禮之煩，無用抗辭，即祗舊服。乘吏士鋭氣，念家國世讎，建立殊勛，以遂揚名顯親之美，斯孝之至也。故兹親筆，諒悉至懷。

秋，王將按邊[二十二]，朝廷患給餉者不時至，賜御札，命按舉功罪，以置賞罰[二十三]。

朕將遣大兵，控臨邊境，軍須調度，不可愆時。應守、令、監司措置餉運[二十四]，不擾而辦者，卿可具名來上，當議褒擢，其或不虔[二十五]，致悞國事[二十六]，亦即按劾以聞。邦有常刑，朕不敢貸。

九月，還至武昌，僞齊兵犯淮西，有詔提軍東下。時王目疾甚，張浚以聞，詔遣僧中印、皇甫知常馳至軍療眂。賜御札勞問，且趣其師。

近張浚奏，知卿病目，已差醫官爲卿醫治。然戎務至繁，邊報甚急，纍降詔

旨，促卿提兵東下。卿宜體朕至懷，善自調攝，其他細務委之僚佐，而軍中大計須卿决之。如兵之在遠者，自當日下抽還，赴此期會。想卿不以微疾，遂忘國事。朕將親臨江滸矣，并悉之。

淮西寇已遁，賜御札，止東援之師，且勞問目疾。

比屢詔卿提兵東下，今淮西賊遁，未有他警，已喻張浚從長措置[二十七]，卿之大軍未須遽發也。如聞卿果以目疾爲苦，不至妨軍務否？近差醫者疾馳，往卿所看視，卿宜省思慮，謹藥餌[二十八]，安静調養。至於求閑之請，非朕所知，雖屢請無益也。故兹親筆，以示眷懷。

前詔未拜，王已力疾提軍至九江。奏至，玉音宣諭輔臣，以王有尊朝廷之義。復賜御札嘉奬，且命爲乘機進取之計。

聞卿目疾小愈，即提兵東下，委身徇國，竭節事君，於卿見之，良用嘉嘆。今淮西既定，别無他警，卿更不須進發。其或襄、鄧、陳、蔡有機可乘，即依張浚已

行事理，從長措置，亦卿平日之志也。故兹親詔，卿宜知悉。

冬，王奉詔，遂出師襄漢，賜御札。

覽奏，知卿出師漢上，規模素定，必不徒行。方冬遠涉，將士良苦，卿更勤加撫勞，用副朕意。

師至襄漢，賜御札撫問，且諭以勉力遠圖之意。

卿志存憂國，義專報君，式總兵戎，再臨襄漢。顧霜露之冒犯，想徒御之勤勞。深副簡知，自宜神相。朕當食而嘆，中夜以思，非我忠臣，莫雪大耻。所祈勉力，用究遠圖。卿目疾邇來更好安否?故兹親諭，想宜悉之。

初，王下商、虢，至長水，得糧凡十七萬，俘獲甚衆。會淮西有警，遂還。至是復與僞齊戰于何家寨，于白塔，于牛蹄，皆大捷。賜御札奬諭，且申述前功。

卿學深籌略，動中事機，加兵宛、葉之間，奪險松柏之塞。仍俘甲馬，就食糗

糧，登聞三捷之功，實冠萬人之勇。朕方申嚴漕輓[二十九]，督責計臣，俾遠赴於師期，庶士無於飢色[三十]。卿其勝敵益戒，用心愈剛，毋少狃於前勞，用克當於大敵。但使先聲後實，我武既揚；將見左枝右吾[三十一]，敵人自病。朕所望者，卿其勉旃！

十二月，大雪苦寒，遣賜器物，傳宣撫問，兼賜御札。

戰鞍、綉鞍各一對，龍涎香一千餅，龍茶一合，靈寶丹一合，鐵簡一對賜卿，至可領也。

降槍樣至軍中，賜御札。

卿軍中見用長槍[三十二]，似未盡善。此物須是銛利勁決，即用之借助人力。今降槍樣去，可依此製造，盡改舊樣不用。

紹興七年

春，既下詔招陷僞官吏，乃賜王御札，令以德音檄諭。

朕惟中原官吏皆吾舊臣，迫於虜威，中致睽絶，豈弃君而從僞，實權時以保民。罪由朕躬，每深自咎。儻能懷忠體國，率衆來歸，當議因其官爵，更加褒寵，罪無大小，悉與寬除。天日所臨，朕言必信。故兹親筆，所宜悉之。

卿可作恭被親筆手詔，移檄中原州縣官吏。

復賜御札，命王招諭僞齊親黨。

劉豫親黨有能察時順理，以衆來歸，自王爵以下，皆所不吝，罪無大小，一切寬貸。卿可多遣信實之人，宣諭朕意。

三月，王扈蹕至建康，召至寢閣，玉音宣諭曰：『中興之事，一以委卿。』王頓首奉詔。時劉光世罷兵，未知所付。聖意屬王，議既定，賜御札，令付王德等。

朕惟兵家之事，勢合則雄。卿等久各宣勞，朕所眷倚。今委岳飛盡護卿等，蓋將雪國家之耻，拯海内之窮。天意昭然，時不可失，所宜同心協力，勉赴功名，行賞答勛，當從優厚。聽飛號令，如朕親行，儻違斯言，邦有常憲。

王既奉詔，復抗疏論恢復大計。時秦檜力主和議，聞王將合師北討，懼其成功，謀奪所領光世軍，從中沮撓，前議遂寢。乃賜御札。

覽奏備悉，俟卿出師有日，别降處分。淮西合軍，頗有曲折。前所降王德等親筆，須得朝廷指揮，許卿節制淮西之兵，方可給付。仍具知稟奏來。

王至督府，與張浚論劉光世軍，力言張俊、吕祉、王德皆不可付，恐士心不服，或以致變。浚疑其有自營得軍意。王乃即上章，乞解兵柄。賜御札慰諭，且封還奏札。

奏札復還卿，國事至重，要當子細商量，期於有濟。可速起發見張浚，仍具奏來。

王復上奏懇免，乞持餘服。賜御札，封還元奏。

再覽來奏，欲持餘服，良用憮然[三十三]。卿忠勇冠世，志在國家[三十四]，朕方倚卿以恢復之事。近者探報，賊計狂狡，將窺我兩淮，正賴日夕措置，有以待之。卿乃欲求閑息[三十五]，豈所望哉！張浚已過淮西視師，卿可亟往，商議軍事，勿復再有陳請。今封還元奏。故茲親筆，宜體至懷。

王懇免不止，詔遣中使，宣請張浚[三十六]所議軍事。賜御札，再還元奏。

比降親筆，喻朕至意。再覽卿奏，以渾瑊自期，正朕所望於卿者，良深嘉嘆。國家多事之際，卿爲大臣，所當同恤。見遣中使，宣卿赴張浚處詳議軍事。傳曰：『將相和，則士豫附。』卿其勿事形迹，以濟功勛。今再封還來奏，勿復有請。

王議事畢，奉詔還屯。復上奏，以爲賊豫逋誅[三十七]，盜據中土，歲月滋久，污染漸深，宜及時攻取，以除腹心患，乞不假濟師，止以本軍進取。賜御札褒諭[三十八]。

覽卿來奏，備見忠誠，深用嘉嘆。恢復之事，朕未嘗一日敢忘于心，正賴卿等乘機料敵，力圖大功。如卿一軍士馬精鋭，紀律修明，鼓而用之，可保全勝，卿其勉之，副朕注意。

秋七月，張俊、楊沂中之旨至淮西，酈瓊等果大譟不服，遂殺呂祉[三十九]，以全軍叛降僞齊。賜御札，諭王招捕[四十]。

國家以疆埸多虞，已及防秋，比降指揮，除張俊爲淮西宣撫使，楊沂中爲制置使。而廬州統制官酈瓊意謂朝廷欲分其兵馬，遂懷反側，不能自安，於八日脅衆叛去。朕已降詔開諭招撫，兼遣大兵，如無歸意，即行掩捕。卿宜知悉。比覽裁減官吏奏狀，知卿體國愛民之意，深契朕心，嘉嘆無已。

王前奏，乞以本軍進討劉豫，既奉詔，方整兵北鄉，復上奏，請建都上游，以瞰中原，以示聖意之所向[四十一]。會淮西軍變，因賜御札報諭，令俟機會[四十二]。

覽卿來奏，備見愛君忠義之忱[四十三]。朕懷國家之大耻，竭盡民力，以養兵訓

戎，恢復之事，未嘗一日少忘于心。但以近者張浚[四十四]謀之不臧，淮西兵叛，事既异前，未遑亟舉。而議者謂朕當不常厥居，使敵人莫測，建康、臨安，以時往來，固不害爲恢復之圖也。唯俟幾會，以決大策。地遠，不得與卿面言，卿其益勵壯猷，副朕責成之意。

王奉詔，不復出師，第行邊備守。朝廷猶以上流爲慮，賜御札，令王飭備。

卿盛秋之際，提兵按邊[四十五]，風霜已寒，征馭良苦。如是别有事宜，可密奏來。朝廷以淮西軍叛之後，每加過慮。長江上流一帶，緩急之際，全藉卿軍照管。可更戒飭所留軍馬，訓練整齊，常若寇至。蘄陽、江州兩處水軍，亦宜遣發，以防意外。如卿體國，豈待多言。

王奉詔，以舟師屯九江，爲淮、浙聲援。既至，御札撫問，且遣馹使燕勞。

比降旨，令卿領兵應援淮、浙，庶幾王室尊安，中外寧謐。聞卿即日就道，已屯九江，憫勞跋履之勤，良用嘉嘆。今遣江諮賜卿茶、藥、酒、果，及燕犒將士，

仍令諭朕委曲之意。卿其悉之。

紹興八年

秋，奉詔入覲。時虜人方議通好，王因賜對，力言：『夷狄不可信，和好不可恃，相臣謀國不臧，恐貽後世譏議。』及還屯，飭備益嚴。已而卒許虜和，賜御札報諭，因其戒謹之意，復寓聖訓。

朕昨與卿等面議金國講和事，今金人已遣張通古、蕭哲前來議和。朕以梓宮未還，母、兄、宗族在遠，夙夜痛心，不免屈意商量。然卿等戮力練兵，國威稍振，是致敵人革心如此。卿等之功，朕豈可忘。若境土來復，自今尤當謹飭邊備，切宜體朕此意，益加訓練兵馬，常作不虞之戒，以圖永久安固。付此親札，想宜知悉。

朝廷得金人書，歸我河南地，賜御札報諭，歸功王。

今月二十七日，已得大金國書，朕在諒陰中，難行吉禮，止是宰執代受。書中無一須索，止是割還河南諸路州城。此皆卿等扶危持顛之效，功有所歸，朕豈可

忘[四十六]。尚期飭備，以保全勛。故兹親札，各宜體悉。

紹興九年

朝廷得金人書，歸我河南地，虜好方密，令毋得過界招納[四十七]。

朕委任卿嚴飭邊備。唯是過界招納，得少失多，已纍行約束，丁寧詳盡。今後雖有三省、密院文字，亦須繳奏，不得遣發。付此親札，想宜體悉。

紹興十年

朝廷得諜報，虜人果有意叛盟，賜御札，令飭備。

昨因虜使至，慮傳播不審，妄謂朝廷專意議和，是用纍降旨，嚴飭邊備。近據諸路探報，虜人舉措，似欲侵犯。卿智謀精審，不在多説[四十八]，更須曲盡関防，爲不可勝之計，斯乃萬全。朕比因傷冷作疾，凡十日不視朝，今則安和無事。慮貽卿遠憂，故兹親詔，宜悉。

夏五月，虜人大舉入寇，王聞警，即奏乞面陳機密[四十九]。會已詔與諸大帥進兵，賜御札不許，趣王乘機破敵，仍問至計[五十]。

覽卿來奏，欲赴行在奏事，深所嘉嘆，况以戎事之重，極欲與卿相見。但虜酋在近，事機可乘，已委卿發騎兵至陳、許、光、蔡，出奇制變，因以應援劉錡，及遣舟師至江州屯泊。候卿出軍在近，輕騎一來，庶不廢事。卿憂國康時，謀深慮遠，必有投機不可淹緩之策，可親書密封，急置來上，朕所虚佇也。遣此親札，想宜體悉[五十一]。

時河南盡陷，復詔趣王與諸大帥進兵。賜御札，令乘機措置招納。

金人過河，侵犯東京，復來占據已割舊疆。卿素藴忠義，想深憤激。凡對境事宜，可以乘機取勝，結約招納等事，可悉從便措置。若事體稍重，合稟議者，即具奏來。付卿親札，想宜體悉。

劉錡據順昌以抗虜，王奉詔，即遣張憲、姚政赴敵。未至，復賜御札，命應援

闗陝、河北，以圖京師。

金人背約[五十二]，兀术見據東京。劉錡在順昌，雖屢有捷奏，然孤軍不易支梧[五十三]。已委卿發騎兵策應，計已遣行。續報撒离喝犯同州，郭浩會合諸路，扼其奔衝。卿之一軍，與兩處形勢相接，况卿忠義謀略，志慕古人，若出鋭師邀擊其中，左可圖復京師，右謀援闗陝，外與河北相應，此乃中興大計。卿必已有所處，唯是機會不可不乘。付此親札，想宜體悉。

王既遣張憲、姚政至順昌、光、蔡，援劉錡，具以奏聞。未至，六月札趣兵[五十四]。

劉錡在順昌府，捍禦金賊[五十五]，雖屢殺獲，其賊勢源源未已。卿依已降詔旨，多差精鋭人馬，火急前去救援，無致賊勢猖狂，少落奸便，不得頃刻住滯。

王之奏未至，復賜御札，趣遣兵。

已降指揮，委卿遣發軍馬，往光、蔡以來，策應劉錡，以分賊勢。緣錡首與虜

人相角，稍有挫衄[五十六]，即於國體士氣，所係非輕。卿當體國，悉力措置，無致少失機會。付卿親札，想宜體悉。

王遣張憲、姚政之奏既至，因復請詣行在所[五十七]，面陳機密。御札不許，力战[五十八]。

覽卿奏，已差發張憲、姚政軍馬至順昌、光、蔡，深中機會。卿乞赴行在所奏事，甚欲與卿相見。緣張俊親率大兵在淮上[五十九]，已降指揮，委卿統兵并力破賊[六十]。卿可疾速起發，乘此盛夏，我兵得利之時，擇利進取，候到光、蔡，措置有緒，輕騎前來奏事，副朕貯也。付此親札，想宜體悉。

詔以王屢請覲，慮妨乘機，驛遣李若虚詣軍前議事。賜御札，令王審處機宜[六十一]，且諭以委任之意。

金人再犯東京，賊方在境，難以召卿遠來面議。今遣李若虚前去，就卿商量。凡今日可以乘機禦敵之事，卿可一一籌畫措置，先入急遞奏來[六十二]。據事勢，莫

須重兵持守，輕兵擇利。其施設之方，則委任卿，朕不可以遥度也。盛夏我兵所宜，至秋則彼必猖獗，機會之間，尤宜審處。遣親札，指不多及。

朝廷以順昌爲憂，復賜御札，趣已遣之兵，仍令濟師。纍降詔旨，令發精鋭人馬，應援劉錡。今順昌與賊相對[六十三]日久，雖屢殺獲[六十四]，恐人力疲困不便。卿可促其已發軍馬，或更益其數，星夜前去協助劉錡，不可少緩，有失機會。卿體朕此意，仍具起發到彼月日奏來。

初，王召對罷，詣資善堂，見孝宗皇帝英明雄偉，退而嘆曰：『中興基本，其在是乎！』時儲極虚位，天下寒心，權臣媢忌人言，在廷莫敢倡議。王獨念聖眷優渥，不敢愛身，思欲盡言以報。至是虜再叛盟，王灑泣厲衆，即日北討。將行，數請面陳，冀以感動上聽。會詔趣進兵，不許，乃密爲親書奏上之，大略以爲：『今欲恢復，必先正國本，以安人心。然後不常厥居，以示不忘復讎之志[六十五]』。奏至，宸衷感悟，賜御札褒嘉。會劉錡戰退三路都統、龍虎等軍，因諭王以擣虚斷後

之策。

覽卿親書，深用嘉嘆，非忱誠忠讜，則言不及此。卿識慮精深，爲一時智謀之將，非他人比。兹者河南復陷，日夕愴然。比遣兵渡淮，正欲密備變故，果致俶擾。劉錡戰退三路都統、龍虎等軍，以捷來上。顧小敵之堅，深軫北顧之念。卿可附近乘此機會，見可而進，或掎角擣虚，斷後取援，攻守之策，不可稽留。兵難遥度，卿可從宜措置，務在取勝，用稱引望。已進卿秩，并有處分，想已達矣。建不世之勛，垂名竹帛，得志之秋，宜决策於此。他處未曾諭旨，今首以詔卿，蔽自朕意，想宜體悉。

王得順昌府陳規所申，復親提兵進援。奏至，賜御札褒嘉，仍諭進取。

覽卿六月二十二日奏，得順昌府陳規所申，見親提兵前去措置。可見卿忠義許國之誠，嘉嘆不已。今虜兵雖退，若不乘時措置[六十六]，恐他時愈見費力。已令張俊措置亳州，韓世忠措置宿州、淮陽軍，卿可乘機進取陳、蔡，就六月終[六十七]，一切了畢。候措置就緒，卿可輕騎一來相見也。

劉錡既又戰退兀术等軍，復賜御札，趣王進兵[六十八]，乘機决勝。

劉錡在順昌屢捷，兀术親統精騎到城下，官軍鏖擊，狼狽遁去。今張俊提大軍在淮西，韓世忠輕騎取宿，卿可依纍降處分，馳騎兵兼程至光、蔡、陳、許間，須七月以前乘機决勝，冀有大功，爲國家長利。若稍後時，弓勁馬肥，非我軍之便。卿天資忠智，志慕古人，不在多訓。

提兵至蔡州，賜御札撫勞，仍諭聖意。

覽卿奏，提兵已至蔡州，暑行勞勩，益見忠誠許國，嘉嘆無已。朕意初欲擒取孽酋，庶幾群醜自潰，兩國生民有息肩之期。然賊情敵勢，必已在卿目中，遲速進退，卿當審處所宜。

閏六月，張憲復潁昌府，王親帥大軍去蔡而北。賜御札嘉獎，仍諭以委寄之意。

覽卿奏，克復潁昌，已離蔡州，向北措置。大帥身先士卒，忠誼許國[六十九]，

深所嘉嘆。然須過爲計慮，虜懷蠆毒，恐至高秋馬肥，不測豕突，當使許、蔡遺民前期保聚。大軍進退之宜，輕重緩急，盡以委卿，朕不從中御也。

舉兵過蔡，所鄉破竹，軍聲大振。又遣楊成復鄭州，張憲復陳州。捷聞，賜御札獎諭，且遣中使宣勞，仍諭聖訓。

覽卿奏，知已遣兵下鄭州，自許、陳、蔡一帶形勢皆爲我有。又大軍去賊寨止百餘里，想卿忠義許國之心，必期殄滅殘虜，嘉嘆無已。然賊計素挾狙詐，雖其奸謀不能出卿所料，更在明斥堠，謹間諜，乘機擇利，必保萬全。兵事難以逾度[七十]，遲速進退，朕專付之卿也。已差中使勞卿一軍，未到間，卿有所欲，前期奏來。入覲無早晚，但軍事可以委之僚屬，即便就途。遣此親札，想宜體悉。

王因奏捷，歸功諸將。會遣中使，詔賜王貴等袍、帶各一，以褒其功。賜御札，命王給付。

朕嘗聞卿奏，稱王貴、張憲、徐慶數立戰效，深可倚辦。方今正賴將佐竭力奮

死，助卿報國，以濟事功，理宜先有以旌賞之[七十一]。其王貴等各賜撚金綫戰袍一領，金束帶一條，至可給付也。

王進兵郾城，賜御札撫問，仍令措置屯守蔡、潁。

得卿奏，提兵在道，暑行勞勩，朕念之不忘。狂虜尚在近境，今已入秋，預當嚴備，以防豕突。蔡、潁舊隸京西，今專付卿措置，當分兵將屯守防扞[七十二]，并謀絶其糧道，使虜有腹背之顧。在卿方略，隨宜處畫。朕久欲與卿相見，事畢，輕騎一來爲佳。餘候面議。遣此親札，想宜體悉。

兀术與僞龍虎大王會于東京，議以爲諸帥皆易與，獨王孤軍深入，且有河北忠義響應之援，其鋒不可當，欲誘致其師，并力一戰。於是朝廷得諜報，大以王一軍[七十三]爲慮，亟賜御札，令俟隙并舉。

近據諸處探報及降虜面奏，皆云兀术與龍虎議定，欲誘致王師，相近汴都，并力一戰。卿切須占穩自固，同爲進止。虜或時遣輕騎來相誘引，但挫其鋒，勿貪小

利，墮其詭計。俟有可乘之隙，約定期日，合力并舉，以保萬全。

秋七月，師在潁昌，王以輕兵屯于郾城。張應、韓清復西京，趙俊復趙州，孟邦傑復南城軍，梁興、董榮復絳州垣曲縣，遂復王屋，李寶、孫彦戰于曹州，于宛亭縣，于渤海廟，皆大捷，中原震響。兀朮并兵于東京，復以僞龍虎、蓋天大王及昭武大將軍韓常之兵寇郾城。王帥戲下迎擊，大破之。兀朮復收兵求戰，又大敗，殺其大酋阿里朵孛菫。賜御札嘉奬。

覽卿七月五日及八日兩奏，聞虜并兵東京，及賊酋[七十四]率衆侵犯，已獲勝捷。卿以忠義之氣，獨當强敵[七十五]，志在殄滅賊衆[七十六]，朕心深所傾屬。已遣楊沂中悉軍起發，自宿、亳前去牽制，聞劉錡亦已進至項城。卿當審料事機，擇利進退，全軍爲上，不妨圖賊[七十七]，又不墮彼奸計也。遣此親札，諒深體悉。

郾城屢勝，兀朮斂兵退却。捷繼至，復賜御札褒諭，申述前功。

覽卿奏，八日之戰，虜以精騎衝堅，自謂奇計。卿遣背嵬、游奕迎破賊鋒，戕

其酋領，實爲雋功。然大敵在近，卿以一軍，獨與決戰，忠義所奮，神明助之，再三嘉嘆，不忘于懷。比已遣楊沂中全軍自宿、泗前去，韓世忠亦出兵東向。卿料敵素無遺策，進退緩急之間，可隨機審處，仍與劉錡相約同之。屢已喻卿，不從中御，軍前凡有所須，一一奏來。七月廿二日。

兀朮兵十二萬退屯臨潁，小校楊再興以三百騎至小商橋，與虜遇，大破其師。兀朮憤其敗，遂攻潁昌。王命子雲以背嵬援王貴，戰于潁昌城西。虜衆大敗，殺兀朮之子婿、統軍、上將軍夏金吾等，凡六人，俘馘萬計，得其雪護闌馬及金印七鈕以獻。兀朮僅以身免，副統軍粘汗重創，輿至東京而死，中原大震。王乘勝進兵朱僊鎮，兀朮收潰兵對壘而陳。王亟奏，乞乘機破滅渠魁，以復故壤。賜御札報諭，仍寓嘉嘆之意。

覽卿奏，兀朮見聚兵對壘，卿欲乘時破滅渠魁。備見忠義之氣，通于神明，却敵興邦，唯卿是賴。已令張俊自淮西[七十八]，韓世忠自京東，擇利并進。若虜勢窮蹙，便當乘機殄滅，如奸謀詭計尚有包藏，諒卿亦已熟料[七十九]，有以應之。楊珪

自虜中逃歸，有所見事宜，今録本付卿，亦欲一知也。遣此親札，想宜體悉。

僞昭武大將軍韓常既失夏金吾，畏罪不敢還，以兵五萬屯長葛，密遣使，願以其衆降。王遣賈興報，許之。兀朮復聚兵十萬，拒王于朱僊鎮。王按兵不動，第遣將以背嵬五百奮擊，大破之，兀朮奔東京。時大軍去京纔四十五里，方議受降，且進取，兩河響應，指期成功。秦檜主和議，懼得罪於虜，亟請班師。王抗疏，以爲：『虜人巢穴盡聚東京，屢戰屢奔，鋭氣沮喪。得間探報，兀朮已盡弃輜重[八十]，疾走渡河。況今豪杰向風[八十一]，士卒用命，天時人事，强弱已見，時不再來，機難輕失。臣日夜料之熟矣，惟陛下圖之』。奏至，宸衷感悟，令少駐近便得地利處，報諸帥同進止。

得卿十八日奏，言措置班師，機會誠爲可惜。卿忠義許國，言詞激切，朕心不忘。卿且少駐近便得地利處，報楊沂中、劉錡同共相度，如有機會可乘，約期并進。無且止[八十二]，以觀敵釁，亦須聲援相及。楊沂中已於今月二十五日起發，卿可照知。遣此親札，諒宜體悉。

前詔未至，諸大帥各已退師。秦檜復請休兵觀釁，亟趣王退。一日而奉庚牌者十有二[八十三]，王奉詔，還自朱僊鎮，將朝于行在所[八十四]。會韓世忠在淮陽，楊沂中往徐州，朝廷慮虜軍襲其後，復賜御札，令駐京西牽制。

比聞卿已趣裝入覲，甚慰朕虚佇欲見之意。但以卿昨在京西，與虜接戰，遂遣諸軍掎角并進。今韓世忠在淮陽城下，楊沂中已往徐州，卿當且留京西，伺賊[八十五]意向，爲牽制之勢。俟諸處同爲進止，大計無慮，然後相見未晚也。遣此親札，諒深體悉。

紹興十一年

春正月，諜報兀朮、韓常將入寇[八十六]。王聞警，即上疏，乞會諸帥兵破敵，願以身爲先驅。既遣奏，整兵以俟命。未至，十五日乙卯，兀朮、韓常與僞龍虎大王先驅渡淮，二十五日乙丑，駐廬州界。報至，賜御札，令王以兵至江州。

據探報，虜人自壽春府遣兵渡淮，已在廬州界上，張俊、劉錡等見合力措置掩殺。卿可星夜前來江州，乘機照應，出其前後，使賊[八十七]腹背受敵，不能枝梧。

投機之會，正在今日，以卿忠勇，志吞此賊，當即就道。付此親札，卿宜體悉。

二月四日癸酉，王在鄂，未奉前詔，念虜既舉國入寇，巢穴必虛[八十八]，若長驅京、洛，虜必奔命，可以坐制其弊。既遣奏，又欲亟遏虜師[八十九]，是日再抗疏曰：『今虜在淮西，臣若擣虛，勢必得利。萬一以爲寇方在近，未暇遠圖，即乞且親至蘄、黄相度，以議攻却。且虜知荆、鄂宿師必自九江進援，今若出此，貴得不拘，使敵罔測。』未至，賜御札，趣出兵。

比以金賊[九十]侵犯淮西，已在廬州，張俊、楊沂中、劉錡見并力與賊相拒[九十一]。已親札喻卿，乘此機會，提兵合擊，必成大功，副卿素志。卿可星夜倍道來江州，或從蘄、黄繞出其後，腹背擊賊[九十二]。機會在此，朝夕須報，再遣親札，想宜體悉。

前詔未至，虜已迫和州。七日丙子，復賜御札，趣出兵。

虜犯淮西，與張俊和州相拒。已遣親札，趣卿倍道前來，合力擊賊[九十三]，早

札，卿當深悉。

夜以俟。卿忠智冠世，今日之舉，社稷所繫，貴在神速，少緩恐失機會也。再遣手

九日戊寅，王始奉出兵江州之詔，下令以十一日庚辰就道，且以奏聞。未至，

十日己卯，詔遣中使張去爲至王軍，賜御札，趣出兵。

虜寇聚於淮西，張俊、楊沂中、劉錡已於和州巢縣下寨，與賊相拒。韓世忠出兵濠上。卿宜倍道，共乘機會。前所發親札，卿得之，必已就道。今遣張去爲往喻朕意，卿更須兼程，無詒後時之悔。諒卿忠智出於天性，不俟多訓也。

王時以寒嗽在告，庚辰，力疾發鄂渚。會所乞合諸帥兵破敵之奏始至，賜御札

褒嘉。

昨得卿奏，欲合諸帥兵破敵，備見忠誼許國之意，嘉嘆不已。今虜犯淮西，張俊、楊沂中、劉錡已并力與賊相拒［九十四］。卿若乘此機會，亟提兵會合，必成大功。以朕所見，若卿兵自蘄、黄繞出其後，腹背擊賊，似爲良策。卿更審度，兵貴神

速，不可失機會也。再遣親札，想宜體悉。

朝廷得歸正人所報，十五日甲申，復賜御札，趣出兵。

比屢遣手札，并面諭屬官，仍遣中使趣卿提兵前來，共破虜賊。諒卿忠憤許國之心，必當力踐所言，以攄素志。今據歸正人備説，金賊[九十五]桀黠頭首皆在淮西。朕度破敵成功，非卿不可。若一舉奏功，庶朕去年宥密之詔，不爲虚言。况朕素以社稷之計，倚重於卿，今機會在此，曉夕以俟出師之報[九十六]。再遣此札，卿宜體悉。

王始沓奉前詔，乃益疾馳以行。十七日丙戌，王癸酉之奏始至。時朝廷亦欲亟遏虜師[九十七]，賜御札報諭，令姑緩京、洛之策。

屢發手詔，及毛敦書、張去爲繼往喻旨[九十八]，朝夕需卿出師之報。覽二月四日奏，備悉卿意，然事有輕重，今江、浙駐蹕，賊馬近[九十九]在淮西，勢所當先。兼韓世忠、張俊、楊沂中、劉錡、李顯忠等皆已與賊對壘[一〇〇]，卿須親提勁兵，

星夜前來蘄、黄，徑趨壽春，出其賊後，合力剿除凶渠，則天下定矣。想卿聞此，即便就道。再遣親札，宜深體悉。

是日，既詔令緩京、洛之策，而王乞出蘄、黄之奏始至，復賜御札嘉獎。得卿奏，欲躬親前去蘄、黄州，相度形勢利害，貴得不拘於九江。以卿天資忠義，乃心王室[一〇二]，諒惟蚤夜籌畫，必思有以濟國家之急。若得卿出蘄、黄，徑擣壽春，與韓世忠、張俊相應，大事何患不濟。中興基業，在此一舉，覽奏不勝嘉嘆。再遣親札，卿宜體悉。

十九日戊子，王出師之奏始至，賜御札嘉嘆，且申述王初奏會兵破敵之意。得卿九日奏，已擇定十一日起發，往蘄、黄、舒州界。聞卿見苦寒嗽，乃能勉爲朕行，國爾忘身，誰如卿者！覽奏再三，嘉嘆無斁。以卿素志殄虜，常苦諸軍難合。今兀术與諸頭領盡在廬州，接連南侵。張俊、楊沂中、劉錡等共力攻破其營，退却百里之外。韓世忠已至濠上，出鋭師要其歸路。劉光世悉其兵力，委李顯忠、

吴錫、張琦等奪回老小、孳畜。若得卿出自舒州，與韓世忠、張俊等相應，可望如卿素志。惟貴神速，恐彼已爲遁計，一失機會，徒有後時之悔。江西漕臣至江州，與王良存應副錢糧，已如所請，委趙伯牛，以伯牛舊嘗守官湖外，與卿一軍相諳委也。春深，寒暄不常，卿宜慎疾，以濟國事。付此親札，卿須體悉。

王出師蘄、黄，親以背嵬先驅，疾馳入廬州。兀朮懲潁昌之敗，聞軍至，舉營宵遁。韓常亦以長葛乞降之舊，先退兵渡淮。三月一日庚子，報至，賜御札諭王，令平蕩壽春。

聞虜人已過壽春，卿可與張俊會合，率楊沂中、劉錡并往剋復。得之，則盡行平蕩，使賊不得停迹，以除後患，則卿此來不爲徒行也。有所措置，開具奏來。

朝廷得韓世忠奏，復賜御札，趣王會合平蕩。

韓世忠奏，已親提兵自濠往壽春府，卿可約與相見，從長措置。虜人若未全退，或已退復來接戰，即當乘其既敗，痛與剿戮，使知懲畏；若已退不復來，即

壽春、順昌皆可平蕩静盡，絶其後來之害[一〇二]。以卿體國之意，必協心共濟，不致二三也。遣此親札，諒宜深悉。

王軍在廬州，兀朮、韓常已遁。得張俊報，虜已渡淮盡絶，乃還軍舒州，具以奏聞，且候進止。會兀朮聞王退師，用酈瓊計，復窺濠州。王聞警，以四日癸卯夜發舒州進援。朝廷得警奏，十一日庚戌賜御札，趣出兵。

兀朮再窺濠州，韓世忠、張俊、楊沂中、劉錡皆已提軍到淮上。以卿忠智許國，聞之必即日引道。切須徑赴廬州，審度事勢，以圖壽春。廬通水運，而諸路漕臣皆萃於彼，卿軍至，糧草不乏，又因以屏蔽江上，軍國兩濟，計無出此。已行下諸漕，爲卿一軍辦糧草，不管闕乏。付此親札，卿須體悉。

王已先詔出師援濠，朝廷猶未知。庚戌之夕，王還舒之奏始至，乃賜御札，嘉獎王恭謹之節，而趣令夾擊，以定大功。

得卿奏，知卿屬官自張俊處歸報，虜已渡淮，卿只在舒州聽候朝廷指揮。此以

見卿小心恭謹[一〇三]，不敢專輒進退，深爲得體，朕所嘉嘆。據報，兀术用酈瓊計，復來窺伺濠州。韓世忠已與張俊、楊沂中會於濠上，劉錡在廬州、柘皐一帶屯軍。卿可星夜提精兵，裹糧起發，前來廬州就糧，直趨壽春，與韓世忠等夾擊，可望擒殺兀术，以定大功。此一機會，不可失也。廬州通水運，有諸路漕臣在彼運糧。急遣親札，卿切體悉。

王自舒州疾馳，以十二日辛亥至定遠縣[一〇四]。兀术先以八日丁未破濠州，張俊以全軍駐於黄蓮鎮[一〇五]，去濠六十里，不能救。楊沂中趨濠城，覆於虜，王德救之而免。兀术方據濠，聞王將至，復遁，夜逾淮，不能軍。時朝廷方得王發舒州之奏，乃賜御札嘉奬，且諭以『適中機會』之意。

得卿奏，卿聞命，即往廬州。遵陸勤勞，轉餉艱阻，卿不復顧問，必遄其行。非一意許國，誰肯如此。據探報，兀术復窺濠州，韓世忠八日乘捷至城下，張俊、楊沂中、劉錡先兩日盡統所部，前去會合。更得卿一軍同力，此賊[一〇六]不足平也。中興勛業，在此一舉，卿之此行，適中機會。覽奏再三，嘉嘆不已，遣此奬諭，卿

宜悉之。

王得張俊報，韓世忠先以四日癸卯，自招信、泗州還楚，而俊亦以十四日癸丑還軍滁州。王既獨以孤軍駐定遠，而虜已悉遁，乃復還軍，且具以奏聞。未至，朝廷以未知世忠還楚，十七日丙辰復賜御札，令王出濠、壽牽制。

纍得卿奏，往來廬、舒間，想極勞勩。一行將士日夜暴露之苦，道路登涉之勤，朕心念之不忘。比以韓世忠尚在濠州，與賊〔一〇七〕相拒，獨力恐難支梧，纍奏告急。卿智略有餘，可爲朕籌度，擇利提師，一出濠、壽間，牽制賊勢〔一〇八〕，以援世忠。想卿忠義體國，必以宗社大計爲念，無分彼此。劉錡一軍，已專令間道先行，張俊、楊沂中亦遣兵前去，并欲卿知。

追封鄂王告（中书舍人李大異行詞）[一〇九]

敕：人主無私，予奪一歸萬世之公；天下有真[一一〇]，是非不待百年而定[一一一]。眷言名將，夙號藎臣，雖勛業不究於生前，而譽望益彰於身後，緬懷英概，申畀慇章[一一二]。故追復少保、武勝、定國軍節度使、武昌郡開國公、食邑六千一百户、食實封二千六百户[一一三]、贈太師、謚武穆岳某，藴蓋世之材，負冠軍之勇。方略如霍票姚，志滅匈奴；意氣如祖豫州，誓清冀朔。屢執訊而獲醜，亦捨爵而策勛[一一四]。外憺威靈[一一五]，内殫謨畫。屬時方講好，將歸馬華山之陽；而爾獨奮身[一一六]，欲撫劍伊吾之北。遂致樊蠅之集，寖成市虎之疑[一一七]。雖懷子儀貫日之忠，曾無其福；卒墮林甫偃月之計，孰拯其冤。逮國論之既明[一一八]，果

邦誣之自辨。中興之主恩念不忘[一一九]，重華之君追褒特厚。肆眇冲之在御，想風烈以如存。是用頒我恩綸，襚之王爵，裂熊渠之故壤，超敬德之舊封。豈特慰九原之心，蓋以作六軍之氣[一二〇]。於戲！修車備械，適當閒暇之時[一二一]；顯忠遂良，罔間幽冥之際。諒惟泉穸，歆此寵光。可特追封鄂王，餘如故。

王之子雲贈節度使告（中書舍人俞烈行）

敕：『絳侯左袒而爲劉氏，豈知書牘背之威；李廣結髮而戰匈奴，不忍對刀筆之吏。既邦誣之昭白，豈功令之忽忘。故追復左武大夫、忠州防禦使，贈安遠軍承宣使岳某（雲），忠本家傳，才爲世杰〔一二二〕，稟名父之筭勝，折醜虜之天驕。馬革裹尸，忠肝可見；蠅營集棘，奇禍遽興。早悲戰骨之翎飛霜〔一二三〕，豈料戴盆而見白日。慰忠魂於拱木，新戎鉞於帥壇。庶一節之不磨，亦九原之可起。噫！引劍呼痛，世已知杜郵冤；結草酬恩，爾尚思輔氏之報。勿以重泉之永隔，而忘許國之初心。可特贈武康軍節度使，餘如故。』

王之将張憲贈承宣使告（同前人行）

敕：『權邪扇虐[一二四]，久肆邦誣，忠義不磨，大明國是，既沈冤之昭白，豈功令之愆忘。故追封龍神衛四廂都指揮使、閬州觀察使張憲，有志戰多，素推拳勇，首將元戎之虎旅，志犁老上之龍庭。馬革裹尸，忠肝可見；蠅營集棘，奇禍遽興。早悲戰骨之翎飛霜[一二五]，豈料戴盆而見白日。洗忠魂於丹筆，新制鉞於笛臺，庶一節之愈明，亦九原之可起。噫！引劍呼痛，世已知杜郵之冤；結草酬恩，爾尚思輔氏之報。勿以重泉之永隔，而忘許國之初心。可特贈寧遠軍承宣使，餘如故。』

太學陳請賜廟額封王爵及父母、妻子、子婦、將佐加封事

尚書省牒：太常寺狀准送下禮部狀，朝奉大夫、國子司業兼玉牒所檢討官何夢然等狀奏照對，臣近據太學學録、學生臣楊懋卿等列申，懋卿等嘗讀蘇文忠公所撰昌黎伯韓文公廟碑，有曰：『其生也有自來，其死也有所爲』，且謂『不待生而存，不隨死而亡，故在天爲星辰，在地爲河岳，幽則爲鬼神，明則復爲人』，於是益信夫一點忠義英靈之氣，景景千古，不可磨滅也。懋卿等伏見太學土地靈通廟神正顯昭德文忠英濟侯，正直聰明，應感如響。其賜額之敕，則有『倉卒息鬨，潛弭火警』之褒；其初命之告，則有『用物弘多，厥靈炳著』之譽；其再命之詞，

則有『視學禮成，言協夢卜』之驗。然是特言其死有所爲，而未言其生有自來也。逮夫三命温綸，則顯述中興名將，英靈未泯，盻蠁甚著，蓋其故居，且謂忠臣、衛社稷，生死以之，則指神爲『忠武岳王』明矣。況國史載：紹興三十二年，以岳飛宅爲太學，正合前所謂故居之説，不可誣也。侯封八字，其號已極，改畀王爵，於禮爲宜。兼寶祐五年，明堂赦文，應神祠曾經禱祈靈應，有功於民，合該封爵去處，令所屬保明聞奏放行，況『忠武』昔已正王爵，今豈容更下一等乎？國家祀典之神，父、母、妻、子、子婦，佐神皆有封號，今來廟神父和贈太師隋國公，母姚氏贈周國夫人，妻李氏贈秦國夫人。子五人：雲贈安遠軍承宣使，雷贈武略郎，霖贈太中大夫，震贈朝奉大夫，霆贈修武郎。子婦五人：□氏、□氏、□氏、□氏、□氏。部將六人：張憲、徐慶、董先、牛皋、李寶、王貴皆未該封，實爲闕典。比來祈禱禬禳，靈驗愈著，非特相多士，昌斯文，抑且妥寧京邑，其有功於國家，豈淺鮮哉！懋卿等濫叨廡員，義不容默，庸敢合辭申請，欲望保明敷奏，改賜廟額，特與超封王爵，及封神父、母、妻，及五子，及五婦，及佐神六人，非惟忠烈之神，陰拜褒嘉之寵，而諸生拜賜惟均。臣等竊惟褒功者崇報之常典，表忠者激

勸之大端，其有生爲忠臣，没爲明神，而廟食於風化之地者，尤國家之所宜尊顯者也。臣等伏見『太學土地靈通廟神正顯昭德文忠英濟侯』，乃中興社稷之臣忠武岳王飛也。恭睹國史，紹興三十二年，以岳飛宅爲太學。及拜觀淳祐六年加封之誥，有曰：『中興名將，英靈未泯』，則神之爲忠武王飛明矣。天下土地之祠，不知其幾，而太學土地則忠武王飛爲之，非偶然者。惟忠武王飛明君臣之義，辨華夷之分，誓滅醜虜，恢復中原，校之中興諸將但有戰功而不知復讎之義遠矣。雖賊檜欺天，王以忠死，而志在君父，力扶名義之功，興宋無極。每讀孝宗皇帝褒揚之詔，爲之流涕。今太學諸生率循禮義，斯文日昌，固出聖明作人之造，而陰相默佑，神與有功。至若禱祈應感，靈迹顯著，不可殫述。夫功大者報隆，生屈者死伸，其於褒典，合异常祠。况忠武王飛已正王爵，家廟悉正王禮，若於太學廟祀下稱公侯，似爲未便，兼虜未授首，正激昂忠義之秋，前廊學生楊懋卿等積其陳請，所合敷奏。欲乞聖慈念飛生死有功於國，改賜廟額，特與超封王爵。神父和，母姚氏，妻李氏，子雲、雷、霖、震、霆，子婦□氏、□氏、□氏、□氏、□氏，部將張憲、徐慶、董先、牛皋、李寶、王貴等，亦乞普賜封號，以章忠顯孝之懿。人神理一，

其於激勸，實非小補。臣等不勝昧死皇懼俟命之至，取近止。謹録奏聞，伏候敕旨云云。太常寺照得國子監奏内稱：太學土地正顯昭德文忠英濟侯乃是岳忠武王，今來陳乞改賜土地廟額，超封王爵，切詳奏内聲説，并爲岳忠武王一門父、母、妻、子、將佐等陳乞加封號，呈奉書判。照得今之太學乃岳鄂王故宅，生之所居。没而魂魄猶應在焉，祀爲土地之神，誰曰不宜？忠武岳鄂王大節孤忠，爲中興冠冕，方今正宜崇异。近緣鄂州土神亦係岳鄂王，已奉指揮超封『昭烈』二字王。今來國子監欲以本學土地改賜廟額，超封王爵及父、母、妻、子、子婦、將佐等賜以爵號，欲依鄂州土神一體施行，本寺未敢專擅，合取朝廷指揮。今欲勘當，伏乞省部備申朝廷，取自指揮施行。申部奉書判，備申本寺，所據太常寺勘當申到事理備録在前，上件事理，伏乞朝廷指揮施行，伏候指揮云云。今准鈞判送下禮部申國子監奏，乞爲太學土地『靈通廟神』改賜廟額，超封王爵事，送寺擬申。本寺照得太學土地，見係『靈通廟正顯昭德文忠英濟侯』，今國子監奏稱今太學土地爲岳鄂王之故宅，乞超封王爵，與陳乞間，忽遇鄂州諸神顯績，并加封號，内一項土神岳鄂王已擬封『昭烈王』，具申朝廷。遂奉寺官書判，欲照鄂州土地一體稱呼。今

准鈞判，送寺擬封申呈，奉寺官書判，太學岳鄂王之故宅也，因以祀爲土神。朝廷纍嘗封至八字侯，近因武昌之捷，陰有相焉，封爲『昭烈王』，太學遂亦有超封王爵之請。同一鄂王，豈宜兩謚，但『昭烈』二字，施之武昌之廟則可，施之孔堂之側之廟則不可。神生爲忠臣，豐功偉烈，焜耀今古，今血食上庠，英靈默佑，於斯文有關焉。謚以『忠文』，疇曰不宜，况『文忠』二字，昔以之封侯，恐與先聖相似，故先忠後文示有別也。其神父、母、妻、子、婦并部將前此未有封謚，今准指揮，檢照條法，各合封二字侯、夫人，并擬於后，乞從建炎三年正月六日已降指揮，并淳熙十四年六月十九日已降指揮，各合擬封下項。

一、土地見係靈通廟爲額，乞改賜廟額，今欲擬『忠顯廟』爲額，合行降敕。

一、太學土地正顯昭德文忠英濟侯，乞超封王爵，合擬二字王，今欲擬『忠文王』。

一、神父合擬封二字侯，今欲擬『顯慶侯』。

一、神母姚氏合擬封二字夫人，今欲擬『淑美夫人』。

一、神妻李氏合擬封二字夫人，今欲擬『德正夫人』。

一、神長子合擬封二字侯，今欲擬『繼忠侯』。
一、神次子合擬封二字侯，今欲擬『紹忠侯』。
一、神三子合擬封二字侯，今欲擬『續忠侯』。
一、神四子合擬封二字侯，今欲擬『緝忠侯』。
一、神五子合擬封二字侯，今欲擬『纘忠侯』。
一、神長子婦合擬封二字夫人，今欲擬『相德夫人』。
一、神次子婦合擬封二字夫人，今欲擬『介德夫人』。
一、神三子婦合擬封二字夫人，今欲擬『助德夫人』。
一、神四子婦合擬封二字夫人，今欲擬『翊德夫人』。
一、神五子婦合擬封二字夫人，今欲擬『贊德夫人』。
一、佐神張憲合擬封二字侯，今欲擬『烈文侯』。
一、佐神徐慶合擬封二字侯，今欲擬『昌文侯』。
一、佐神董先合擬封二字侯，今欲擬『焕文侯』。
一、佐神牛皋合擬封二字侯，今欲擬『顯文侯』。

一、佐神李寶合擬封二字侯，今欲擬『崇文侯』。

一、佐神王貴合擬封二字侯，今欲擬『尚文侯』。

已上各合命詞給告，伏乞朝廷取旨加封施行。伏候指揮。牒奉敕宜賜忠顯廟爲額，牒至准敕。景定元年八月日牒。簽書樞密院兼權參知政事皮押，知樞密院事兼參知政事朱押，少師右丞相衛國公押。〔一二六〕

録白忠文王告詞

敕：學以明人倫，忠於君者，百行之本。武必有文備，没爲神者，千歲之英。緬懷中興名將之居，陰相首善京師之地。申以顯號，揚其烈光。太學土地『忠顯廟』神『正顯昭德文忠英濟侯』，氣塞天地之間，身爲社稷之衛。有功不伐，卓然禮、樂謀帥之風，之死靡他，凛若春秋復讎之義。此維與宅，以赫厥靈。溯其生之自來，擥爾士之忱籲，冠帶不左衽者，緊誰之力？干羽在東序，則遐想其人。風化所關，肸蠁如在。僅疏侯爵，未正王封。况鄂國已極於隆名，宜廟食增蒙於命祀，英烈言言可畏而仰以迄于今；辟雍湯湯，永觀厥成有相之道。尚福茲土，式勸爲臣，可特封『忠文王』。奉敕如右，牒到奉行。

景定二年二月　日

録白王父告祠

敕：忠顯廟神父，學者所以學，爲忠與孝也。中興建學，實爲忠臣之故廬，朕既從六館士之請錫王爵以顯厥靈，爾教忠有訓，慶流祚嗣。生爲人英，没爲明神，則尸而祝之，宜也。封侯廟食，匪唯尉烈士之志于九京，庶幾聞風可以厲俗，尚其永享，丕佑斯文，可特封『顯慶侯』。奉敕如右，牒到奉行。

景定二年二月　日

録白王子告祠

忠顯廟神長子，可特封『繼忠侯』，次子可特封『紹忠侯』，叁子可特封『續忠侯』，肆子可特封『緝忠侯』，伍子可特封『纘忠侯』。敕忠顯廟神長子，非忠無君，非孝無親，在三之義嚴矣。厥有忠孝，萃於一門。浩然獨存，凛有生氣，則廟祀于明倫之地，亦以示勸。爾紹聞家庭之訓，志復君父之讎，夷險芟荒，易干戈爲俎豆，伊誰之功？矯矯五龍，嘗與帥焉。爵之徹侯，表爾世篤，春秋從享，尚克昌斯文，可依前件。奉敕如右，牒到奉行。

景定二年二月　日

録白佐神告祠

忠顯廟佐神，張憲可特封『烈文侯』，徐慶可特封『昌文侯』，董先可特封『焕文侯』，牛皋可特封『顯文侯』，李寶可特封『崇文侯』，王貴可特封『尚文侯』。敕忠顯廟佐神張憲等，文武之道二而貫之以一，曰忠而已。其有忠於所事，死生以之，此有國者所務白也。爾爲偏將，實佐戎旃，視奸鈇逆鼎而如飴，凛義烈英風之未沬。觀其所主，可使懦夫立，匪唯有功於干城，亦有助於名教，封侯廟食，維以勸忠，可依前件。奉敕如右，牒到奉行。太保右丞相益國公似道，知樞密院事兼参知政事□□，簽書樞密院事兼權参知事龍□，時暫兼權給事中，經孫中書舍人。二月□□午時，都事□受左司郎中付吏部太保、右丞相益國公知樞密院、兼

參知政事，權吏部尚書、吏部侍郎，主事傅起巖、中令史陸宗□、書令史劉必昌主管院舍。[一二七]

景定二年二月　日

校注記：

［一］王校：御札，鄂國金佗稡編（以下簡稱稡編）有『乃賜』兩字。

［二］王校：謹無出李横所守舊界，稡编作『慎無出李横所守舊界』。

［三］王校：前功遂廢，『遂』，車塵稿宋岳倦翁書宸翰録卷跋作『盡』。

［四］全盡之策：實録『全盡之』三字漫漶不清，據稡編識。

［五］終莫能守：實録『莫』漫漶不清，據稡編識。

［六］萬無劉豫肯爲運糧之理：實録原無『肯』字，據稡編補。

［七］王校：密遣間探，『探』，車塵稿宋岳倦翁書宸翰録卷跋作『諜』。

［八］必有以處焉：實録原無『以』字，據稡編補。

［九］而後已雖真實少留人馬：稡編無『已』字。

〔十〕朕不遥制：實録難以辨認，據稡編識。

〔十一〕王校：邊報急，『急』，車塵稿宋岳倦翁書宸翰録卷跋作『孔亟』。

〔十二〕王校：可即日引道，車塵稿宋岳倦翁書宸翰録卷跋無『日』字。

〔十三〕扞敵：『扞』，稡编作『捍』。

〔十四〕更宜多筭：『筭』，稡编作『算』。

〔十五〕王校：龜溪集卷五賜岳飛詔，可知乃參知政事沈與求所擬。三朝北盟會編卷一六八亦載此詔。

〔十六〕王校：車塵稿宋岳倦翁書宸翰録卷跋无『十四日』三字。此御札在實録中多有漫漶不清之处，據稡編識。

〔十七〕身屬櫜鞬：實録難以辨認，據稡編識。

〔十八〕王校：督護戎昭，『昭』，車塵稿宋岳倦翁書宸翰録卷跋作『軺』。

〔十九〕王校：朕以父兄蒙塵，車塵稿宋岳倦翁書宸翰録卷跋『朕』上有『敕』字。

〔二十〕不敢皇寧：『皇寧』，稡编作『遑寧』。

［二十一］趣王起復：實録闕『王』，據稡編高宗宸翰補。

［二十二］秋，王將按邊：實録漫漶不清，據稡編識。

［二十三］命按舉功罪，以置賞罰：實録漫漶不清，據稡編識。『置』，實録原闕，據稡編補。

［二十四］應守、令、監司措置餉運：實録漫漶不清，據稡編識。

［二十五］當議褒擢，其或不虔：實録漫漶不清，據稡編識。

［二十六］致悮國事：『悮』，稡編作『誤』。『悮』通『誤』。

［二十七］已喻張浚從長措置：『喻』，稡編作『谕』。

［二十八］謹藥餌：『謹』，稡編作『慎』。

［二十九］朕方申嚴漕輓：實録漫漶不清，據稡編識。

［三十］王校：俾遠赴師期，庶士無飢色，原作『俾遠赴於師期，庶士無於飢色』，據車塵稿宋岳倦翁書宸翰録卷跋改。

［三十一］左枝右吾：『吾』，稡编作『捂』。

［三十二］卿軍中見用長槍：實録脱『用』字，據稡編補。

［三十三］良用愕然：『愕』，稡編作『愣』。

［三十四］卿忠勇冠世，志在國家：實録因年深板蝕，闕字嚴重，據稡編補。

［三十五］欲求閑息：『息』，稡編作『自便』。

［三十六］宣請張浚：『請』，稡編作『詣』。

［三十七］以爲賊豫逋誅：『賊』，實録漫漶不清，應是明朝初年印刷時爲避諱而塗抹所致，據稡編識。

［三十八］賜御札褒諭：『諭』，實録漫漶不清，據稡編識。

［三十九］遂殺呂祉：實録漫漶不清，據稡編識。

［四十］諭王招捕：實録漫漶不清，據稡編識。王校：『招捕』，車塵稿宋岳倦翁書宸翰録卷跋作『招諭捕討』。

［四十一］聖意之所向：『向』，稡編作『鄉』。

［四十二］令俟機會：『俟』，稡編作『竢』。

［四十三］備見愛君忠義之忱：『忱』，稡編作『誠』。

［四十四］張浚：實録原作『張俊』，實則爲『張浚』。

作『朝廷以虜好方密，賜先臣御札，令毋得過界招納』。

［四十五］提兵按邊⋯⋯實錄脱『提兵』，據�編補。

［四十六］朕豈可忘⋯⋯『豈』，實錄、�編皆作『其』，按文意改。

［四十七］朝廷得|金人書，歸我河南地，虜好方密，令毋得過界招納⋯⋯�編

［四十八］不在多説⋯⋯『説』，�編作『訓』。

［四十九］奏乞面陳機密⋯⋯實錄脱『密』字，據�編補。

［五十］仍問至計⋯⋯實錄脱『至』字，據�編補。

［五十一］遣此親札，想宜體悉⋯⋯實錄脱此八字，据�編补。

［五十二］|金人背約⋯⋯『金人』，�編作『金賊』。

［五十三］不易支梧⋯⋯『梧』，�編作『吾』。王校：按宋時『支吾』『支梧』

　　『枝梧』『枝梧』等皆通用，意爲抵擋、支撐等。

［五十四］六月札趣兵⋯⋯�編作『復賜御札趣遣兵』。

［五十五］捍禦|金賊⋯⋯『賊』，實錄原闕，據�編補。

［五十六］稍有挫衄⋯⋯『挫』，�編作『剉』。

〔五十七〕王校：因復請詣行在所，實録原脱『行』字，據車塵稿宋岳倦翁書宸翰録卷跋補。
〔五十八〕御札不許，力战：稡編作『賜御札不许，令并力破賊』。
〔五十九〕緣張俊親率大兵在淮上：『俊』，原作『浚』，今改正。
〔六十〕并力破賊：『賊』，實録原闕，據稡編補。
〔六十一〕審處機宜：稡编作『審處機會』。
〔六十二〕先入急遞奏來：『來』，實録原作『宋』，據稡編改。
〔六十三〕與賊相對：『賊』，實録原闕，據稡編補。
〔六十四〕雖屢殺獲：『雖』，實録原闕，據稡編補。
〔六十五〕不忘復讎之志：實録漫漶不清，據稡編識。
〔六十六〕可見卿忠義許國之誠，嘉嘆不已。今虜兵雖退，若不乘時措置：實録原脱，據稡編補。
〔六十七〕就六月終：『六月』，稡編作『闰六月』。
〔六十八〕趣王進兵：『王』，實録原作『先』，據稡編改。

〔六十九〕忠誼許國：稡編作『忠義許國』。

〔七十〕兵事難以逾度：『逾度』，稡編作『隃度』。『隃』通『逾』。

〔七十一〕王校：理宜先有以旌賞之，車塵稿宋岳倦翁書宸翰録卷跋作『理宜旌賞』。

〔七十二〕屯守防扞：『扞』，稡編作『捍』。

〔七十三〕王校：王一軍，原脱『一』字，據車塵稿宋岳倦翁書宸翰録卷跋補。

〔七十四〕賊酋：『賊』，實録原闕，據稡編補。

〔七十五〕王校：獨當强敵，『强敵』，車塵稿宋岳倦翁書宸翰録卷跋作『敵衝』。

〔七十六〕殄滅賊衆：『賊』，實録原闕，據稡編補。

〔七十七〕不妨圖賊：『賊』，實録原闕，據稡編補。

〔七十八〕已令張俊自淮西：『張俊』，實録原作『张浚』，據稡編改。

〔七十九〕諒卿亦已熟料：『已熟料』，稡編作『能料敵』。

［八十］兀朮已盡弃輜重：『已盡弃』，據稡編卷一二乞止班師詔奏略，應作『欲盡弃』。

［八十一］豪杰向風：『向』，稡編作『鄉』。

［八十二］無且止：稡編作『如且休止』。

［八十三］奉庚牌者十有二：『庚牌』，稡編作『金牌』。

［八十四］將朝于行在所：原脱『行』字，據文義補。

［八十五］伺賊：『賊』，實録原闕，據稡編補。

［八十六］諜報兀朮、韓常將入寇：實録脱『兀朮』，據稡編補。

［八十七］使賊：『賊』，實録原闕，據稡編補。

［八十八］巢穴必虚：實録漫漶不清，據稡編識。

［八十九］既遣奏，又欲亟遏虜師：實録漫漶不清，據稡編識。

［九十］金賊：『賊』，實録原闕，據稡編補。

［九十一］與賊相拒：『賊』，實録原闕，據稡編補。

［九十二］腹背擊賊：『賊』，實録原闕，據稡編補。

［九十三］合力擊賊：『賊』，實録原闕，據稡編補。

［九十四］與賊相拒：『賊』，實録原闕，據稡編補。

［九十五］金賊：『賊』，實録原闕，據稡編補。

［九十六］曉夕以俟出師之報：『俟』，稡編作『伫』。

［九十七］時朝廷亦欲亟遏虜師：『時』，實録原闕，據稡編補。

［九十八］及毛敦書、張去爲繼往喻旨：實録漫漶不清，據稡編識。

［九十九］覽二月四日奏，備悉卿意，然事有輕重，今江、浙駐蹕，賊馬近：實録漫漶不清，據稡編識。『覽』，實録原作『攬』，據稡編改。

［一〇〇］楊沂中、劉錡、李顯忠等皆已與賊對壘：實録漫漶不清，據稡編識。

［一〇一］王校：乃心王室，『乃』，車塵稿宋岳倦翁書宸翰録卷跋作『盡』。

［一〇二］絶其後來之害：『絶』，稡編作『免』。

［一〇三］見卿小心恭謹：『謹』，稡編作『慎』。

［一〇四］王校：十二日辛亥至定遠縣，『十二』原作『十三』，按宋史卷二九高宗紀，紹興十一年『三月庚子朔』，則辛亥是十二日，今據改。

〔一〇五〕黄蓮鎮：稡編卷八作『黄連鎮』，三朝北盟會編卷二〇五作『黄連埠』。

〔一〇六〕此賊：『賊』，實録原闕，據稡編補。

〔一〇七〕與賊：『賊』，實録原闕，據稡編補。

〔一〇八〕牽制賊勢：『賊』，實録原闕，據稡編補。

〔一〇九〕中書舍人李大異行詞：『行』之下，實録有『詞』字，稡編無『詞』字。

〔一一〇〕王校：天下有真，『真』，四朝聞見録戊集岳侯追封作『公』。

〔一一一〕王校：是非不待百年而定，『不』，四朝聞見録戊集岳侯追封作『豈』。

〔一一二〕王校：申畀愍章，『畀』，稡編原缺，據四朝聞見録戊集岳侯追封改。

〔一一三〕王校：食實封二千六百户，『六』，實録與四朝聞見録戊集岳侯追封作『四』。據金佗續編卷二武勝定國軍節度使萬壽觀使奉朝請制，岳飛的『食實

封貳阡陸伯户』，可知應以『六』爲準。

［一一四］王校：亦捨爵而策勛，『捨爵』，四朝聞見録戊集岳侯追封作『運籌』。

［一一五］王校：外憺威靈，『憺』，四朝聞見録戊集岳侯追封作『攝』。

［一一六］王校：爾獨奮身，『身』，四朝聞見録戊集岳侯追封作『威』。

［一一七］王校：寖成市虎之疑，『寖』，四朝聞見録戊集岳侯追封作『遽』。

［一一八］王校：逮國論之既明，『既』，四朝聞見録戊集岳侯追封作『初』。

［一一九］王校：中興之主恩念不忘，『恩』，四朝聞見録戊集岳侯追封作『思』。

［一二〇］王校：蓋以作六軍之氣，『六』，四朝聞見録戊集岳侯追封作『三』。

［一二一］適當間暇之時：『間』，稡編作『閒』。

［一二二］才爲世杰：『才』，稡編作『材』。

［一二三］早悲戰骨之翎飛霜：『翎』，稡編作『零』。

［一二四］權邪扇虐：『扇』，稡編作『煽』。

［一二五］早悲戰骨之翎飛霜：『翎』，稡編作『零』。

［一二六］牒奉敕宜賜忠顯廟爲額，牒至准敕。景定元年八月日牒。簽書樞密

院兼權參知政事皮押，知樞密院事兼參知政事朱押，少師右丞相衛國公押：此段實録原闕，據武林坊巷志補。兩浙金石志載：右在岳祠碑凡三列共八十一行，篆額六字，此刻太學學録楊懋卿等乞加王爵并神族佐神封號事也。所云初命之告云云，未見刻石。前『昭德』二字之加，應在其時三命，温綸則直以岳王實之矣。嘗論宋季酬褒忠之典不應以土神策勛，合觀數刻，其始兆端于學徒，其繼相仍于明詔。此云指神爲忠武岳王等語幾同，約略仿佛之間大概可知矣。文中褒□者句空一字，神母姚氏空二字，并非殘闕，不知何故？景定二年，神族佐神封號敕，今在府學想與石經同時移去上列，闕其左右二角，似當仍移歸祠中爲當也。

［一二七］太保右丞相益國公似道，知樞密院事兼參知政事□□，簽書樞密院事兼權參知政事龍□，時暫兼權給事中，經孫中書舍人。二月□□午時，都事□受左司郎中付吏部太保、右丞相益國公知樞密院、兼參知政事，權吏部尚書、吏部侍郎，主事傅起巖、中令史陸宗□、書令史劉必昌主管院舍：實録原闕，據兩浙金石志補。又載：景定元年，太學學録楊懋卿等乞加王爵并神族佐神，此封號碑應在岳祠緣。端平二年，太學靈通廟敕有太學字樣，此碑有『忠文』『烈文』等號遂

與石經同徙未暇詳考也。『武穆』加王本是『文忠』，以類『文宣』，遂稱『忠文』。張憲等皆武臣悉以『文』謚之，文云：惟有功于干城，亦有助于名教，蓋摻觚家自爲出入帝王，則同一經緯也。

忠文王紀事實録卷之二

行實編年一

崇寧二年
宣和四年
宣和六年
靖康元年
靖康二年，是年改元
建炎二年
建炎三年

本貫相州湯陰縣永和鄉孝悌里[一]。曾祖成故贈太師魏國公，妣楊氏故贈慶國夫人。祖立故贈太師唐國公，妣許氏故贈越國夫人。父和故贈太師隋國公，妣姚氏故封魏國夫人，贈周國夫人。

崇寧二年癸未歲

王初岁遺事

二月十五日[二]，王生，名飛，字鵬舉。按鄧名世古今姓氏書辨證及姓源類譜曰：『唐堯時，有佐四岳者，佐堯理天下，因官以命氏，實岳姓所自始。』其後支胄扶疎[三]，凡數千載，皆韜迹不耀。望雖出山陽郡，王實家於湯陰，亦莫知其所以徙。自王父而上[四]，皆以力田爲業。及王父時，有瘠田數百畝，僅足廩食。河北屢歉，饑者多。王父常日以脱粟數升，雜蔬爲糜[五]，與家人旦暮食，取半飽；盡以其餘呼道路之饑者，均而飼之。家人有不堪者，王父謂之曰：『彼饑者亦人也，而能一二日不食。吾與若日再食，而猶欲求飽耶？吾欲裁吾之僅有，濟人之絶無耳。』人有侵其地者，割而予之，無争意。有貸其財而弗償者，折券弃之，無愠

色。雖甚窶乏，未嘗悔，鄉人重敬之。王方在孕，有老父過門，聞姚氏之聲，曰：『所生男也，他日當以功名顯，且位至公孤[六]。』父因忽不見。

及生王之夕，有大禽若鵠，自東南來，飛鳴於寢室之上。王父异之，因名焉。未彌月，黄河决内黄西，水暴至。姚氏倉皇襁抱，坐巨甕中，衝濤而下，乘流滅没，俄及岸，得免。[七]王少負氣節，沉厚寡言，性剛直，意所欲言，不避禍福。天資敏悟强記[八]，書傳無所不讀，尤好左氏春秋及孫吴兵法，或達旦不寐。家貧，不常得燭，晝拾枯薪以自給。然於書不泥章句，一見得要領，輒弃之。爲言語文字，初不經意，人取而誦之，則辨是非，析義理，若精思而得者[九]。生而有神力，未冠，能引弓三百斤，腰弩八石。嘗學射于[十]鄉豪周同。一日，同集衆射，自衒其能，連中的者三矢，指以示王，曰：『如此而後可以言射矣。』王謝曰：『請試之[十一]。』引弓一發，破其筈，再發又中。同大驚，遂以其所愛弓[十二]二贈王。後王益自練習，能左右射，隨發輒中。及爲將，亦以教士卒，由是軍中皆善左右射，屢以是破賊鋒。

同與王別，未幾而死。王往吊其墓，悲慟不已。每朔望則鬻一衣，設卮酒鼎肉

于同冢上，奠之而泣。引所遺弓，發三矢，又泣，然後酹酒瘞肉於冢之側，徘徊淒愴，移時乃還。衣就盡，王父覺而索之，默不言，撻之亦不怨。後伺其出而竊從，往視之，盡見其所爲，乃問之曰：『爾所從射者多矣，獨奠泣於周同墓，何也？』曰：『某向者學射於周君，而特與某厚，不數日，盡其道以歸。念其死，無以報，聊於朔望致禮耳。』又問其故，曰：『射三矢者，識是藝之所由精也；酹酒瘞肉者，周君所享，某不忍食也。』王父始甚義之，撫其背曰：『使汝异日得爲時用，其徇國死義之臣乎！』王應之曰：『惟大人許某以遺體報國家，何事不敢爲！』王父乃嘆曰：『有子如此，吾無憂矣！』

宣和四年，壬寅歲，年二十。

初從軍，擒陶俊、賈進，王父卒。

真定府路安撫使劉韐募敢戰士備胡[十三]，王首應募。韐一見，大奇之，使爲小隊長。

相州劇賊陶俊、賈進攻剽縣鎮，殺略吏民，官軍屢戰，失利。王請以百騎滅

之，䩄與步、騎二百。王預遣三十人易衣爲商，入賊境，賊掠之以歸，置于部伍[十四]。乃夜伏百人於山下，自領數十騎逼賊壘。易其兵少，出戰。俊箕踞坐馬上，嫚駡交鋒。王佯北，賊乘勝追逐。伏兵起擊，所遣三十人自賊中擒俊、進於馬上。賊衆亂，莫知所爲，遂俘獲其衆[十五]，餘黨盡散。

知相州王靖奏其功，補承信郎。命未下，得王父訃，跣奔還湯陰，執喪盡禮，毁瘠若不勝。會朝廷罷敢戰士，前命竟不下，王亦弃不復問。

宣和六年，甲辰歲，年二十二。

殺張超，從平定軍。

春三月，賊首張超率衆數百，圍魏王韓琦故墅。王適在墅告糴，怒曰：『賊敢犯吾保耶！』起而視之，超方恃勇直前，王乘垣，引弓一發，貫吭而踣。賊衆奔潰，墅賴以全。是歲，投平定軍[十六]，爲效用士[十七]，稍擢爲偏校。

靖康元年，丙午歲，年二十四。

榆次覘虜。干大元帥府。招吉倩。補承信郎。戰侍御林。轉寄理保義郎。戰滑州河上。轉秉義郎。隸宗澤。

夏六月，路分季團練[十八]知其勇，以百餘騎檄往壽陽[十九]、榆次縣覘賊，謂之『硬探』。猝遇虜衆，騎士畏却，王單騎突虜陣，出入數四[二十]，殺其騎將數人。虜衆披靡，不敢逼。至夜，以虜服潛入[二十一]其營。遇撃刁鬥者，謬爲胡語答之，遂周行營栅，盡得其要領以歸。補進義副尉。會夜渡，亡其告身，王又弃不復問，間行歸相州。

冬，高宗皇帝以天下兵馬大元帥[二十二]開府河朔，至相州，王因劉浩得見。命招群賊吉倩等，與以百騎。王受命出，日薄莫，頓所部宿食，自領四騎徑入賊營。群賊駭愕，王呼倩等慰諭之，曰：『胡虜犯順，汝曹不輔義以立功名，反於草間苟活。今我以大元帥命，招納汝曹，此轉禍爲福之秋也。』倩等素知王名，且感其至誠，置酒延之，王亦豪飲不疑。酒酣，倩謂王曰：『倩等既搔動州縣，今既受招，

恐未免誅戮。』王開諭再三，衆已聽命，忽一賊起，搏王。王批其頰，應手仆地，拔劍向之。倩等羅拜請免，相率解甲受降，凡三百八十人。由是受知於大元帥，補承信郎，分鐵騎三百，使王往李固渡[二十三]當虜軍。戰於侍御林，敗之，殺其梟將。轉成忠郎，以王曾祖諱，寄理保義郎。

未幾，以檄從劉浩解東京圍，與虜相持於滑州南。王乘浩馬，從百騎，習兵河上，河凍冰合，虜忽至，王麾其下曰：『虜雖衆，未知吾虛實，及其未定，擊之可以得志。』乃獨馳迎敵，有梟將舞刀而前，王以刀承之，刃入寸餘，復拔刀擊之，斬其首，尸仆冰上。騎兵乘之，虜衆大敗，斬首數千級，得馬數百匹，以功遷秉義郎。大元帥次北京，以王軍隸留守宗澤[二十四]。

靖康二年，是年改元建炎，丁未，年二十五。

戰開德。轉修武郎。戰曹州。轉武翼郎。宗澤授陣圖。從大元帥移南京。上書奪官。詣張所。借修武郎、閤門祗候、中軍統領。論兩河、燕雲利害。借武經郎。從王彥，戰新鄉，敗王索。戰侯兆川。戰太行山，擒拓跋耶烏，殺黑風大王。歸宗

澤。充留守司統制。

春正月，戰於開德，以兩矢殪金人執旗者二人，縱騎突擊，敗之，奪甲、馬、弓、刀以獻。轉修武郎。

二月，戰于曹州，王被髮，揮四刃鐵簡，直犯虜陣。士皆賈勇，無不一當百，大破之，追奔數十里。轉武翼郎。

澤大奇王，謂之曰：『爾勇智材藝，雖古良將不能過。然野戰非古法，今爲偏裨尚可，他日爲大將，此非萬全計也。』因授以陣圖。王一見，即置之。後復以問王，王曰：『留守所賜陣圖，某熟觀之，乃定局耳。古今异宜，夷險异地，豈可按一定之圖。兵家之要，在於出奇，不可測識，始能取勝。若平原曠野，猝與虜遇，何暇整陣哉！况某今日以裨將聽命麾下，掌兵不多，使陣一定，虜人得窺虛實，鐵騎四蹂，無遺類矣。』澤曰：『如爾所言，陣法不足用耶？』王曰：『陣而後戰，兵之常法，然勢有不可拘者，且運用之妙，存於一心。留守第思之。』澤嘿然，良久，曰：『爾言是也。』[二十五]

大元帥移南京，復令王以所部從。五月，大元帥即皇帝位，改元建炎。王上書

數千言，大概謂：『陛下已登大寶，黎元有歸，社稷有主，已足以伐虜人之謀；而勤王御營之師日集，兵勢漸盛。彼方謂吾素弱，未必能敵，正宜乘其怠而擊之。而黄潜善、汪伯彦[二十六]之輩不能承陛下之意，恢復故疆，迎還二聖，奉車駕日益南，又令長安、維揚、襄陽准備巡幸。有苟安之漸，無遠大之略，恐不足以係中原之望，雖使將帥之臣戮力於于外，終亡成功。今日之計，莫若請車駕還京，罷三州巡幸之詔，乘二聖蒙塵未久，虜穴未固之際，親帥六軍，迆邐北渡。則天威所臨，將帥一心，士卒作氣，中原之地指期可復。』書奏，大忤用事之臣，以爲小臣越職，非所宜言，奪官歸田里。

秋八月，詣河北招撫使張所，所一見，待以國士，借補修武郎、閤門祗候，差充中軍統領[二十七]。所嘗從容問之曰：『聞汝從宗留守[二十八]，勇冠軍，汝自料能敵人幾何？』王曰：『勇不足恃也，用兵在先定謀。謀者，勝負之機也，故爲將之道，不患其無勇，而患其無謀。今之用兵者皆曰：「吾力足以冠三軍。」然未戰無一定之畫，已戰無可成之功。是以「上兵伐謀，次兵伐交」，欒枝曳柴以敗荆，莫敖采樵以致絞，皆用此也。』所實儒者[二十九]，聞王語矍然，起曰：『公殆非行伍中

人也！』因命王坐，促席與論時事。王慷慨流涕曰：『今日之事，惟有滅賊虜，迎二聖，復舊疆，以報君父耳！』所曰：『主上以我招撫河北，我惟職是思，而莫得其要，公嘗計之否？』王曰：『昔人有言：「河北視天下猶珠璣，天下視河北猶四肢[三十]。」言人之一身，珠璣可無，而四肢不可暫失也。本朝之都汴，非有秦關百二之險也。平川曠野，長河千里，首尾綿亘，不相應援，獨恃河北以爲固。苟以精甲健馬，馮據要衝，深溝高塹[三十一]，峙列重鎮，使敵入吾境，一城之後，復困一城，一城受圍，諸城或撓或救，卒不可犯。如此則虜人不敢窺河南，而京師根本之地固矣。大率河南之有河北，猶燕雲之有金坡諸關。河北不歸，則河南未可守；諸關不獲，則燕雲未可有。問嘗思及童宣撫取燕雲事，每發一笑。何則？國家用兵爭境土，有其尺寸之地，則得其尺寸之用。因糧以養其兵，因民以實其地，因其練習之人，以爲嚮導，然後擇其要害而守之。今童宣撫不務以兵勝，而以賄求。虜人既得重賄，陽諾其請，收其糧食，徙其人民與其素習之士，席卷而東，付之以空虛無用之州。國家以爲燕雲真我有矣，則竭天下之財力以實之。不知要害之地，實彼所據，彼俟吾安養之後，一呼而入，復陷腥羶。故取燕雲而不志諸關，是

以虛名受實禍，以中國資夷狄也。河南、河北，正亦類此。今朝廷命河北之使而以招撫名，越河以往，半爲胡虜之區，將何以爲招撫之地。爲招撫職事計，直有盡取河北之地，以爲京師援耳。不然，天下之四肢絶，根本危矣。异時醜虜既得河北，又侵河南，險要既失，莫可保守，駸駸未已，幸江幸淮，皆未可知也。招撫誠能許國以忠，禀命天子，提兵壓境，使某以偏師從麾下，所嚮惟招撫命耳，一死烏足道哉！』所大喜，借補武經郎。

命王從都統王彦渡河，至衛州新鄉縣。虜勢盛，彦軍石門山下。王約彦出戰，不進。王疑彦有他志，抗聲謂之曰：『二帝蒙塵，賊據河朔，臣子當開道以迎乘輿。今不速戰，而更觀望，豈真欲附賊耶！』彦默然，强與置酒，幕下有姓劉者，數於掌上畫『斬』字，示彦，彦不應。王怒，起，獨引所部鏖戰，奪虜纛而舞之，諸軍鼓譟爭奮，遂拔新鄉，擒千户阿里孛。又與萬户王索[三十二]戰，敗之。明日，將戰侯兆川[三十三]，王預戒士卒曰：『吾已兩捷，彼必并力來。吾屬雖寡，當爲必勝計，不用命者斬！』及戰，士卒多重傷[三十四]，王亦被十餘創，與軍中士皆死戰[三十五]，卒破之，獲士馬不可勝計。夜屯石門山下，或傳虜騎復至，一軍皆驚，

唯王堅卧不動，虜卒不來。糧盡纍日，殺所乘馬以饗士。間走彦壁乞糧，彦不許，乃引所部益北擊虜。又戰于太行山，獲馬數十匹，擒拓跋耶烏居數日，復與虜遇，王單騎持丈八鐵槍，刺殺虜帥黑風大王，走其衆三萬，虜軍破膽。王自知爲彦所疑，乃自爲一軍，歸宗澤，澤命爲留守司統制。未幾，澤死[三十六]，杜充代之。

建炎二年，戊申岁，年二十六。

戰胙城縣。戰黑龍潭。戰官橋，擒李千户。從閆勍保護陵寢。戰汜水関。戰竹蘆渡。轉武功郎。

春正月，合罾宣贊[三十七]軍，與金人戰于胙城縣，大敗之。又戰于黑龍潭[三十八]、龍女廟側官橋，皆大捷。擒女真李千户、渤海、漢兒軍等，送留守司。

秋七月，從閆勍保護陵寢。八月初三日，與金人大戰于汜水関。虜有騎將往來馳突，王躍馬左射，應弦而斃。虜衆亂，官軍奮擊，大破之。又檄王留軍竹蘆渡[三十九]，與虜相持。糧垂盡，王密選精鋭三百，伏前山下，令人各以薪屬交縛兩束，四端爇火，夜半皆舉。虜疑援兵至，驚潰。王追襲，大破之，以奇功轉武

功郎。[四十]

建炎三年，己酉歲，年二十七。

大戰京師，破王善等五十萬。轉武經大夫。擒杜叔五、孫海。轉武略大夫，借英州刺史。解陳州圍，擒孫勝、孫清。轉武德大夫，授真刺史[四十一]。説杜充勿弃京師。戰鐵路步。戰盤城。擒馮進。諫杜充。戰馬家渡。戰鍾山。戰廣德，擒王權等。戰溧陽，擒渤海太師李撒八。

春正月，賊首王善、曹成、張用、董彦政、孔彦舟率衆五十萬，薄南薰門[四十二]外，鼓聲震地。充拊王曰：『京師存亡，在此舉也！』時王所部纔八百人，衆皆懼不敵，王謂曰：『賊雖多，不整也[四十三]，吾爲諸君破之！』左挾弓矢，右運鐵矛，領數騎横衝其軍，賊軍[四十四]果亂。後騎皆死戰，自午及申，賊衆大敗。轉武經大夫。杜叔五、孫海等圍東明縣，王與戰，擒之。轉武略大夫，借英州刺史。

二月，王善圍陳州，恣兵出掠。充檄王，從都統制陳淬合擊之。王先命偏將岳

亨，以游騎絶其剽掠之路，獲其餉卒、牛、驢。善兵不敢復出，勢益沮。二十一日，戰于清河，大敗之，擒其將孫勝、孫清等以歸，所降將卒甚衆。轉武德大夫，授真刺史[四十五]。夏四月，又檄從滓合擊善衆[四十六]。六月二十日，次崔橋鎮[四十七]西，又遇善軍迎敵，敗之。單騎與岳亨深入，執馘，乃還。

杜充弃京師，之建康。王説之曰：『中原之地尺寸不可弃，况社稷、宗廟在京師，陵寢在河南，尤非他地比。留守以重兵碩望，且不守此，他人奈何？今留守一舉足，此地皆非我有矣。他日欲復取之，非捐數十萬之衆，不可得也。留守盍重圖之。』充不聽，遂從之建康。

師次鐵路步，與賊首張用戰，敗之。至六合，檄討李成，破之于盤城，成又退保滁州。充命王燮討之，燮提兵瓦梁路，徘徊不進。其輜重在長蘆[四十八]，成遣輕騎五百襲奪之，不獲。掠寺僧、百姓百餘人，劫取憲臣裴凛犒軍銀、絹[四十九]。王方渡宣化鎮[五十]，聞之，急進兵掩擊。賊兵盡殪，得其梟將[五十一]馮進，還所掠人於長蘆。成奔江西[五十二]，燮竟不至滁而返。

冬十一月，金人大舉兵，與李成共寇烏江縣。充閉門不出，諸將屢請，不答。

王叩寢閤，諫之曰：『勍虜大敵，近在淮南，睥睨長江，包藏不淺。卧薪之勢，莫甚於此時，而相公乃終日宴居，不省政事[五十三]。萬一敵人窺吾之怠，而舉兵乘之，相公既不躬其事，能保諸將之用命乎？諸將既不用命，金陵失守，相公能復高枕於此乎？雖某以孤軍效命，亦於國家無補矣！』因流涕被面，固請出師[五十四]。充漫應曰：『來日當至江滸。』竟不出。

十八日，虜由馬家渡[五十五]渡江，充始遣王等十七人，領兵二萬，從都統制陳淬與虜敵。戰方酣，大將王𤫊以數萬衆先遁，諸將皆潰去。獨王力戰，會暮，後援不至，輜重悉爲潰將引還，士卒乏食，乃全軍夜屯鍾山[五十六]。遲明，復出戰，斬首以數千百計。

諸將惱惱欲叛[五十七]，戚方首亡爲盜，王麾下亦有從之者。王灑血厲衆曰：『我輩荷國厚恩，當以忠義報國，立功名，書竹帛，死且不朽。若降而爲虜，潰而爲盜，偷生苟活，身死名滅，豈計之得耶！建康，江左形勝之地，使胡虜盜據，何以立國！今日之事，有死無二，輒出此門者斬！』音容慷慨，士爲感泣，不敢有异志。又招餘將曰：『凡不爲紅頭巾者，隨我！』於是傅慶、劉經以軍從。

充竟以金陵府庫與其家渡江，降虜。餘兵皆西北人，素慕王恩信，有密白王，願請爲主帥而叛北者[五十八]，王陽許之。有頃，其部曲首領各以行伍之籍來。王按籍呼之曰：『以爾等之衆且强，爲朝廷立奇功，取中原，身受上賞，乃還故鄉，豈非榮耶！必能湔滌舊念，乃可相附，其或不聽，寧先殺我，我决不能從汝曹叛！』衆皆皤然，懽呼曰：『惟統制命！』遂盡納之。

兀朮趨臨安府，王領所部邀擊之，至廣德境中，六戰皆捷，斬首一千二百一十六級，擒女真[五十九]、漢兒王權等二十四人。俘諸路剃頭簽軍首領四十八人，察其可用者，結以恩信，遣還虜中。令夜斫營，燒毁七梢、九梢炮車，及隨軍輜重、器仗。乘其亂，縱兵交擊，大敗之，俘殺甚衆。

駐于廣德之鍾村[六十]，是時糧食罄匱，王資糧于敵，且發家貲以助之，與士卒最下者同食。將士常有飢色，獨畏王紀律，不敢擾民，市井鬻販如常時。虜之簽軍涉其地者，皆相謂曰：『岳爺爺軍也！』争來降附，前後萬餘人。

虜侵溧陽縣。王遣劉經將千人，夜半馳至縣，擊之。殺獲五百餘人，生擒女真、漢兒軍，僞同知溧陽縣事、渤海太師李撒八等一十二人，及千户留哥。

行實編年二

建炎四年
紹興元年
紹興二年
紹興三年

建炎四年，庚戌岁，年二十八。

破群賊[六十二]。戰常州，擒少主孛堇、李渭。復建康府。獻俘行在，賜袍、槍、鎧、帶、鞍、馬。平戚方。轉武功大夫、昌州防禦使，除通、泰州防禦使。戰承

州，擒高太保、阿主里[六十二]孛堇等。賜金注碗、盞。戰北炭村。戰柴墟鎮。戰南霸塘。

春正月，金人攻常州，守臣周杞遣屬官趙九齡來迎，王欣然從之。且欲據城堅守，扼路使虜人无歸[六十三]，以立奇功。會城陷，未及行。郭吉在宜興，擾掠吏民。令、佐聞王威名，同奉書以迎，且謂邑之糗糧，可給萬軍十歲。王得書，遂赴宜興。甫及境，吉已載百餘舟，逃入湖矣。王即遣部將王貴、傅慶將二千人追之，大破其衆，驅其人、舡、輜重以還。時又有群盗馬臯、林聚等精鋭數千，王遣辯士説之，盡降其衆。有號張威武者不從，王單騎入其營，手擒出，斬之，收其軍。

常之官吏、士民弃其産業趨宜興者萬餘家。邑人德之，各圖其像，與老稚晨夕瞻仰，如奉定省，曰：『父母之生我也易，公之保我也難。』又相帥即周將軍廟，闢一堂祠之，邑令錢諶爲之記。[六十四]

夏四月，金人再犯常州。王邀擊，四戰皆捷，擁溺河死者不可數計，擒女真萬户少主孛堇、漢兒李渭等十一人。復尾襲之於鎮江之東，戰屢勝。

詔令就復建康，乃親將而往。二十五日，戰于清水亭[六十五]，金人大敗，横尸十五餘里[六十六]，斬耳帶金、銀環者一百七十五級，擒女真、渤海、漢兒軍四十二人[六十七]，獲其甲馬一百九十三副，弓、箭、刀、旗、金、鼓三千五百一十七事。

五月，兀术復趨建康。王設伏於牛頭山[六十八]上，待之夜，令百人黑衣，混虜中，擾其營。虜人驚，自攻擊[六十九]。徐覺有异，益邏卒於營外伺望。王復潛令壯士銜枚於其側，伺其往來，盡擒之。初十日，兀术次黄龍灣，要索城中金、銀、縑帛、騾、馬及北方人。王以騎卒三百、卒徒[七十]二千人，自牛頭山馳下，至南門新城設寨。遂戰，大破兀术。凡其所要獲負而登舟者，盡以戈殪其人於水，物填委於岸者山積。斬禿髪垂環者三千餘級，僵尸十餘里，降其卒千餘人，萬户、千户二十餘人，得馬三百匹，鎧、仗、旗、鼓以數萬計，牛、驢、輜重甚衆。兀术遂奔淮西[七十一]。王乃入城，撫定居民，俾各安業，虜無一騎留者。

六月，獻俘行在所，上詢所俘，得二聖音問，感慟久之。王奏曰：『建康爲國家形勝要害之地[七十二]，宜選兵固守。比張浚欲使臣守鄱陽，備虜人之擾江東、西者。臣以爲賊[七十三]若渡江，必先二浙，江東、西地僻，亦恐重兵斷其歸路，非所

向也。臣乞益兵守淮，拱護腹心。』上嘉納之，賜鐵鎧五十副、金帶、鞍、馬、鍍金槍、百花袍，褒嘉數四。

初，叛將戚方掠扈成軍老稚以歸。成責之，方陽謝，約成盟，還所掠。成不悟而往，方伏壯士殺之，并屠其家。成死，其部曲相率[七十四]歸于王。廣德守臣亦奉書[七十五]，以方之難來告。會有詔，命王討之。王以三千人行，寨于苦嶺[七十六]。方時發兵斷官橋以自固，王射矢橋柱，方得矢，大驚，遂遁。王命傅慶等追之，不獲。俄益兵來，王自領千人出，凡十數合，皆勝，方復遁[七十七]。王窮追不已，方生路垂絶，知必爲王所誅，會張俊來會師，方乃間道降俊。

俊爲王置酒，令方出拜，方號泣請命，俊力爲懇免。王謂俊曰：『招討有命，某固當從[七十八]。然某與方同在建康，方遽叛去，固嘗遣人以逆順喻之，不聽。屠戮生靈，騷動郡縣，又誘殺扈成[七十九]而屠其家，且拒命不降，比諸凶爲甚，此安可貰。』俊再三請，王呼方，謂之曰：『招撫既赦汝一死，宜思有以報國家。』方再拜謝，立于左。當廣德之戰也，王身先士卒，方以手弩射王，中鞍。王納矢於箙，曰：『他日擒此賊，必令折之以就戮。』至是取矢畀方，方寸折惟謹。王與俊

皆大笑，方流汗股慄[八十]，不敢仰視。於是胡虜、盗賊之在近境者，或殺或降。

時有删定官邵緯者，上書廟堂，言王『驍武沉毅，而恂恂如諸生。頃起義河北，嘗以數十騎乘險據要，却胡虜萬人之軍。又嘗於京城南薰門外，以八九百人破王善、張用五十萬之衆，威震夷夏。而身與下卒同食，民間秋毫無擾。如慮金人留軍江南，牽制官軍，大爲東南之患；則奮不顧身，克復建康，爲國家奪取形勢咽喉之地，使逆虜掃地而去，無一騎留者。江、浙平定，其誰之力？』歷數功效，無慮數千言。廟堂以其書奏於上，於是有意超擢[八十一]。

秋七月，宰臣范宗尹奏事，因言：『張俊自浙西來，盛稱岳某可用。』上曰：『某乃杜充愛將。充於事君，失臣子之節；而能用岳某，有知人之明，猶可嘉也[八十二]。』遷武功大夫、昌州防禦使、通、泰州鎮撫使、兼知泰州。王以公牘申省，辭通、泰之命，願以母、妻并二子爲質，乞淮南東路一重難任使。招集兵馬，掩殺金賊[八十三]，復收本路州郡。乘伺機會，迤邐漸進，使山東、河北、河東、京畿等路次第而復。庶幾得快平生之志，盡臣子之節。報聞。

八月，金人攻楚州急。簽書樞密院趙鼎遣張俊援之，命王隸俊節制。俊辭曰：

『虜之兵不可當也。趙立孤壘，危在旦夕。若以兵委之，譬徒手搏虎，并亡無益。』鼎再三辨，俊亦再三辭。鼎奏上曰：『若俊憚行，臣願與之偕。』俊復力辭。乃詔王率兵腹背掩擊，令劉光世遣兵，而王改隸光世節制。上數令人促光世親率兵渡江[八十四]，光世將行，幕下或止之[八十五]，遂已。上聞之，乃顧鼎曰：『移文不足以盡意，卿可作書與光世，詳言之。』鼎遂移書光世，又不行。

是時，朝廷雖已詔王，而王方自行在歸宜興，盡提所部赴鎮，元未之知也。十九日，王發宜興。二十三日，軍至江陰，竢舟未濟[八十六]。王聞警，輕騎而先，二十六日入泰州。未視篆，籍郡中敢勇士[八十七]及部押使臣、效用，責其從軍願否狀。盡收其馬，置之教場，集射于中，中的多者[八十八]，得自擇一馬。訖射，得百人，以賜甲五十副并作院甲五十副與之，分爲四隊，常置左右。

九月初二日，入治所。初三日，復出屯。初九日，軍既畢濟，即日引兵屯三敦[八十九]，爲楚聲援。二十日，遂抵承州。彌月，三戰皆大捷。殺其大酋高太保，擒女真、契丹、渤海、漢兒軍等，又俘阿主孛堇及里真、阿主黑、白打里、蒲速里酋長七十餘人，送行在。上賜札曰：『卿節義忠勇，無愧古人。所至不擾，民不知

有兵也；所向必克，寇始畏其威也。朕甚嘉焉。今方國步艱難[九十]，非卿等數輩，朕孰與圖復中土耶！賜卿金注碗一副、盞十隻，聊以示永懷也。』

金人既陷承、楚，詔光世措置保守通、泰。時王在承州，泰州盜起，王昭寇城東，張榮寇城北。於是王得還守通、泰之命，乃旋師。自北炭村至柴墟[九十一]，屢戰，皆大捷，死者相枕藉。諜報金人并兵二十萬，將取通、泰，俄已破張榮茭城。光世復違詔，不遣援兵，王以聞。

冬十一月，有旨：『泰州可戰即戰，可守即守；如其不可，且於近便沙洲保護百姓，伺便掩擊。』王顧虜勢盛，泰無可恃之險，初三日，全軍保柴墟，戰于南霸塘。金人大敗，擁入河流者不可勝計。相持纍日，而泰州爲鎮撫使分地，不從朝廷應副，糧餉乏絶，刲虜尸以繼廩。初五日，乃下令渡百姓于陰沙[九十二]。王以精騎二百殿，金人望之，不敢逼，遂屯江陰。

時劇賊李成，自號李天王，乘金人殘亂之餘，據江、淮十餘州，連兵三十萬，有席卷東南之意，遣其將馬進犯洪州[九十三]。十二月，上命張俊爲江、淮招討使。

紹興元年，辛亥岁，年二十九岁。

討李成。戰生米渡。戰筠州城東。戰朱家山，斬趙萬等。戰樓子莊。殺馬進、孫建，降其衆。降張用、一丈青。充神武副軍統制。轉親衛大夫、建州觀察使。擒饒達、姚青。升神武副軍都統制。

春正月，俊入辭，盛言李成之衆，上曰：『成兵雖衆，不足畏。』因諭俊，以爲『今日諸將，獨汝無功』。俊遽曰：『臣何爲無功？』上笑曰：『如韓世忠擒苗傅、劉正彦，卿殆不如也。』俊恐悚，承命而退。退而畏縮，自度必不可勝，思諸將惟王爲謀勇，乃請以王軍同討賊，詔許之。

二月，王至鄱陽，與俊合兵。三月初三日，次洪州。賊連營西山，王師不得渡，諸將莫當其鋒。俊大懼，召王問曰：『俊與李成前後數戰，皆失利，君其爲我計之。』王對曰：『甚易也，賊貪而不慮後，若以騎兵三千，自上流生米渡出其不意，破之必矣。某雖不才，願爲先鋒以行。』俊大喜，從之。

初九日，王身披重鎧，先諸軍躍馬以濟，衆皆駭視，須臾，以次畢渡，觀者以

爲神。乃潛出進軍之右，王首突賊陣，所部從之，賊大敗[九十四]，降其卒五萬。王追之二十五里，及河，渡土橋，纔數十騎而橋壞，後騎莫能進。進引軍五千，回攻王，王以一矢殪其先鋒之將，麾騎突前，進軍望風皆曳兵，又大敗。俊呼壕寨吏治橋，後騎亦至，進遂走筠州。

王以軍屯筠城東。十一日，賊復引兵出城布列，横亘十五里。王以紅羅爲幟，刺白『岳』字於上。平明，領所擇馬軍二百人，建旗鼓而前。賊易其少，搏之，伏發，大敗走。王使人呼曰：『不從賊者[九十五]，即坐，卸甲衣，當不汝殺！』賊應聲坐者[九十六]八萬人，死者無數，擇所獲槍刀[九十七]、衣甲、器仗之堅全者，束之，令降卒負挈隨軍；其弊者置于筠之州帑，分隸降軍。三日乃畢。

進以餘卒奔李成所，成時在南康之建昌。王復夜引兵[九十八]，銜枚至朱家山，偃兵伏幟，於茂林待之。進至，伏兵一鼓出林，賊衆大敗[九十九]，殺獲步兵五千人，斬其將趙萬等。進引十餘騎先走，僅以身免。

成怒，自引兵十餘萬來。王遇之于樓子莊，引軍合戰，大破成軍，降其卒二萬餘人，獲馬二千匹。追之，由武寧至江州，道中殺及降凡三萬人。

成自獨木渡趨蘄州。王以馬軍追之，渡步軍于張家渡，以夾擊之，殺馬進、孫建及酋領甚衆。成軍晝夜駭走，不得休息，飢困死者十四五。至蘄州，又降其卒萬五千人，馬二千餘匹，所弃器仗、衣甲、金帛無數。成走降僞齊，江、淮以平。

相州人張用勇力絶群，號張莽蕩。其妻勇在用右，帶甲上馬，敵千人，自號一丈青。以兵五萬寇江西，俊召王，語曰：『非公無可遣者。』問用兵幾何？王曰：『以某自行，此賊可徒手擒。』俊固以步兵三千益之。王至金牛〔一〇〇〕，頓兵，遣一卒持書諭之曰：『吾與汝同里人，忠以告汝，南薰門、鐵路步之戰，皆汝所悉也。今吾自將在此，汝欲戰則出戰，不欲戰則降。降則國家録用，各受寵榮；不降則身隕鋒鏑，或係纍歸朝廷，雖悔不可及矣。』用與其妻得書〔一〇一〕，拜使者曰：『果吾父也，敢不降！』遂俱解甲，王受之以歸。俊謂諸僚屬曰：『岳觀察之勇略，吾與汝曹俱不及也〔一〇二〕。』繼又招降馬進餘黨之潰者數萬，王汰其老弱，得精兵萬餘人以歸俊，奏王功第一。

秋七月，充神武副軍統制〔一〇三〕，命權留洪州，彈壓盗賊。

冬十月，授親衛大夫、建州觀察使。建寇范汝爲陷邵武軍。江西安撫大使李回

檄王，分兵三千保建昌軍，二千保撫州，以洪州鄰撫州，建昌鄰邵武也。王使以『岳』字幟植城門，且榜于境曰：『賊入此者死！』游騎抄掠者望見，皆相戒以勿犯。村氓樵蘇猶故，民不知有盜。

十一月，姚達、饒青以萬餘人逼建昌。王使王萬、徐慶將建昌之軍討之，擒青、達於四望山。

十二月，升神武副軍都統制。

紹興二年，壬子岁，年三十。

賜甲。討曹成。破太平場寨。戰北藏嶺、上梧関。戰蓬嶺，擒張全。分兵降寇。擒郝政。擒楊再興。轉中衛大夫、武安軍承宣使。降郝通，逐馬友。平劉忠餘黨。平李通。

春正月，詔以王治軍整肅，勇於戰鬥，賜衣甲一千副。

曹成擁衆十餘萬，由江西歷湖湘，執安撫使向子諲，據道、賀州。二月，命王以本職權知潭州、兼荆湖東路〔一〇四〕安撫、都總管，且以韓京、吴錫軍及廣東、西

洞丁、刀弩手、將兵、土軍、弓手、民兵等，會王以捕成。又付金字牌并黄旗十副，招降群盜。

十七日，王發洪州。成聞王被命，謂其屬曰：『岳家軍來矣，吾屬能爲必勝計耶？』乃預令其軍分路逃去。十九日，成引兵趨全、永，犯廣西。獨留其中軍，乘王未至，縱兵四掠，焚劫百姓。三十日，王至茶陵，先遣兵趨郴江[一〇五]及桂陽路，伺成動息。

上又令察[一〇六]其受招與否，爲之進退。王數以上意諭之，成不聽。乃上奏云：『内寇不除，何以攘外；近郊多壘，何以服遠。比年群盜競作，朝廷務廣德意，多命招安；故盜亦玩威不畏，力强則肆暴，力屈則就招。苟不略加剿除，蜂起之衆未可遽殄。』上許之。

夏閏四月，入賀州境。成置寨太平場，王未至，賊屯數十里，按兵立栅。會得成諜，縛而坐之帳下。有間，王出帳，召軍吏調兵食，吏請曰：『糧且罄矣，奈何？』王曰：『促之耳，不然，姑返茶陵以就餉。』已而顧見成諜，捽耳頓足而入，乃逸之。諜至成軍，盡以告成。成大喜，期明日追王軍。是夜，王命士蓐食，

夜半悉甲趨遶嶺。初五日未明，已破太平場寨，盡殲其守隘之兵，而焚毀之，成大驚。

明日，進兵，距賀城二十里。成募願戰賊兵三萬，夜半據山之險，迎捍官軍。王麾兵掩擊，賊衆大潰，追至城東江岸，成奔桂嶺[一〇七]。上復賜詔，令不以遠近追捕。又以暑月暴露之苦，令學士院降敕書撫諭。

王進兵趨桂嶺。其地有北藏嶺、上梧関、蓬嶺，號爲三隘。成先引兵據北藏嶺、上梧関，以待王。成自喜以爲得地利[一〇八]，後來者莫能奪。王至，成以都統領王淵迎戰。王麾兵疾馳，不陣而鼓，淵軍大潰。復殲其守隘之卒，奪二隘而據之，成急遁去。十三日，成復選鋭將，自北藏嶺夾擊官軍。王以兵迎之，成敗，斬一萬五千餘級，獲其弓、箭、刀、槍等無數。成又自桂嶺置寨至北藏嶺，綿亘六十餘里，所據皆山險[一〇九]、河澗，道路隘狹，人馬不得并行。成自守蓬嶺，嚴備特甚。是時，賊衆十餘萬，皆河北、河東、陝右之散卒，驍勇健鬥；王所部纔八千人，而騎兵最少，視成軍十不及其一。十五日，王進兵蓬嶺，分布嶺下。日及未，一鼓登之，成軍四潰，所殺及掩擁入河者不知其數。成自投嶺下，得駿馬而

逃。王舉其寨盡有之，凡槍、刀、金、鼓、旗幟無遺者。奪其被虜人民數萬人，歸之田里。擒其將張全。

成竄連州，王召張憲、王貴、徐慶，謂之曰：『曹成敗走，餘黨盡散，追而殺之，則良民脅從，深可憫痛；然縱其所往[一一〇]，則大兵既旋，復聚爲盜。吾今遣若等三路招降，若復抵拒[一一一]，誅其酋而撫其衆。謹毋妄殺，以纍主上保民之仁。』於是憲自賀、連，慶自邵、道，貴自郴、桂陽招之，降者二萬，與王會于連州。王用其酋領，而給其食，降民大喜。乃益進兵追成，成懼甚，走宣撫司降。

有郝政者[一一二]，率衆走沅州，首被白布，自稱爲成報讎，謂之『白頭巾』，已而爲張憲所擒。其將楊再興走，躍入澗中，憲欲殺之，再興曰：『願執我見岳公。』遂受縛。王見再興，奇其貌，命解其縛，曰：『吾不殺汝，汝當以忠義報國！』再興拜謝。後卒死國事，爲名將。嶺表悉平。時以盛夏行烟瘴之地[一一三]，登山涉險，衝冒炎暑，賊兵以疾，死者相繼，而官軍無一人疫癘者，惟死敵之兵纔一二人，論者以爲王忠義所致。

六月十一日，授中衛大夫、武安軍承宣使，依前神武副軍都統制。制辭有『許

國忠誠，馭衆訓整，同士卒之甘苦，致紀律以嚴明』之語。初有旨，命王平曹成日，赴行在。尋以江州係控扼要地，合屯重兵，令王將帶本部并韓京、吴錫軍屯于江州。

比入江西界，准本路安撫大使李回牒，令招殺馬友下郝通賊馬。王遂至筠州，降之，除揀放外，得精兵一萬八千人。因奏所得兵可以防江，其韓京、吴錫軍更不須起發，乃以京、錫撥隸荆湖、廣南宣撫司。時馬友復犯筠州城西，防隘之兵望風奔潰〔一一四〕，守臣已徒步出境，及聞王軍來，友遠逃去〔一一五〕。

軍至江州。劉忠之餘黨四千餘人寇蘄之廣濟縣，又李通已受招安，在司公山，不肯出，令王掩捕，悉平之。於是李回奏，乞以舒、蘄、光、黄接連漢陽、武昌一帶盗賊，并委王招捕。

十二月，亡將李宗亮誘張式，以所部兵叛。

紹興三年，癸丑歲，年三十一。

平李宗亮。賜金蕉酒器。討虔寇。擒彭友等。平固石洞。入虔州，斬十大王

等。擒高聚。擒張成。召赴行在。賜袍、帶、鞍、馬、弓、箭等，賜宸翰『精忠』旗。除江西沿江制置使。改江西制置使兼舒、蘄州。改神武後軍統制。

春正月，宗亮、式夜至筠州，焚毁居民[一一六]，殺劫甚衆。王遣徐慶、傅選軍捕滅之。

二月，上遣鄭壯賫賜王金蕉酒器[一一七]，如賜韓世忠禮，召赴行在。江西宣諭[一一八]劉大中奏：『臣到洪州，采訪物論，皆謂岳某提兵素有紀律，人情恃以爲安。今岳某將帶軍兵前赴行在，竊恐民不安業，盗賊無所鎮壓，復至猖獗。』乃不果行。又賜李回親札，令擇本路盗賊熾盛處，專委王。

是時虔、吉二州之境，盗賊群起。如吉州彭友、李動天[一一九]爲之魁，及以次首領號爲十大王。虔州則陳顒、羅閑十等，各自爲首，連兵數十萬，置寨五百餘所。表裏相援，捍拒官軍，分路侵寇循、梅、廣、英、惠、韶、南雄、南安、建昌、汀、潮、邵武諸郡，縱横來往，凶焰方赫[一二〇]。

於是李回奏吉寇彭友等爲亂，乞專委王。廣東宣諭[一二一]明槖亦奏：『虔賊爲二廣患。采之南方物論，皆言岳某所部最爲整肅，所過不擾。若朝廷矜憫遠人，特

遣岳某軍來，則不惟可除群盜；而既招復叛，如劉欅輩，亦可置之隊伍，繩以紀律，使之爲用。』又知梧州文彦明奏虔州盐寇入廣東劫掠，乞委王討捕。劉大中[一二二]亦連奏，以王爲請。上始專以虔、吉寇付王。

夏四月，王至虔州，聞彭友等立栅于固石洞，儲蓄甚富。王遣吏伺其實，乃已離固石洞，悉其兵至雩都，俟官軍。且宣言曰：『人言岳承宣智勇爲天下第一，我今破之。岳承宣且敗，他人若我何？』吏回報，王笑，遣辯士二人造之，開諭禍福，説之以降。賊曰：『爲我語岳承宣，吾寧敗不肯降，毋以虚聲恐我也。』遂與戰，友等方躍馬馳突，示其驍勇，王麾軍擊之，擒友等於馬上。餘酋散走，賊衆横尸滿山谷，獲衣甲、器械無數，奪其被虜老弱二萬餘人，縱歸田里。

餘酋復退保固石洞。洞之山特高，四環皆水，登山僅止一徑，勢甚險阻。王頓兵瑞金縣，領千餘騎至固石洞。復遣辯士説之曰：『汝誠阻險，能保不敗耶？敗而後降，吾不汝貰矣！降即亟降，毋自速辜。』賊衆不聽，曰：『苟能破山寨，吾黨雖死，尚何憾！』王乃列馬軍於山下，皆重鎧持滿。黎明，遣死士三百，疾馳登山，賊衆大亂。山下鳴鼓呼譟，賊莫測多寡[一二三]，弃山而下，見山下皆爲列騎所

圍[一二四]，於是疾呼丐命，倉卒投墜而死者甚衆。王乃令軍中毋殺一人。賊衆悉下山投降，或曰：『説之不我聽，何以貸爲！請盡戮之。』王蹙然良久，曰：『此輩雖凶頑，然本愚民耳，殺之何益！且主上既赦其人矣，不然，何以成主上之美[一二五]。』命籍其金、帛之藏，盡入備邊激賞庫，擇降民之勇鋭者隸諸軍，餘悉縱之田里。下令使各安業耕種，逃民盡還。遣徐慶等將兵，授以方略，捕諸郡賊，以次敗降。是役也，擒賊大小首領五百餘人，一無遺類。

初，廟堂以隆祐震驚之故，有密旨，令屠虔城。王既平諸寇，乃駐軍三十里外，上疏請誅首惡，而赦脅從，不許。連請不已，上乃爲之曲宥，詔王裁決[一二六]。六月，王始入城諭囚，即諸酋罪之尤者數人，各置之法，餘悉稱詔貰之。市不易肆，虔人懽聲如雷。至今父老家家繪而祀之，遇諱日，則裒金飯僧于梵舍，以爲常。雖更權臣之禍，亦不變。

時又有劉忠之將高聚犯袁州。王遣王貴擊之，擒高聚及其徒二百餘人，降其衆三千，殺其僞統制方（失其名）。

張成亦以三萬人犯袁州，陷萍鄉，復遣王貴擊之。成敗走，王貴奪其寨，焚

之，殺死甚衆，俘五百餘人。明日，復戰，遂擒成，而降其衆。

秋七月，召赴行在。趙鼎奏：『虔州民習凶頑，纍年爲患。岳某雖已破蕩巢穴，恐大兵起行之後，復爾嘯聚，請留五千人屯虔州。』又以密院之請，分三千人屯廣州，一萬人屯江州。

九月，至行在，上預使人諭王，令繫金帶上殿[一二七]。十三日，入見，上慰撫再三，王頓首謝而退，卒不言其功。上以其長者，益重敬之，賜衣甲、鎧馬[一二八]、弓箭各一副，撚金綫戰袍、金帶、手刀、銀纏槍、戰馬、海馬皮鞍各一。賜宸翰于旗上，曰『精忠岳某[一二九]』，令先師行之次建之。又賜王之子[一三〇]雲弓箭一副，及戰袍、銀纏槍各一。犒勞官兵甚厚。

十五日，特旨落階官[一三一]，授鎮南軍承宣使，依前神武副軍都統制，江南西路沿江制置使，制辭有『千里行師，見秋毫之無犯[一三二]；百城按堵，聞夜吠之不驚』之語。又賜詔曰：『卿殄寇之功，馭軍之略，表見於時，爲後來名將。江、湖之間，尤所欣賴，兒童識其姓字，草木聞其威聲。』

十八日，有旨諭王，其目有三：

一、令王於江州、興國、南康一帶駐札。江西諸屯軍馬許遇緩急抽差。

一、江上有軍期急速，與制置會議不及，許一面隨宜措置。

一、舒、蘄兩州增隸王節制。

二十日，賜銀二千兩，犒所部將士。二十一日，改除江南西路制置使。二十四日，除江南西路、舒、蘄州制置使[一三三]。二十七日，以李山軍馬隸王。二十九日，改差神武後軍統制，依前制置使。冬十一月，令王夔、折彦質遣吴全、吴錫兩軍，并聽王節制。十二月，以李横、牛皋隸王。

是時，僞齊使李成合北虜兵五十萬，大舉南寇，攻陷襄陽府及唐、鄧、隨、郢州、信陽軍，故鎮撫、刺史，如李横、李道與翟琮[一三四]、董先、牛皋等俱失守。僞齊於每郡俱置僞將。又有湖寇楊么舟师與僞齊交結，欲分車舡五十艘，攻岳、鄂、漢陽、蘄、黄，順流而下。李成以兵三萬益楊么舟師，自提兵[一三五]十七萬，由江西陸行趨兩浙，與么會合。

朝廷患之，始命於江南北岸水陸戰備處，常爲待敵計。又命於興國、大冶通洪州之路，措置堤備，多遣間探，日具事宜以聞。又命防拓鄂、黄等州及漢陽軍，又

以下流鄂、岳備賊營之潛渡爲寇者。一日，王與幕中人[一三六]語，論及二寇，或問將何先？王曰：『先襄漢，襄漢既復，李成喪師而逃，楊么失援矣。第申嚴下流之兵以備之，然後鼓行。』

校注記：

［一］王注：據宋史卷八六地理志，相州屬河北西路，故宋時稱岳飛爲河北人。按今行政區劃，湯陰縣屬河南省。宋朝縣以下設鄉、里兩級行政區劃。宋神宗時實行保甲法，基層組織改爲都保、大保之類，而鄉、里作爲地名，仍予保留。

［二］二月十五日：實録漫漶不清，據稡編識。

［三］其後支冑扶踈：『扶踈』，稡編作『莫考』。

［四］自王父而上：稡編作『自先臣成而下』。

［五］雜蔬爲糜：實録漫漶不清，據稡編識。

［六］以功名顯，且位至公孤：『且』，稡編作『世』。『公孤』，金佗續編卷一七作『三孤』。

〔七〕王注：宋史徽宗紀、五行志、河渠志和宋會要輯稿瑞异、方域都無崇寧二年黄河决口記載。可見天生貴相、大難不死之宿命論記載不可憑信。

〔八〕天資敏悟强記：『天』字實録原脱，據稡編補。

〔九〕若精思而得者：『若精思而得』，實録漫漶不清，據稡編識。

〔十〕嘗學射于：實録漫漶不清，據稡編識。

〔十一〕王謝曰：『請試之。』：實録漫漶不清，據稡編識。

〔十二〕以其所愛弓：實録漫漶不清，據稡編識。

〔十三〕安撫使劉鞈募敢戰士備胡：『安』，實録原作『宣』，『使』字原脱，據續編卷一七改。

〔十四〕置於部伍：實録漫漶不清，據稡編識。

〔十五〕遂俘獲其衆：『遂俘』，實録漫漶不清，據稡編識。

〔十六〕平定軍：太平寰宇記卷五十河東道：『平定軍治平定縣，本并州廣陽縣，皇朝平晋陽，以此縣先歸，於是乃立平定軍』。

〔十七〕王注：『效用士』一般稱『效用』，北宋晚期至南宋，效用已成爲正

規軍高級軍士。

［十八］王注：『團練』即團練使，宋初鏟除藩鎮制度後，已成武將虚銜。

［十九］王校：壽陽，『壽』原作『慶』，據宋史卷八六地理志，河東路和太原府無『慶陽縣』，應爲壽陽縣。

［二十］出入數四：『出入』，實録漫漶不清，據稡編識。

［二十一］以虜服潛入：實録漫漶不清，據稡編識。

［二十二］王注：三朝北盟會編卷七〇：『秦仔賫蠟書，除康王河北兵馬大元帥。』建炎以來繫年要録卷一：『遣閤門祗候秦仔等八人，持親筆蠟書，縋城，詣相州，拜王河北兵馬大元帥。』

［二十三］李固渡：『固』原作『園』，據續編卷一七改。

［二十四］王校：時宗澤任副元帥，當東京留守乃翌年之事，行實編年記載有誤。

［二十五］王注：宋史卷三六五岳飛傳：『隸留守宗澤，戰開德、曹州，皆有功。澤大奇之，曰：「爾勇智才藝，古良將不能過。然好野戰，非萬全計。」因

授以陣圖。飛曰：「陣而後戰，兵法之常，運用之妙，存乎一心。」澤是其言。』宋史之岳飛傳源自宋中興四朝國史之岳飛傳，而上引『陣而後戰』之語，應源於宗忠簡公事狀。

〔二十六〕汪伯彦：『汪伯彦』之下，稡編無『之』字。

〔二十七〕王注：三朝北盟會編卷一〇八：『（建炎元年六月十七日乙亥）張所爲河北路招撫使。……相州百姓岳飛初隸所，爲效用。』又同書卷二〇七岳侯傳：『靖康末，聞張所爲河北招討，侯遂投軍，往三次，方得見張所。所觀侯才武，特剌效用，令帳前使喚。』又同書卷二〇八林泉野記：『靖康末，張所招討河北，飛始投效用。』這兩條記載關於岳飛投張所的時間和張所的職務有誤。

〔二十八〕王校：建炎以來繫年要録卷六：『（建炎元年六月乙酉）龍圖閣學士、知開封府宗澤爲延康殿學士、開封尹、東京留守。』可知此時應稱留守。

〔二十九〕所實儒者：『實』，稡編作『本』。

〔三十〕王注：樊川文集卷五戰論：『河北視天下，猶珠璣也；天下視河北，猶四支也。』此爲唐人杜牧之論。

〔三十一〕深溝高塹：『塹』，稡编作『壘』。

〔三十二〕王索：續編卷一七作『王崇』。

〔三十三〕王注：嘉靖輝縣志卷二雜署：『侯趙川巡檢司，在縣治西北七十里，地接林縣界。』讀史方輿紀要卷四九輝縣：『侯趙川，在縣西北三十里，接彰德府湯陰縣界。四面皆山，中甚平曠，即蘇門之北麓，本無川也。宋建炎元年，岳飛破金人於新鄉，復其城，又敗金人於侯趙川，引軍益北，戰於太行，又敗之。』此处侯趙川即爲侯兆川。

〔三十四〕士卒多重傷：『多』，實録原闕，據續編卷一七補。

〔三十五〕軍中士皆死戰：『士』，實録原闕，據續編卷一七補。

〔三十六〕王注：宗澤之死，乃於明年七月。在宗澤生前，岳飛參加翌年胙城縣等戰時，都受其指揮。謝起巖承襲了岳珂對此段記事的疏謬記載。

〔三十七〕王注：『宣贊』爲武官閤門宣贊舍人之簡稱。

〔三十八〕王注：讀史方輿紀要卷四九汲縣：『黑龍潭，在府城西。舊時黄河決隘，瀦而爲潭處也，上有黑龍神廟。宋建炎二年，岳飛大敗金人於胙城，又戰

于黑龍潭，復大敗之。』

〔三十九〕王注：讀史方輿紀要卷四七汜水縣：『竹蘆渡，在縣東。建炎二年，岳飛敗金人于汜水關，駐兵於此。與敵相持，選精鋭三百，伏前山下，令縛芻爲交矩，爇四端而舉之。金人疑援兵至，驚潰。』

〔四十〕王曾瑜先生認爲此段有關岳飛之記述全然錯謬。

〔四十一〕解陳州圍，擒孫勝、孫清。轉武德大夫，授真刺史：實録原闕，據稡編補。

〔四十二〕王注：宋史卷八五地理志：『南三門：中曰南薰，東曰宣化，西曰安上。』

〔四十三〕賊雖多，不整也：實録原文漫漶不清，據稡編識。

〔四十四〕横衝其軍，賊軍：實録原文漫漶不清，據稡編識。

〔四十五〕轉武德大夫，授真刺史：實録原闕，據稡編補。

〔四十六〕夏四月，又檄從淬合擊善衆：實録原闕，據稡編補。

〔四十七〕王注：據元豐九域志卷一，崔橋鎮在開封府太康縣。

〔四十八〕王注：據元豐九域志卷五，長蘆鎮屬真州六合縣。讀史方輿紀要卷二〇江寧府六合縣：『長蘆鎮，在縣南二十五里。』

〔四十九〕裴凛犒軍銀、絹：實録原文漫漶不清，據稡編識。王注：建炎以來繫年要録卷二一，梁谿全集卷八九應詔條陳八事奏狀作『裴㦖』。

〔五十〕王注：據元豐九域志卷五，宣化鎮屬真州六合縣。讀史方輿紀要卷二〇江寧府六合縣：『宣化鎮，在縣南六十里六合山，東濱宣化江，有宣化渡。』

〔五十一〕盡殪，得其梟將：實録原文漫漶不清，據稡編識。

〔五十二〕王校：李成侵擾江西路，爲翌年事。此時乃勾結金軍，共侵南宋。此處與後一段『金人』『與李成共寇烏江縣』不相照應，顯屬錯訛。

〔五十三〕不省政事：『政』，稡編作『兵』。

〔五十四〕固請出師：『師』之上，稡編有『視』字。

〔五十五〕王注：景定建康志卷一六：『馬家渡：在府界上。考證：皇朝中興編年綱目載云：采石江闊而險，馬家渡江狹而平，兩處相去六十里，皆與和州對岸。』

〔五十六〕王注：景定建康志卷一七：『鍾山：一名蔣山，在城東北一十五里，周迴六十里，高一百五十八丈。』

〔五十七〕諸將惱惱欲叛：『惱惱』，稡編作『恟恟』。

〔五十八〕而叛北者：稡編作『而俱叛北者』。

〔五十九〕『女真』之下，疑有闕名。

〔六十〕王注：讀史方輿紀要卷二九廣德州：『鍾村，在州境。宋建炎二年，兀術渡江，而南寇廣德。岳飛自宜興邀擊，至廣德境中，六戰皆捷，駐師鍾村，即此。』

〔六十一〕破群賊：『賊』，實録原闕，據稡編補。

〔六十二〕阿主里：『里』，據稡編卷一九承州捷報申省狀補。

〔六十三〕扼路使虜人無歸：稡編作『扼虜人歸路』。

〔六十四〕王注：續編卷三〇錢諶宜興縣生祠叙：『時方夷狄、盗賊交寇四境，舉邑生靈幾死而復生者屢矣，皆公之造也，其德孰加焉。人莫不謂「父母生我也易，公之保我也難」。無以見其報稱不忘之意，乃立生祠，繪英雄卓絶之姿，修

況水芬馨之奉。……然察人之情，猶以爲未至，皆欲圖像於家，與其稚老晨昏欽仰，如奉省定而後已。』

〔六十五〕王注：景定建康志卷二二：『清水亭：去府城三十里。考證：建炎四年四月二十五日，岳飛敗虜於此。』

〔六十六〕横尸十五餘里：『横』，稡編作『僵』。

〔六十七〕四十二人：『二』，稡編作『二』，續編卷一七作『三』。

〔六十八〕王注：景定建康志卷一七：『牛頭山：狀如牛頭，一名天闕山，又名仙窟山，在城南三十里，周迴四十七里，高一百四十丈。』

〔六十九〕自攻擊：稡編作『自相攻擊』。

〔七十〕卒徒：稡編作『步卒』。

〔七十一〕王注：淮西，完顔兀术渡江後，沿運河北撤，往真州六合縣，『淮西』應爲『淮東』之誤。

〔七十二〕形勝要害之地：『勝』，稡編作『勢』。

〔七十三〕臣以爲賊：『賊』，實録原闕，據稡編補。

〔七十四〕其部曲相率：『率』，實録原作『卒』，據稡編改。

〔七十五〕守臣亦奉書：實録漫漶不清，據稡編識。

〔七十六〕王校：行寨于苦嶺，『苦嶺』，大明一統志卷一七廣德州：『苦嶺關：在州南六十里。』讀史方輿紀要卷二九廣德州：『苦領關，州東六十里，路通浙江安吉州。』

〔七十七〕方復遁：『方』，據續編卷一七補。

〔七十八〕某固當從：稡編作『某固當稟從』。

〔七十九〕扈成：『成』，實録原作『將』，據續編卷一七改。

〔八十〕方流汗股慄：『慄』，稡編作『傈』。

〔八十一〕有意超擢：實録漫漶不清，據稡編識。

〔八十二〕猶可嘉也：『嘉』，稡編作『喜』。

〔八十三〕掩殺金賊：『賊』，實録原闕，據稡編補。

〔八十四〕親率兵渡江：原脱『兵』字，據續編卷一七補。

〔八十五〕幕下或止之：『幕』，實録原作『莫』，據稡編改。

〔八十六〕 竢舟未濟：『竢』，稡編作『俟』。

〔八十七〕 籍郡中敢勇士：『敢勇士』，稡編作『敢死士』。

〔八十八〕 中的多者：『者』，據續編卷一七補。

〔八十九〕 屯三敦：『敦』，實録闕筆，因避宋光宗趙惇之諱。王注：讀史方輿紀要卷二三高郵州：『三垛鎮：州東四十里。宋建炎中，金人攻楚州，詔通、泰鎮撫使岳飛救之。飛屯軍三垛鎮，爲楚州聲援，寇至，三戰三捷。』三垛本名三墩。

〔九十〕 王校：今方國步艱難，『今方』，續編卷一高宗宸翰二作『方今』。

〔九十一〕 王注：據元豐九域志卷五，柴墟鎮在泰州泰興縣。

〔九十二〕 王注：乃下令渡百姓于陰沙，『陰沙』，疑爲『江陰沙上』之誤。

〔九十三〕 王注：洪州應爲『江州』之誤。

〔九十四〕 賊大敗：『賊』，實録原闕，據稡編補。

〔九十五〕 不從賊者：『賊』，實録原闕，據稡編補。

〔九十六〕 賊聲應坐者：『賊』，實録原闕，據稡編補。

［九十七］王注：擇所獲槍刀，『擇』之上，宋朝南渡十將傳卷二岳飛傳有『坐者皆解甲』。

［九十八］復夜引兵：『復』，稡編作『夤』。

［九十九］賊衆大敗：『賊』，實録原闕，據稡編補。

［一〇〇］王注：據元豐九域志卷六，金牛鎮在鄂州武昌縣。

［一〇一］用與其妻得書：實録闕『得書』，據稡編補。

［一〇二］王注：時岳飛爲昌州防禦使，則不當稱『岳觀察』，張俊此語應非此時所説，或爲岳珂筆誤。

［一〇三］王校：三朝北盟會編卷一四七：『（紹興元年）七月，岳飛爲神武右軍副統制。』按當時某些記載都將岳家軍此番號和岳飛之職務寫錯。

［一〇四］王注：宋史卷八八地理志：『荆湖南、北路：紹興元年，以鄂、岳、潭、衡、永、郴、道州、桂陽軍爲東路，鄂州置安撫司。鼎、澧、辰、沅、靖、邵、全州、武岡軍爲西路，鼎州置安撫司。二年，罷東、西路，仍分南、北路。』

〔一〇五〕遣兵趨郴江：粹編無『江』字。

〔一〇六〕上又令察：『察』，實録原闕，據粹編補。

〔一〇七〕成奔桂嶺：粹編作『成奔桂嶺路』。

〔一〇八〕成自喜以爲得地利：實録原闕『成』，據粹編補。

〔一〇九〕所據皆山險：實録原闕『險』，據粹編補。

〔一一〇〕然縱其所往：實録漫漶不清，據粹編識。

〔一一一〕招降，若復抵拒：實録漫漶不清，據粹編識。

〔一一二〕王注：有郝政者，『有』之上，續編卷一八有『其徒』兩字。

〔一一三〕王注：盛夏行烟瘴之地，『行』之下，續編卷一八有『師』字。

〔一一四〕望風奔潰：『奔潰』，粹編作『潰散』。

〔一一五〕友遠逃去：『遠』，據粹編識作『遠』。

〔一一六〕王校：焚毁居民，『居民』疑爲『民居』之誤。

〔一一七〕王校：鄭壯賫賜王金蕉酒器，『壯』，粹編作『莊』。

〔一一八〕王注：江西宣諭，『江西』，應作『江東、西』。宋會要輯稿職官四

一之二：『（紹興二年）十一月二十二日，詔宣諭官朱異改差浙東、福建路，胡蒙改差浙西路，劉大中改差江南東、西路，……』。

［一一九］吉州彭友、李動天：實録原闕『吉州』，據稡編補。

［一二〇］凶熖方赫：『熖』，稡編作『燄』。

［一二一］王校：廣東宣諭，『廣東』應作『廣東、西』。宋會要輯稿職官四一之二：『（紹興二年）十一月二十二日，詔宣諭官朱異改差浙東、福建路，胡蒙改差浙西路，劉大中改差江南東、西路，薛徽言改差湖南路，明橐依舊廣南東、西路。』

［一二二］劉大中：實録作『劉太忠』，應爲謝起巖筆誤，據稡編改。

［一二三］賊莫測多寡：『賊』，實録原闕，據稡編補。

［一二四］見山下皆爲列騎所圍：實録原闕『下』，據稡編補。

［一二五］何以成主上之美：『美』，實録原作『命』，據稡編改。

［一二六］詔王裁決：『詔』之上，稡編有『就』字。

［一二七］王校：令繫金帶上殿，『令』，實録原作『許』，據『浙本』和續

編卷一八改。

［一二八］鎧馬：續編作『馬鎧』。

［一二九］『精忠岳某』：應爲『精忠岳飛』，實録將岳飛統稱作岳某，乃避名諱。

［一三〇］王之子：稡編作『先伯父』。

［一三一］王校：落階官，實録無『官』字，據續編卷一八補。

［一三二］見秋毫之無犯：『毫』，實録原作『豪』，據文義和稡編改。

［一三三］二十四日，除江南西路、舒、蘄州制置使：實録原闕，據稡編補。

［一三四］李道與翟琮：稡編無『與』字。

［一三五］王校：自提兵，『兵』，據續編卷一八補。

［一三六］王與幕中人：『幕』，實録原作『莫』，據稡編改。

忠文王紀事實録卷之三

行實編年三

紹興四年
紹興五年

紹興四年，甲寅歲，年三十二。

兼荆南、鄂、岳州。詔王收復襄陽六郡。除黄、復州、漢陽、德安制置使。復郢州，斬京超、劉楫。復隨州，斬王嵩。領軍趨襄陽。指授王貴、牛臯，戰襄江。復襄陽府。伪齊益李成兵，屯襄江。遣王萬兵清水河。戰新野市，敗之。賜札問守禦策，奏行營田。進兵鄧州，敗劉合孛堇，降楊得勝。擒高仲，復鄧州。賜銀合

茶、藥。復唐州。復信陽軍。襄漢平。辭制置使，賜詔不許。屯鄂州。除清遠軍節度使。賜金束帶一。奉詔出師池州，提舉趨廬州[一]。

春三月，除兼荆南、鄂[二]、岳州制置使。王乃奏，乞復襄陽六郡，以爲今欲規恢，不可[三]不争此土，宜及時攻取，以除心膂之病。

上以諭輔臣，趙鼎[四]奏曰：『知上流利害，無如飛者。』於是即以親札報之曰：『今從卿所請，已降畫一，令卿收復襄陽六郡。惟是服者捨之，拒者伐之，追奔之際，無出李横舊界[五]。』畫一之目：以湖北帥司統制官顔孝恭、崔邦弼兩軍，并荆南鎮撫使司馬軍[六]，并隸節制；及諸州既復，并許隨宜措置，差官防守，如城壁不堪守禦，則移治山寨，或用土豪，或用舊將牛臯等主之。

夏四月，令神武右軍、中軍各選堪披帶馬百匹，遣使臣、兵級部付王[七]。二十五日，上以金束帶三賜王將佐。

五月，除黄、復州、漢陽軍、德安府制置使。提兵至郢州。僞將京超驍勇武悍，號萬人敵，雜蕃、漢萬餘人，軍勢大張。王渡江，至中流，顧幕屬曰：『某不擒賊帥，不復舊境[八]，不涉此江！』初五日，抵城下，王躍馬環城，以策指東北

敵樓，顧謂衆曰：『可賀我也！』超乘城拒敵，王使張憲就問之，曰：『爾曹本受聖朝厚恩，何得叛從劉豫？』超謀主劉楫出，應之曰：『今日各事其主，毋多言也！』王怒甚，時軍正告糧乏，王問：『糧所餘幾何？』曰：『可再飯。』王曰：『可矣，吾以翌日巳時破賊！』黎明，鼓衆薄城，一麾并進，衆皆纍肩而升。超迫於亂兵，投崖而死。殺虜卒七千人，積[九]尸與天王樓俱高。劉楫就縛至前，王責以大義，南鄉斬之[十]。遂復郢州。

於是，遣張憲、徐慶復隨州。僞將王嵩聞憲、慶至[十一]，不戰而遁，退保隨城，未下。王遣牛臯裹三日糧往，糧未盡[十二]而城已拔。執嵩，斬之，得士卒五千人，遂復隨州。

王領軍趨襄陽。李成聞王至，引軍出城四十里迎戰，左臨襄江。王貴、牛臯等欲即赴賊，王笑謂貴等曰：『且止[十三]，此賊屢敗吾手，吾意其更事頗多，必差練習，今其踈暗如故。夫步卒之利在阻險，騎兵之利在平曠；成乃左列騎兵於江岸，右列步卒於平地，雖言有衆十萬，何能爲！』於是舉鞭指貴曰：『爾以長槍步卒，由成之右擊騎兵。』指臯曰：『爾以騎兵，由成之左擊步卒。』遂合戰，馬應槍而

斃，後騎皆不能支，退擁入江，人馬俱墜，激水高丈餘。步卒之僨死者無數。成軍夜遁，復襄陽府，駐軍城中。

僞齊益李成兵，屯襄江北新野市，號三十萬，欲復求戰。王先遣王萬提兵駐清水河，以餌之，王繼往。六月五日，賊悉其衆，衝突官軍，萬與王兵夾擊，敗之。六日，復戰，又敗之，使萬追擊，横尸二十餘里。

上賜札曰：『李成益兵而來，我師大獲勝捷，乃卿無輕敵之心，有勇戰之氣之所致也。因以見賊志之小小耳！朕甚慰焉。嘗降親札，令卿條具守禦全盡之策。若少留騎兵〔十四〕，恐復爲賊有；若師徒衆多，則饋餉疲勞，乃自困之道。卿必有以處焉。』

王奏曰：『臣竊觀金賊〔十五〕、劉豫皆有可取之理。金賊纍年〔十六〕之間，貪婪横逆，無〔十七〕所不至，今所愛惟金帛、子女，志已驕惰。劉豫僭臣賊子〔十八〕，雖以儉約結民，而人心終不忘宋德。攻討之謀，正不宜緩〔十九〕。苟歲月遷延，使得修治城壁，添兵聚糧，而後取之，必倍費力。陛下淵謀遠略，非臣所知，以臣自料，如及此時，以精兵二十萬直擣中原，恢復故疆，民心效順，誠易爲力。此則國家長久之

策也，在陛下睿斷耳。若姑以目前論之，襄陽、隨、郢地皆膏腴，民力不支，若行營田之法，其利爲厚。即今將已七月，未能耕墾，來春即可措畫。陛下欲駐大兵於鄂州，則襄陽、隨、郢量留軍馬，又於安、復、漢陽亦量駐札[二十]。兵勢相援，漕運相繼，荆門、荆南聲援亦已相接，江、淮、荆湖皆可奠安。六州之屯，且以正兵六萬，爲固守之計。就撥江西、湖南糧斛，朝廷支降券錢，爲一年支遣。候營田就緒，軍儲既成，則朝廷無餽餉之憂，進攻退守，皆兼利也。惟是葺治之初，未免艱難，必仰朝廷微有以資之。基本既立，後之利源無有窮已。又此地秋夏則江水漲隔，外可以禦寇，内足以運糧；至冬後春初，江水淺澀，吾資糧已備，可以坐待矣。于今所先，在乎速備糧食，斟量屯守之兵，可善其後。臣今只候糧食稍足，即過江北，雖番、僞賊勢衆多[二十一]，臣誓當竭力剿戮，不敢少負陛下。』時方重深入之舉，而王燮以大兵討楊么，六萬之兵亦未及抽摘。然營田之議自是[二十二]興矣。

秋七月，遂進兵鄧州。聞李成與金賊[二十三]劉合孛堇、陝西番[二十四]、僞賊兵會聚于州西北，置寨三十餘所，以拒官軍。王遣王貴等由光化路，張憲等由横林路，會合奄擊[二十五]。貴、憲至鄧城[二十六]外三十里，遇賊兵[二十七]數萬迎戰，王萬、董

先各以兵出奇突擊，賊衆大潰〔二十八〕。降執番官楊德勝等二百餘人，得兵仗、甲、馬以萬計，劉合孛堇僅以身免。賊將高仲〔二十九〕以餘卒走，退保鄧城，閉門堅守。十七日，王引兵攻城，將士皆不顧矢石，蟻附而上，一鼓拔之，生擒高仲，遂復鄧州。

上聞之喜，謂胡松年曰：『朕雖素聞岳飛行軍極有紀律，未知能破敵如此。』松年對曰：『惟其有紀律，所以能破賊〔三十〕。』及捷奏至後殿，進呈，上曰：『岳某籌略，頗如人意。』令學士院降詔奬諭，仍遣中使傳宣撫問，賜銀合茶、藥，并問勞將佐，犒賞有差。

二十三日，復唐州。尋又復信陽軍。擒僞知、通凡五十人〔三十一〕，襄漢悉平。川、陝貢賦、綱馬道路，至是始通行無阻焉。

襄漢既平，王辭制置使，乞『委任重臣，經畫荆襄』。上賜詔不許。趙鼎奏：『湖北鄂、岳，最爲沿江上流控扼要害之所，乞令飛〔三十二〕鄂、岳州屯駐。不惟淮西藉其聲援，可保無虞，而湖南、二廣、江、浙亦獲安妥。』上乃以襄陽、隨、郢、唐、鄧、信陽并作襄陽府路，隸之王，尋移屯鄂州。

二十五日，除清遠軍節度使、湖北路、荆、襄、潭州制置使，依前神武後軍統制，特封武昌縣開國子、食邑五百户、食實封二百户。制詞略云，『身先百戰之鋒，氣蓋萬夫之敵。機權果達，謀成而動則有功；威信著明，師行而耕者不變』，『振王旅如飛之怒，月三捷以奏功；率寧人有指之疆，日百里而辟土。慰我后雲霓之望，拯斯民塗炭之中』。辭意甚寵，又賜金束帶一。

九月，兀术、劉豫稱兵七十餘萬，聚糧入寇，諜報警急。二十一日，令備軍馬、舟船，於衝要控扼之地分布防托[三十三]，時具諜探動息及備禦次第聞奏。二十五日，令照應荆襄，控扼武昌一帶，仍措置楊么。二十七日，令體探的實，嚴切堤備。二十九日，令凡控扼處，分遣官兵，嚴密把截。如有警急，則鼓率將士，極力捍禦掩殺，毋令透漏。冬十月五日，令疾速措置，更遣諜報[三十四]，日一具奏。

虜人侵淮，急圍廬州[三十五]。上賜札曰：『近來淮上探報緊急，朕甚憂之，已降指揮，督卿全軍東下。卿夙有憂國愛君之心，可即日引道，兼程前來。朕非卿到，終不安心，卿宜悉之。』王奉詔，出師池州，先遣牛皐渡江。

十二月，自提其軍趨廬州，與皐會。上遣李庭幹賜王香、藥，且賜札撫問。時

僞齊已驅甲騎五千被城[三十六]，臯以所從騎，遥謂虜衆曰：『牛臯在此，爾輩胡爲見犯！』虜衆已愕然相視。及展『岳』字幟與『精忠』旗示之，虜衆不戰而潰。王謂臯曰：『必追之，去而復來，無益也。』臯追擊三十餘里，虜衆相踐及殺死者相半，殺其都統之副，及僞千户長五人，百户長數十人[三十七]，擒番、僞兵八十餘人，得馬八十餘匹，旗鼓、兵仗無數。軍聲大振，廬州遂平。

紹興五年，乙卯歲，年三十三。

入覲。賜銀、絹等。除鎮寧、崇信軍節度使，充湖北、荆、襄、潭州制置使。除荆湖南、北、襄陽府路制置使，升都統制。大破楊么。降黄佐、楊欽。擒陳貴等。斬楊么、鍾儀。擒黄誠、劉衡。賜銀合茶、藥。加檢校少保。除湖南、北、襄陽府路招討使。賜銀合茶、藥。

春二月，王入覲。上賜銀[三十八]、絹二千匹、兩，承信郎恩命一，母封國夫人，孺人封號二，冠帔三，眷禮甚厚。賜諸將金束帶，及牛臯以下二十九人，并立功官兵五百四十六人各轉資、受賞有差。授鎮寧、崇信軍節度使，依前神武後軍統制，

充荆湖北路、荆、襄、潭州制置使，加食邑五百户、食實封二百户，進封武昌郡開國侯。制詞有曰：『閲禮樂而厲廉隅，德遜有君子之操；援枹鼓而先士卒[三十九]，忠蹇匪王臣之躬。』又曰：『于疆于理，威行襄漢之山川；如飛如翰，名動江、淮之草木[四十]。』又曰：『萬騎鼓行，震天聲於不測；千里轉戰，奪勇氣於方張。力捍孤城，系俘群醜。』又以明堂恩加食邑五百户、食實封二百户。

十二日，除荆湖南、北、襄陽府路制置使、神武後軍都統制，招捕楊么。楊么者，鼎州鍾相之餘黨。楚人謂幼爲『么』，故稱么云。

自建炎末，相敗死，么率其餘部居湖湘間，其徒有楊欽、劉衡、周倫、黄佐、黄誠、夏誠、高老虎[四十一]等。數年間，聚兵至數萬，立相之子儀，謂之『鍾太子』，與么俱僭稱王[四十二]，官屬名號、車服儀衛，并擬王者居[四十三]，有三衙大軍，所居之室稱曰『内』，文書行移，不奉正朔。蹂踐鼎、澧，窺覦上流。程昌寓以車船拒之，盡爲所獲。水軍吴全、崔增一戰不返，兵力益强。根據龍陽、武陵、沅江、湘陰、安鄉、華容諸縣，水陸千里，操舫出没。東犯岳陽，至臨湘縣；西犯江陵之石首，至枝江縣；北犯江陵，至荆門；南犯潭州，至巴溪，爲患不一。官軍陸襲則入湖，

水攻則登岸。大將王爕出師兩年，屢戰不效，賊氣愈驕。

一時將帥皆謂不可以歲月成功。爲宵旰憂，又甚於邊寇。時王所部皆西北人，不習水戰。王獨曰：『兵亦何常，惟用之如何耳。今國勢如此，而心腹之憂未除，豈臣子辭難時耶！』

三月，奉詔，自池進兵于潭。遇天久雨[四十四]，泥淖没膝，士徒艱涉。王躬自塗足，沾漬衣體，以示勸，皆奮躍忘勞。所過肅然，民不知軍旅之往來。上聞之，曰：『岳某移軍潭州，經過無毫髮搔擾，村民私遺士卒酒食，即時還價，所至懽悦。』賜詔獎諭，有曰：『連萬騎之衆，而桴鼓不驚；涉千里之塗，而樵蘇無犯。至發行賫之泉貨[四十五]，用酬迎道之壺漿。所至得其懽心，斯以寬予憂顧。』

將至潭，先遣使持檄，至賊中招之。先是，鼎州太守程昌寓遣劉醇，荆湖南、北宣撫使孟庾遣朱寔，湖、廣宣撫使李綱遣朱詢，荆南鎮撫使解潛遣史安，湖南及諸軍遣晁遇十七人，邵州太守和環亦纍遣人招安，皆爲賊所殺。至是所遣之使叩頭伏地，曰：『節使遣某，猶以肉餧飢虎也。寧受節使劍，不忍受逆賊辱。』王叱之起，曰：『吾遣汝，汝決不死。』使者起，受命以行。至其境，望見賊巢，即厲聲

呼曰：『岳節使遣我來！』諸寨開門延之，使者以檄授賊，賊捧檄欽誦[四十六]，或問：『岳節使安否？』雖叛服之志未齊，然皆不敢萌异意。

於是，么之部將黄佐謂其屬曰：『吾聞岳節使號令如山，不可玩也。若與之敵，我曹萬無生全理，不若速往就降。岳節使，誠人也，必善遇我。』率其所部，詣潭城降。皆再拜，王釋其罪，慰勞之。即日聞于朝，擢佐武義大夫、閤門宣贊舍人，賞予特厚。佐出，復單騎按其部，撫問甚至。

明日，召佐，使坐，命具酒與飲。酒酣，撫佐背，謂曰：『子真丈夫，知逆順禍福者無如子。子姿力雄鷙，不在時輩下，果能爲朝廷立功名，一封侯豈足道哉！吾欲遣子復至湖中，視有便利可乘者，擒之；可以言語勸者，招之。子能卒任吾事否？』佐感激至泣，再拜謝王，曰：『佐受節使厚恩，雖以死報，佐不辭，惟節使命！』乃遣佐歸湖中。又有戰士三百餘人來降，王皆委曲慰勞，命其首領以官，優給銀絹。縱之，聽其所往，有復入湖者，亦弗問。居數日，又有二千餘人來降，王待之如初。

時張浚以都督軍事至潭州。參政席益與浚備語王所爲，謂浚曰：『岳侯得無有

他意，故玩此寇。益欲豫以奏聞，如何？』浚笑曰：『岳侯，忠孝人也，足下何獨不知？用兵有深機，胡可易測！』益慚而止。

夏四月，黄佐襲周倫寨，擊之，倫大敗走，殺死及掩入湖者甚衆。擒其統制陳貴等九人，奪衣甲、器仗無數，寨柵、糧、船焚毁無遺者。佐遣人馳報王，王即上佐功，轉武經大夫[四十七]，仍撫勞所遣將士，第功以聞。

統制任士安慢王令，不戰。王鞭士安一百，使餌賊，曰：『三日不平賊，斬之！』[四十八]乃揚言：『岳太尉[四十九]兵二十萬至矣！』及所見，止士安等軍耳。賊乃并兵永安寨，攻之。王遣兵設伏，士安等戰垂困，伏兵乃起，四合擊之，賊衆敗走，獲戰馬、器甲無數。又追襲過荀陂山，所殺獲不可勝計。士安復移軍，與牛皐屯龍陽舊縣之南，逼近賊巢。賊出攻之，官軍迎擊，賊又敗走。

上賜札諭之曰：『朕以湖湘之寇，逋誅纍年，故特委卿，爲且招且捕之計，欲使恩威并濟，綏靖一方。聞卿措畫得宜[五十]，朕甚嘉之。』

五月，有旨召張浚還。浚得詔，謂王曰：『浚將還矣，節使經營湖寇，已有定畫否？』王袖出小圖，以示浚曰：『有定畫矣。』浚按圖熟視，移時，謂王曰：

『浚視此寇，阻險窮絶，殆未有可投之隙。朝廷方召浚歸，議防秋。盍且罷兵，規畫上流，俟來歲徐議之。』王曰：『何待來年，都督第能爲某少留，不八日，可破賊。都督還朝[五十一]，在旬日後耳。』浚正色曰：『君何言之易耶？王四廂兩年尚不能成功，乃欲以八日破，君何言之易耶！』王曰：『王四廂以王師攻水寇，則難；某以水寇攻水寇，則易。』浚曰：『何謂以水寇攻水寇？』王曰：『湖寇之巢，艱險莫測，舟師水戰，我短彼長，入其巢而無鄉導，以所短而犯所長，此成功所以難也。若因敵人之將，用敵人之兵，奪其手足之助，離其腹心之援[五十二]，使杰黠孤立，而後以王師乘之，覆亡猶反手耳。某請除來往三程[五十三]，以八日之内，俘諸囚於都督之庭。』浚亦未信，乃奏曰：『臣只候六月上旬，若見得水賊未下，即召某前來潭州，分屯潭、鼎人馬，規畫上流軍事訖，赴行在。』王遂如鼎州。

六月二日，楊欽受黃佐之招，率三千餘人，乘船四百餘艘，詣王降。王喜，私謂左右曰：『黃佐可任也。[五十四]楊欽，驍悍之尤者，欽今乃降，賊之腹心潰矣。』欽自東縛，至庭。王命解其縛，以所賜金束帶、戰袍予之[五十五]，即日聞奏，授武義大夫。又命具酒，使王貴主之，禮遇甚厚，及所部犒賞有差。欽感激不自勝，所

部皆喜躍，恨降晚。王乃復遣欽歸湖中，諸將皆力諫，王不答。越兩日，欽盡說全琮、劉詵等降。未降者尚數萬，王詭罵曰：『賊不盡降，何來也！』杖之，復令入湖。是夜，以舟師掩其營，并俘欽等，其餘黨殺獲略盡。

惟楊么負固不服，方浮游湖上，夸逞神速，其舟有所謂望三州、和州載、五樓、九樓、大德山、小德山、大海鰍頭、小海鰍頭，以數百計。舟以輪激水，疾駃如羽，左右前後俱置撞竿，官舟犯之，輒破。又官舟淺小，而賊舟高大，賊矢石常自上而下〔五十六〕，而官軍仰面攻之，見其舟而不見其人。

王取君山之木，多爲巨筏，塞湖中諸港。又以腐爛草木，自上流浮而下。擇視水淺之地，遣口伐者二千人挑之，且行且詈〔五十七〕。賊聞詈，不勝憤，争揮瓦石，追而投之。俄而草木坌積舟輪下，膠滯不行。王亟遣軍攻之，賊奔港中，爲筏所拒。官軍乘筏，張牛革以拒矢石，群舉巨木撞賊舟，舟爲之碎。楊么舉鍾儀投于水，繼乃自仆。牛皋投水，擒么至王前，斬首，函送都督行府。僞統制陳瑫等亦劫鍾儀之舟，獲金交床、金鞍、龍鳳簟以獻，率所部降。王亟領黄佐、楊欽等軍入賊營，餘酋大驚，曰：『是何神也！』夏誠、劉衡俱就擒。黄誠大懼，不知所爲，

亟與周倫等首領三百人[五十八]俱降。牛臯請曰：『此寇逋誅，罪不容數，勞民動衆，亦且纍年。若不略行剿殺，牛臯不知何以示軍威？』王曰：『彼皆田里匹夫耳，先惑於鍾相妖巫之術，故相聚以爲奸；其後乃沮於程吏部欲盡誅雪耻之意，故恐懼而不降。日往月來，養成元惡，其實但欲求全性命而已。今楊么已被顯誅，鍾儀且死，其餘皆國家赤子，苟徒殺之，非主上好生之意也。』連聲呼，謂官軍曰：『勿殺！勿殺！』牛臯敬服其言而退。

王親行諸寨，慰撫之。命少壯强有力者籍爲軍，老弱不堪役者各給米糧，令歸田。有自請歸業者二萬七千餘户，王皆給據而遣之。又命悉賊寨之物，盡散之諸軍，而縱火焚寨，凡焚三十餘所。揭榜於青草、洞庭湖上，不數日，行旅之往來，居民之耕種，頓若無事之時然。湖湘悉平。是役也，獲賊舟凡千餘，鄂渚水軍之盛，遂爲沿江之冠[五十九]。

自其與浚言，至賊平，果八日。浚嘆曰：『岳侯殆神算也[六十]！』即日上之朝。上遣内侍一員，至軍前，傳宣撫問，仍賜銀合茶、藥，及撫勞將士。賜詔褒

諭，有曰：『湖湘阻深，奸凶嘯聚，曩命往伐，用非其人，輕敵寡謀，傷威損重，遂令孽寇，久稽靈誅。卿勇略冠軍，忠義絶倫[六十一]，肅將王命，隃集長沙。威稜所加，已聞聲而震疊；恩信既著，宜傳檄而屈降。消時内侮之虞，宣予不殺之武。』又賜札曰：『非卿威名冠世，忠義濟時[六十二]，先聲所臨，人自信服，則何以平積年嘯聚之黨，於旬朝指顧之間。不煩誅夷，坐獲嘉靖，使朕恩威兼暢，厥功茂焉！』

初，有唐生居鼎州，嘗與程昌禹論湖寇之險，曰：『他人寨柵，猶或可入，如楊么寨，則雖虎豹不可入也。』昌禹曰：『然則奈何？』唐生作俚語應之曰：『除是飛，便會入去。』昌禹大笑曰：『世間豈有生肉翅人可使耶！』顧謂僚屬曰：『茲事當且止也。』又夏誠、劉衡等嘗自詫[六十三]曰：『吾城池樓櫓如此，欲犯我，除是飛來。』至是始驗。時有盧奎者，作鼎澧聞見録，述其事，其末曰：『半月之間，談笑以平群賊，使有船者不能遠去，有寨者不能堅守，幾於不戰[六十四]屈人。』紀其實也。

有旨，兼蘄、黄州制置使，以目疾乞解軍事，上不許。既而疾稍瘳，王不復

請，强起視事。又有旨，令王軍以三十將[六十五]爲額。八月二十三日[六十六]，有旨，令王於襄陽府路、復州、漢陽軍鄉村民社置山城水寨處，疾速措置備禦事務，具已施行狀聞奏。

秋九月，加檢校少保、食邑五百户、食實封[六十七]二百户，進封開國公。制詞有曰：『得好生於朕志，新舊染於吾民。支黨内携，争掀狡窟；渠魁面縛，自至和門。服矢弢弓，盡殺潢池之嘯聚；帶牛佩犢，悉歸田里之流逋。清湖湘纍歲蕩汩之菑[六十八]，增秦蜀千里貫通之勢。』還軍鄂州，益自奮厲，日率將士，閲習師徒，軍容甚整。張浚視師[六十九]，還朝以聞。冬十月，上賜詔褒諭。十二月，除荆湖南、北、襄陽府路招討使。十五日，遣賜臘藥。二十一日，遣使傳宣撫問，賜銀合茶、藥。[七十]

行實編年四

紹興六年
紹興七年
紹興八年
紹興九年

紹興六年，丙辰歲，年三十四。

梁興來。兼營田使。入覲。賜金器[七十一]。移屯襄陽。易武勝、定國軍節度使，除宣撫副使。周國夫人姚氏薨，起復。復虢州[七十二]寄治盧氏縣。復商州。復長水縣。

戰業陽，斬孫都統，擒滿在。戰孫洪澗。焚蔡州。援淮西。戰何家寨，擒薛亨、郭德等。戰白塔。戰牛蹄。賜銀合茶、藥。賜鞍、簡、香、茶。

春正月，太行山忠義保社梁興等百餘人，奪河徑渡，至王軍前。王以聞，上曰：『果爾，當優與官，以勸來者。若此等人來歸，方見敵情。』遂詔王接納。

二月，兼營田使。以都督行府議事，至平江府，自陳去行在所[七十三]不遠，願一見天顔。九日，得旨引見。面奏：『襄陽、唐、鄧、隨、郢、金、房、均州、信陽軍舊隸京西南路，乞改正如舊制。』又奏：『襄陽自收復後，未置監司，州縣無以按察。』上皆納之，以李若虚爲京西南路提舉兼轉運、提刑公事。又令湖北、襄陽府路如有闕官，自知、通以下，許王自擇强明清幹者任之，及得薦舉改官，升擢差遣，其有蠹政害民、贓污不法者[七十四]，得自對移放罷。十九日，陛辭，上賜酒器金二百兩，士卒犒賞有差。

都督張浚至江上，會諸大帥，浚於座中獨稱王可倚以大事。乃命韓世忠屯承、楚，以圖淮陽，劉光世屯廬州，以招北軍，張俊屯盱眙，楊沂中爲俊後翼。特命王屯襄陽，以窺中原，謂王曰：『此事，君之素志也，惟君勉之！』王奉命，遂移

屯京西。

三月，易武勝、定國兩鎮之節，除宣撫副使，置司襄陽，加食邑五百户、食實封二百户。制詞有曰：『洛都甫邇，王氣猶在於伊瀍；陵寢具存，廟貌未移於鐘虡。』所以寓責望之意深矣。王以宣撫重名，自非廊廟近臣及勛伐高世者不可委任[七十五]，上章力辭。上賜詔曰：『漢高帝一日得韓信，齋戒築壇，拜爲大將，授數萬之衆。雖舉軍盡驚，而高帝不以爲過，與待絳、灌、樊、酈輩計級受賞者，蓋有間矣[七十六]。豈非用人杰之才，固自有體耶？卿智勇兼資，忠義尤篤，計無遺策，動必有成，勛伐之盛，焜耀一時，豈止與淮陰侯初遇高帝比哉[七十七]！』

夏四月，上命至武昌調軍。丁周國夫人姚氏憂。上遣使撫問，即日降制起復，敕本司官屬、將佐，本路監司、守臣躬請視事，賻贈常典外，加賜銀、絹千匹、兩，襄奉之事，鄂守主之。王扶櫬至廬山，連表懇辭，乞守終喪之志。上悉封還，親札慰諭，又纍詔促起，乃勉奉命，復屯襄漢。

秋七月，上命王，凡移文僞境，於宣撫職位中增河東二字及節制河北路五字。

八月，遣王貴、郝政、董先攻虢州寄治盧氏縣，下之，殲其守兵，獲糧十五萬

石，降其衆數萬。上聞之，以語張浚等，浚曰：『王措畫甚大，今已至伊、洛，則太行山一帶山寨，必有通謀者。自梁興之來，王意甚堅。』十三日，遣楊再興進兵至西京長水縣之業陽，僞順州安撫張宣贊命孫都統及其後軍統制滿在，以兵數千拒官軍。再興出戰，斬孫都統，擒滿在，殺五百餘人，俘將吏百餘人，餘黨奔潰。明日，再戰于孫洪澗，破其衆二千。復長水縣，得糧二萬餘石，以給百姓、官兵。於是，西京險要之地盡復，又得僞齊所留馬萬匹，芻粟數十萬，中原響應。王又遣人至蔡州[七十八]，焚賊糗糧。上賜詔褒之，有曰，『進貔虎以憑陵』，『戮鯨鯢於頃刻』。又曰：『長驅將入於三川，震響傍驚於五路。』

九月，劉豫遣子麟、侄猊、許清臣、李鄴、馮長寧，以叛將李成、孔彦舟、關師古合兵七十萬，分道犯淮西。諸將皆大恐，劉光世欲捨廬州，張俊欲弃盱眙，同奏乞召王以兵東下，欲令王獨攖其鋒，而已得退保，中外大震。都督張浚聞之，以書戒俊曰：『賊豫之兵[七十九]，以逆犯順，若不剿除，何以立國，平日亦安用養兵爲？今日之事，有進擊，無退保！』遂言於上曰：『岳某一動，則襄漢有警，復何所制？』力沮其議。光世竟捨廬州，退保采石。上憂之，乃以親札付浚曰：

『不用命者，以軍法從事！』俊、光世始聽命，還戰。上猶慮其不足任，復召王。

初，王自收曹成至平楊么，凡六年[八十]，皆以盛夏行師，爲炎瘴所侵，遂成目疾。重以母喪，哭泣太過，及是疾愈甚[八十一]。所居用重帟蔽明，不勝楚痛，然聞詔，即日啓行。上聞之，遣醫官皇甫知常及僧中印，以馹騎相繼至軍療治。會麟敗，王至江州，不違元詔。冬十一月十九日，奏上[八十二]，上語趙鼎，喜其尊朝廷，誦司馬光通鑑名分之説以稱之，賜札曰：『聞卿目疾小愈，即提兵東下，委身徇國，竭節事君，於卿見之，良用嘉嘆。今淮西賊遁，未有他警，已諭張浚從長措置，卿更不須進發。其或襄、鄧、陳、蔡有機可乘，即依張浚已行事理，從長措置，亦卿平日之志也。』王奉詔，遂還軍。

時僞齊於唐州北何家寨置鎮汝軍，屯兵聚糧，爲窺唐計。王遣王貴、董先等攻毁之，有僞五大王劉復雄擁兵[八十三]出城迎敵。初十日，貴等遇之于大標木，依山而陣，衆幾十倍，一戰俱北，横尸蔽野。直抵鎮汝軍，焚其營而有其糧。僞都統薛亨以衆十萬，掠唐、鄧來援。貴、先嚴兵待之，既戰，佯北[八十四]，命馮賽以奇兵繞出其後。亨果來追，先回兵夾擊，賊大敗，生擒薛亨及僞河南府中軍統制郭德

等，凡七人，殺獲萬計，俘獻行在所[八十五]。五大王以匹馬逃。

王即奏云，已至蔡境，欲遂圖蔡，以規取中原。上恐僞齊有重兵繼援，未可與戰，不許。然貴等已至蔡城，閉拒未下，王使人返之。貴等回至白塔，李成率劉復、李序、商元、孔彦舟、王爪角[八十六]、王大節、賈関索[八十七]等并兵來，絶貴歸路。貴以馬軍迎擊，賊兵盡敗，追殺五里餘。還至牛蹄，賊復益兵追及之，有數千騎，方渡澗，爲董先所擊，盡擁入澗中，積尸塡谷。得馬二千餘匹及衣甲、器仗等，降騎兵三千餘人。賊兵之繼來者，望見官軍，皆引遁。

上聞捷，大悦，賜札奬諭曰：『卿學深籌略，動中事機，加兵宛、葉之間，奪險松柏之塞。仍俘甲馬，就食糗糧，登聞三捷之功，實冠萬人之勇。』蓋申述[八十八]商、虢等戰效也。又遣内侍傳宣撫問，賜銀合茶、藥。

十二月，大雪苦寒，上以王方按邊暴露，手詔撫勞，有曰：『非我忠臣，莫雪大耻。』又遣賜馬鞍四、鐵簡二、香、茶、藥等，傳宣撫問，召赴行在所[八十九]。

紹興七年，丁巳歲，年三十五。

入覲。論馬。扈從至建康。除太尉，升宣撫使，升營田大使。論恢復大計。論劉光世軍。解兵柄。復軍。乞以本軍討劉豫。論建都。乞進屯淮甸。計廢劉豫。賜燕及茶、藥等。

春正月，入見，上從容與談用兵之要，因問王曰：『卿在軍中得良馬否？』王曰：『驥不稱其力，稱其德也。臣有二馬，故常奇之。日啖芻豆至數㪷，泉飲一斛[九十]，然非精潔，則寧餓死不受。介冑而馳，其初若不甚疾，比行百餘里，始振鬣長鳴，奮迅示駿，自午至酉，猶可二百里。褫鞍甲而不息不汗，若無事然。此其爲馬，受大而不苟取，力裕而不求逞，致遠之材也。值復襄陽[九十一]，平楊么，不幸相繼以死。今所乘者不然，日所受不過數升，而秣不擇粟，飲不擇泉。攬轡未安，踴躍疾驅，甫百里，力竭汗喘，殆欲斃然。此其爲馬，寡取易盈，好逞易窮，駑鈍之材也。』上稱善久之，曰：『卿今議論極進。』[九十二]

二月，除起復太尉，加食邑五百户、食實封[九十三]二百户。制詞有『積獲齊山，

俘纍載道』『令行塞外』『響震関中』等語，賞商、號等功也。繼除宣撫使、兼營田大使。

三月，扈從至建康。十四日，以劉光世所統王德、酈瓊等兵五萬二千三百一十二人、馬三千一十九匹隸王。且詔王德等曰：『聽某號令，如朕親行。』

王乃數見上，論恢復之略，以爲劉豫者，金人之屏蔽，必先去之，然後可圖。因慷慨手疏言：『臣自國家變故以來[九十四]，起於白屋[九十五]，從陛下於戎伍，實有致身報國[九十六]、復讎雪耻之心，幸憑社稷威靈，前後粗立薄效。陛下録臣微勞，擢自布衣，曾未十年，官至太尉，品秩比三公，恩數視二府，又增重使名，宣撫諸路。臣一介賤微，寵榮超躐，有逾涯分；今者又蒙益臣軍馬，使濟恢圖。臣實何人，誤蒙神聖之知如此，敢不晝度夜思，以圖報稱。

『臣竊揣敵情，所以立劉豫於河南，而付之齊、秦之地，蓋欲荼毒中原[九十七]，以中國而攻中國。粘罕因得休兵養馬，觀釁乘隙，包藏不淺。臣謂不以此時[九十八]禀陛下睿算妙略，以伐其謀，使劉豫父子隔絶，五路叛將還歸，兩河故地漸復，則金人之詭計日生，浸益難圖。

『然臣愚欲望陛下假臣日月，勿拘其淹速[九十九]，使敵莫測臣之舉措。萬一得便可入，則提兵直趨京、洛，據河陽、陝府、潼關，以號召五路之叛將。叛將既還，王師前進，彼必弃汴都，而走河北，京畿、陝右可以盡復。至於京東諸郡[一〇〇]，陛下付之韓世忠、張俊，亦可便下。臣然後分兵濬、滑，經略兩河，如此則劉豫父子斷必成擒。大遼有可立之形，金人有破滅之理，爲陛下社稷長久無窮之計，實在此舉。

『假令汝、潁、陳、蔡堅壁清野，商於、虢略分屯要害，進或無糧可因，攻或難於饋運，臣須斂兵，退保上流。賊必追襲而南[一〇一]，臣俟其來，當率諸將或挫其鋭，或待其疲。賊利速戰，不得所欲，勢必復還。臣當設伏，邀其歸路，小入則小勝，大入則大勝，然後徐圖再舉。設若賊見上流進兵，并力侵淮上，或分兵攻犯四川，臣即長驅，擣其巢穴。賊困於奔命，勢窮力殫，縱今年未終平殄，來歲必得所欲[一〇二]。陛下還歸舊京，或進都襄陽、関中，唯陛下所擇也。

『臣聞興師十萬，日費千金，邦内[一〇三]外騷動七十萬家，此豈細事。然古者命將出師，民不再役，糧不再籍，蓋慮周而用足也。今臣部曲遠在上流，去朝廷數千

里，平時每有糧食不足之憂。是以去秋臣兵深入陝、洛，而在寨卒伍有飢餓而死者[一〇四]，臣故亟還，前功不遂。致使賊地陷僞，忠義之人旋被屠殺，皆臣之罪。今日唯賴陛下戒敕有司，廣爲儲備，俾臣得一意静慮，不以兵食亂其方寸，則謀定計審[一〇五]，必能濟此大事。『异時迎還太上皇帝、寧德皇后梓宫，奉邀天眷，以歸故國，使宗廟再安，萬姓同歡，陛下高枕萬年，無北顧之憂，臣之志願畢矣。然後乞身歸田里，此臣夙夜所自許者。』

疏奏，上以親札答之曰：『有臣如此，顧復何憂。進止之機，朕不中制。』復召至寢閣，命之曰：『中興之事，朕一以委卿。』又賜親札曰，『前議已决』，『進止之機，委卿自專，先發制人，正在今日，不可失也』。王復奏，申述前志，賜札報曰[一〇六]：『覽卿近奏，毅然以恢復爲請，豈天實啓之，將以輔成朕志，行遂中興耶！』又令節制光州。

方率厲將士，將合師大舉，進圖中原；會秦檜主和議，忌其成功，沮之，其議遂寢，王德、酈瓊之兵亦不復畀之矣。[一〇七]

夏，奉詔詣都督府，與張浚議軍事。時王德、酈瓊之兵猶未有所付，浚意屬吕祉，乃謂王曰：『王德之爲將，淮西軍之所服也。浚欲以爲都統制，而命吕祉以都督府參謀領之，如何？』王曰：『淮西一軍多叛亡盗賊，變亂反掌間耳[一〇八]。王德與酈瓊故等夷，素不相下，一旦握之在上，則必争。吕尚書雖通才，然書生不習軍旅，不足以服其衆。某謂必擇諸大將之可任者付之，然後可定，不然，此曹未可測也。』浚曰：『張宣撫如何？』王曰：『張宣撫宿將，某之舊帥也。然其爲人暴而寡謀，且酈瓊之素所不服，或未能安反側。』浚又曰：『然則楊沂中耳。』王曰：『沂中之視德等爾，豈能御此軍哉。』浚艴然曰：『浚固知非太尉不可也！』王曰：『都督以正問，某不敢不盡其愚，然豈以得兵爲念耶[一〇九]！』即日上章，乞解兵柄。步歸廬山，廬於周國夫人姚氏墓側。

浚怒，以兵部侍郎張宗元爲湖北、京西宣撫判官，監其軍。[一一〇]宗元日閲部伍，乃心服王之能。上時連詔促王還軍[一一一]，王力辭。詔屬吏造廬，以死請，不得已，乃趨朝。既見，猶請待罪，上知其故，優詔答之，俾復其位，而還宗元。宗元歸，復於上曰：『將帥輯和，軍旅精鋭。上則禀承朝廷命令，人懷忠孝；下則

訓習武伎，衆和而勇，此皆宣撫岳某訓養之所致。』上大悦，賜褒詔曰：『想鉅鹿李齊之賢，未嘗忘也；聞細柳亞夫之令，稱善久之。』

王遂上疏曰：『逆豫逋誅，尚穴中土，陵寢乏祀，皇圖偏安，陛下六飛時巡，越在海際。天下之愚夫愚婦莫不疾首痛心[一一二]，咸願伸鋤奮梃，以致死于敵。而陛下審重此舉，纍年于兹，雖嘗分命將臣，鼎峙江、漢，僅令自守以待敵，不敢遠攻而求勝。是以天下忠憤之氣，日以沮喪；中原來蘇之望，日以衰息。歲月益久，污染漸深，趨向一背，不復可以轉移。此其利害，誠爲易見。

『臣待罪闔外，不能宣國威靈，克殄小醜[一一三]，致神州隔於王化，虜、僞穴於宫闕，死有餘罪，敢逃司敗之誅！陛下比者寢閣之命，聖斷已堅；咸謂恢復之功，指日可冀[一一四]。何至今日，尚未决策北向。臣願用此時[一一五]，上禀陛下睿算[一一六]，不煩濟師，只以本軍進討，庶少塞瘝官之咎[一一七]，以成陛下寤寐中興之志。順天之道，因民之情[一一八]，以曲直爲壯老，以逆順爲强弱，萬全之效，兹焉可必。惟陛下力斷而行之！』

疏奏，御札[一一九]報曰：『覽卿來奏，備見忠誠，深用嘉嘆。恢復之事，朕未

嘗一日敢忘于心，正賴卿等乘機料敵，力圖大功。如卿一軍士馬精鋭，紀律修明，鼓而用之，可保全勝，卿其勉之，副朕注意。』

王奉詔將行，乃復奏，以爲『錢塘僻在海隅，非用武之地。臣願陛下建都上游〔一二〇〕，用漢光武故事，親帥六軍，往來督戰。庶將士知聖意之所向，人人用命。臣當仗國威靈，鼓行北向。』未報，而酈瓊叛。

初，王既還軍，張浚竟用吕祉爲宣撫判官〔一二一〕，王德爲都統制，護其軍。瓊果大噪不服，訟德於浚。浚懼，乃更以張俊爲宣撫使，楊沂中爲制置使，吕祉爲安撫使，而召德以本軍還，爲都督府都統制。瓊益不服，擁兵詣祉，執而斬之，盡其衆七萬走僞齊。報至，中外大震，浚始悔不用王言。

於是，上詔報王，以兵叛之後，事既异前，遷都之舉，宜俟機會。王復上奏云：『叛將負國，臣竊憤之，願進屯淮甸，伺番、僞機便奮擊，期於破滅。』降詔奬諭，而不之許。王奉詔，以舟師駐于江州，爲淮、浙聲援。得報，虜已廢僞齊。

先是，六年，王在襄漢，豫兵連衄，其爪牙心腹之將或擒或叛，屢不自振，然依金人之勢，尚稽靈誅。王知粘罕主豫，而兀术常不快于粘罕，可以間而動。是年

十月，諜報兀术欲與豫分兵自清河來，上令王激厲將士以備。俄兀术遣諜者，至王軍，爲邏卒所獲，縛至前，吏請斬之。王愕視曰：『汝非張斌耶？本吾軍中人也。』引至私室，責之曰：『吾鄉者遣汝以蠟書至齊，約誘致四太子，而共殺之。汝往，不復來。吾繼遣人問，齊帝已許我，今年冬以會合寇江爲名，致四太子于清河矣。然汝所持書竟不至，何背我耶？』諜冀緩死，即詭服。乃作蠟書，言與僞齊同謀誅兀术事，曰：『八月交鋒，我窮力相擊，彼已不疑，江上之約其遂矣。事濟，宋與齊爲兄弟國。』因謂諜者曰：『汝罪萬死，吾今貸汝，復遣至齊，問舉兵期，宜以死報。』刲股納書，厚幣丁寧，戒勿泄，諜唯唯，拜謝而出。復召之還，益以幣，重諭之，乃遣，至于再三。諜徑抵兀术所，出書示之。兀术大驚，馳白其主，於是清河之警不復聞。豫以故得罪，遂見廢奪。王於是上奏，謂宜乘廢立之際，擣其不備，長驅以取中原，不報。上又遣江諮至江州，就賜茶、藥、酒、果，及錫燕宣勞，且賜御札嘉奬。

紹興八年，戊午歲，年三十六。

還軍鄂州，備金人。入覲。論和議非計。〔一二二〕

春二月，還軍鄂州。復纍請于朝，秦檜難之，令條具曲折，王歷述利害以聞，不報。

五月，諜報金人駐兵京師、順昌、淮陽、陳、蔡、徐、宿等郡，期以秋冬大舉南寇。又分三路兵，聲言欲迎敵岳太尉。朝廷第令堤備，命王明遠斥堠，習水戰，練閱軍實，爲待敵計，不發兵深入。王亦日夜訓閱，更迭調軍屯襄漢，備守而已。

秋，召赴行在。金人遣使議和，將歸我河南地。王入對，上諭之，王曰：『夷狄不可信，和好不可恃，相臣謀國不臧，恐貽後世譏議。』上默然，宰相秦檜聞而銜之。

已而金使至，和議決，上復親札，歸功於王『戮力練兵』，『扶顛持危』之效。王不樂，謂幕中人曰：『犬羊安得有盟信耶〔一二三〕！』

紹興九年，己未岁，年三十七。

講和。授開府儀同三司。論虜情。

春正月[一二四]，以復河南，赦天下。王表謝，寓和議未便之意，有曰：『婁欽[一二五]獻言於漢帝[一二六]，魏絳發策於晋公，皆盟墨未乾，顧口血猶在，俄驅南牧之馬，旋興北伐之師。蓋夷虜不情，而犬羊無信，莫守金石之約，難充溪壑之求。圖暫安而解倒垂，猶云可也[一二七]；顧長慮而尊中國，豈其然乎！』末曰：『臣幸遇明時，獲觀盛事。身居將閫，功無補於涓埃；口誦詔書，面有慚於軍旅。尚作聰明而過慮，徒懷猶豫以致疑：謂無事而請和者謀，恐卑辭而益幣者進。願定謀於全勝，期收地於兩河。唾手燕雲，終欲復讎而報國；誓心天地，當令稽首以稱藩！』

十一日[一二八]，授開府儀同三司，加食邑五百户、食實封三百户[一二九]。時三大帥皆以和議成，進秩一等。王獨力辭，且於貼黄陳情曰：『臣待罪二府，理有當言，不敢緘默。夫虜情奸詐，臣於面對，已嘗奏陳。竊惟今日之事，可危而不可

安，可憂而不可賀。可以訓兵飭士，謹備不虞；不可以行賞論功，取笑夷狄。事關國政，不容不陳，初非立异於衆人，實欲盡忠於王室。欲望速行追寢，示四夷以不可測之意。萬一臣冒昧而受，將來虜寇叛盟，似傷朝廷之體。』上三詔猶不受，復温言獎激，至以『郤縠守學』，『祭遵〔一三〇〕克己』爲稱，不得已，乃拜。

王益率士卒，訓兵嚴備，以虞旦夕之警，分遣質信材辯者，往伺虜情。上方遣齊安郡王士㒟等謁諸陵，王自請以輕騎從士㒟洒掃，其實欲觀敵人之釁，以誅其謀，且上奏言：『虜人以和款我者十餘年矣，不悟其奸，受禍至此。今復無事請和，此殆必有肘腋之虞，未能攻犯邊境。又劉豫初廢，藩籬空虚，故詭爲此耳。名以地歸我，然實寄之也。』秦檜知其旨，即奏新復故地之初，正賴大將撫存軍旅，賜詔褒諭而止之。又敕王軍：凡新界軍、民，毋得接納，其自北而來者，皆送還之。所遣渡河之士，悉令收隸，毋得往來。

行實編年五

紹興十年
紹興十一年

紹興十年，庚申歲，年三十八[一三一]。

金人叛盟。援劉錡。議建儲。加少保、河南府、陝西、河東、河北路招討使。改河南、北諸路招討使。分遣諸將。復西京、曹、陳、鄭、趙州、潁昌府、永安、南城軍等。復垣曲、沁水、翼城縣等。戰曹州宛亭縣、渤海廟、中牟縣、京西、黄河上、西京河南府、臨潁縣[一三二]、劭原、曲陽、永安軍等。殺鶻旋郎君、王太保、

阿波那千户、李孛堇、萬户、千户等，擒劉來孫等。駐郾城，大破兀朮，敗拐子馬。戰五里店，斬阿李朵孛堇。賜金合茶、藥。賜金千兩、銀五萬兩、錢十萬緡。賜錢二十萬緡。戰小商橋，斬撒八孛堇及千户等。大戰潁昌府城西，斬夏金吾及千户等，擒王松壽、張來孫、千户阿黎不、田瓘等。賜錢二十萬緡。駐朱仙鎮，以背嵬破兀朮。兀朮奔京師。輯諸陵。兀朮奔京師。班師。乞致仕。入覲。

夏，金人果叛盟，犯拱、亳[一三三]諸州。上大感王言，以爲忠。五月下詔，命王竭忠力，圖大計，頒奇功不次之賞，崇戰士捐軀之典，開諭兩河忠義之人，結約招納。賜御札曰：『金人過河，侵犯東京，復來占據已割舊疆。卿素藴忠義，想深憤激。凡對境事宜，可以乘機取勝，結約招納等事，可悉從便措置[一三四]。若事體稍重，合稟議者，即具奏來。』

時王亦以得警報[一三五]，奏乞詣行在所[一三六]陳機密。會劉錡據順昌抗虜，告急于朝，上亟命王馳援。王奉詔，即遣張憲、姚政赴順昌，復奏請覲。上遣李若虛至軍，賜札曰：『金人再犯東京，賊方在境，難以召卿還來面議。今[一三七]遣李若虛前去，就卿商量。』又曰：『设施[一三八]之方，則委任卿，朕不可以遥度也。』

王於是乃命王貴、牛皋、董先、楊再興、孟邦傑、李寶等提兵，自陝以東，西京、汝、鄭、潁昌、陳、曹、光、蔡諸郡分布經略。又遣梁興渡河，會合忠義社，取河東、北州縣。調兵之日，命[一三九]各語其家人，期以河北平，乃相見。又遣官軍東援劉錡，西援郭浩[一四〇]，控金、商之要，應川、陝之師。而自以其軍長驅，以闚中原。

將發，熏衣盥沐，閉齋閣，手書密奏，言儲貳事，其略曰：『今欲恢復，必先正國本，以安人心。然後不常厥居，以示無忘復讎之志[一四一]。』初，八年秋，王因召對，議講和事，得詣資善堂，見孝宗皇帝英明雄偉，退而嘆喜曰：『中興基本，其在是乎！』家人問其所以喜，王曰：『獲見聖子，社稷得人矣！』其乞詣行在也，蓋欲面陳大計。及李若虛來，王亦以機會不可失，不復敢乞覲，乃上疏[一四二]言之。上得奏，嘆其忠，御札報曰：『非忱誠忠讜，則言不及此。』

六月，授少保、兼河南府路、陝西、河東、河北路招討使。制詞有曰：『氣吞强虜，壯自比於票姚；志清中原，誓有同於祖逖。』[一四三]又曰：『舉素定之成謀，攄久懷之宿憤。』嘉王之志在戰不在和也。王益以無功，辭不受。上詔諭之曰：

『卿陳義甚高，朕所嘉嘆。第惟同時并拜二、三大帥，皆以次受命，卿欲終辭，异乎蘧伯玉之用心也。』王乃不敢辭，尋改河南、北諸路招討使。

未幾，所遣諸將及會合之士皆響應，相繼奏功。李寶捷于曹州，又捷于宛亭縣荆堽，殺其千户三人并大將鶻旋郎君，又捷於渤海廟。閏六月，張憲敗虜于潁昌府，二十日，復潁昌府。王親帥大軍去蔡而北。上以王身先士卒，忠義許國，賜札獎諭。張憲遂進兵陳州，二十四日，破其三千餘騎，翟將軍益兵以來，復敗之，獲其將王太保，復陳州。韓常及鎮國大王、邪也孛堇再以六千[一四四]騎寇潁昌，二十五日，董先、姚政敗之。是日，王貴之將楊成破賊帥[一四五]漫獨化五千餘人于鄭州，復鄭州。二十九日，劉政復劫之于中牟縣，獲馬三百五十餘匹，驢、騾百頭，漫獨化不知存亡。秋七月一日，張應、韓清復西京，破其衆數千。牛皋、傅選捷于京西，又捷于黄河上。孟邦傑復永安軍。初二日，其將楊遇復南城軍。又與劉政捷于西京[一四六]，僞守李成、王勝等以兵十餘萬走，弃洛陽，歸懷、孟。

時大軍在潁昌，諸將分路出戰，王自以輕騎駐于郾城縣，方日進未已。兀朮大怚[一四七]，會龍虎大王于東京，議以爲諸帥皆易與，獨王孤軍深入，將勇而兵精，

且有河北忠義響應之援，其鋒不可當，欲誘致其師，并力一戰。朝廷聞之，大以王一軍爲慮，賜札報王，俾『占穩自固』。王曰：『虜之技窮矣，使誠如諜言，亦不足畏也。』乃日出一軍挑虜，且罵之。

兀术怒其敗，初八日，果合龍虎大王、蓋天大王及僞昭武大將軍韓常之兵，逼郾城。王遣子雲〔一四八〕領背嵬、游奕馬軍，直貫虜陣，謂之曰：『必勝而後返，如不用命，吾先斬汝矣！』鏖戰數十合，賊尸布野，得馬數百匹。楊再興以單騎入其軍，擒兀术不獲，手殺數百人而還。初，兀术有勁軍，皆重鎧，貫以韋索，凡三人爲聯，號『拐子馬』，又號『鐵浮圖』，堵墻而進，官軍不能當，所至屢勝。是戰也，以萬五千騎來。諸將怚〔一四九〕，王笑曰：『易爾！』乃命步人以麻札刀入陣，勿仰視，第斫馬足。拐子馬既相聯合，一馬僨，二馬皆不能行，坐而待斃，官軍奮擊，僵尸如丘。兀术大慟曰：『自海上起兵，皆以此勝，今已矣！』拐子馬由是遂廢。

兀术復益兵，至郾城北〔一五〇〕五里店。初十日，背嵬部將王剛〔一五一〕以五十騎出覘虜，遇之，奮身先入，斬其將阿李朵孛堇，賊大駭〔一五二〕。王時出踏戰地，望見

黄塵蔽天，衆欲少却，王曰：『不可，汝等封侯取賞之機，正在此舉，豈可後時！』自以四十騎馳出，都訓練霍堅者扣馬諫曰：『相公爲國重臣，安危所繫，奈何輕敵！』王鞭堅手，麾之曰：『非爾所知！』乃突戰賊陣前[一五三]，左右馳射，士氣增倍，無不一當百[一五四]，呼聲動地，一鼓敗之。

捷聞，上賜札曰：『覽卿奏，八日之戰，虜以精騎衝堅，自謂奇計。卿遣背嵬、游奕迎破賊鋒[一五五]，戕其酋領，實爲雋功。然大敵在近，卿以一軍，獨與決戰，忠義所奮，神明助之，再三嘉嘆，不忘于懷。』上又遣内侍李世良詣王軍，傳宣撫問，賜金合茶、藥，金千兩，銀五萬兩，錢十萬緡。尋又賜錢二十萬緡，半以賞復鄭州兵，半以予宣撫司非時支使。

兀朮又率其衆并力復來，頓兵十二萬于臨潁縣。十三日，楊再興以三百騎至小商橋，與賊遇[一五六]。再興驟與之戰，殺虜二千餘人，并萬户撒八孛堇[一五七]、千户、百人長、毛毛可百餘人，再興死之。張憲繼至，破其潰兵八千，兀朮夜遁。

郾城方再捷，王謂子雲[一五八]曰：『賊犯郾城[一五九]，屢失利，必回鋒以攻潁昌，汝宜速以背嵬援王貴。』既而兀朮果以兵十萬、騎三萬來。於是，貴將游奕，

雲將背嵬，戰于城西。虜陣自舞陽橋以南，横亘十餘里，金鼓振天，城堞爲摇。雲令諸軍勿牽馬執俘，視梆而發[一六〇]，以騎兵八百，挺前決戰，步軍張左右翼繼進。自辰至午，戰方酣，董先、胡清繼之。虜大敗，死者五千餘人，殺其統軍、上將軍夏金吾，并千户五人，擒渤海、漢兒王松壽，女真、漢兒都提點、千户張來孫，千户阿黎不，左班祗候承制田瓘以下七十八人，小番二千餘人，獲馬三千餘匹及雪護闌馬一匹，金印七枚以獻。兀术狼狽遁去，副統軍粘汗孛堇重創，輿至京師而死。

十八日，張憲之將徐慶、李山等復捷于臨潁之東北，破其衆六千[一六一]，獲馬百匹，追奔十五里。

王上郾城諸捷，上大喜，賜詔稱述其事，曰：『自羯胡入寇，今十五年，我師臨陣，何啻百戰。曾未聞遠以孤軍，當兹巨孽[一六二]，抗犬羊并集之衆，於平原曠野之中，如今日之用命者也。』復詔賜錢二十萬緡以犒軍。

是月，梁興會太行忠義及兩河豪杰趙雲、李進、董榮、牛顯、張峪等，破賊[一六三]于絳州垣曲縣。虜入城，復拔之，擒其千户劉來孫等一十四人[一六四]，獲馬百餘匹及器甲等。又捷于沁水縣，復之，斬賊將阿波那千户[一六五]、李孛堇，死者

無數。又追至于孟州王屋縣之邵原，漢兒軍張太保、成太保[一六六]等以所部六十餘人降。又追至東陽，賊弃營而去[一六七]，追殺三十人，獲其所遺馬八匹、衣、甲、刀、槍、旗幟無數。又至濟源縣之曲陽，破高太尉之兵五千餘騎，尸布十里，獲器械、槍、刀、旗、鼓甚衆，擒者八十餘人。高太尉引懷、孟、衛等州之兵萬餘人再戰，又破之，賊死者十之八，擒者百餘人，得馬、驢、騾二百餘頭。高太尉以餘卒逃。又敗之于翼城縣，復翼城縣。又會喬握堅等復趙州。李興捷于河南府，又捷于永安軍。中原大震。

王上奏，以謂『趙俊、喬握堅、梁興、董榮等過河之後，河北人心往往自亂，願歸朝廷。臣契勘金賊近纍敗衄[一六八]，虜酋四太子等皆令老小渡河，惟是賊衆尚徘徊於京城南壁，近却遣八千人過河北。此正是陛下中興之機[一六九]，金賊必亡之日[一七〇]，苟不乘時，必貽後患』。檜沮之，第報楊沂中、劉錡新除，而不言所遣。

王獨以其軍進至朱仙鎮[一七一]，距京師纔四十五里。兀术復聚兵，且悉京師兵十萬來敵，對壘而陳。王按兵不動，遣驍將以背嵬騎五百奮擊，大破之。兀术奔還京師。

王遂令李興檄陵臺令朱正甫行視諸陵，輯永安、永昌、永熙等陵神臺，枳、橘、柏株之廢伐者，補而全之。

先是，王自紹興五年遣義士梁興，敗金人於太行，殺其僞馬五太師及萬户耿光禄，破平陽府神山縣。遣張橫敗金人於憲州，擒嵐、憲兩州同知及岢嵐軍軍事判官。遣高岫、魏浩等破懷州萬善鎮。又密遣梁興等宣布朝廷德意，招結兩河忠義豪杰之人，相與掎角破賊。又遣邊俊、李喜等渡河撫諭，申固其約。河東山寨韋詮等皆斂兵固堡，以待王師。烏陵思謀，虜之黠酋也，亦不能制其下，但諭百姓曰：『毋輕動，俟岳家軍來，當迎降。』

或率其部伍，舉兵來歸。李通之衆五百餘人，胡清之衆一千一百八人，李寶之衆八千，李興之衆二千，懷、衛州張恩等九人，相繼而至。白馬山寨首領孫淇等，僞統制王鎮、統軍崔慶、將官李覲、秉義郎李清及崔虎、劉永壽、孟皐、華旺等，皆全率所部至麾下。以至虜酋之腹心禁衛，如龍虎大王下忔查千户高勇之屬及張仔、楊進等，亦密受王旗、榜，率其衆自北方來降。韓常又以潁昌之敗，失夏金吾，金吾，兀术子婿也，畏罪不敢還，屯于長葛，密遣使，願以其衆五萬

降。王遣賈興報，許之。

是時，虜酋動息及其山川險隘，王盡得其實。自磁、相、開德、澤、潞、晋、絳、汾、隰，豪杰期日興兵，衆所揭旗，皆以『岳』爲號，聞風響應。及是朱仙鎮之捷，王欲乘勝深入。兩河忠義百萬，聞王不日渡河，奔命如恐不及，各賫兵仗、糧食，團結以傒王。父老百姓争挽車牽牛，載糗糧，以饋義軍。頂盆焚香，迎拜而候之者，充滿道路。虜所置守[一七二]、令熟視，莫敢誰何，自燕以南，號令不復行。兀术以敗，故復簽軍，以抗王，河北諸郡無一人從者，乃自嘆曰：『自我起北方以來，未有如今日之挫衄！』王亦喜，語其下曰：『這回殺番人[一七三]，直到黄龍府，當與諸君痛飲！』

時方畫受降之策，指日渡河。秦檜私干金人[一七四]，力主和議，欲畫淮以北弃之。聞王將成功，大恇[一七五]，遂力請于上，下詔班師。王上疏曰：『虜人巢穴盡聚東京，屢戰屢奔，鋭氣沮喪。得間探報，兀术已盡弃其輜重[一七六]，疾走渡河。况今豪杰向風，士卒用命，天時人事，强弱已見，時不再來，機難輕失。臣日夜料之熟矣，惟陛下圖之。』疏纍千百言。上亦鋭意恢復，欲觀成效，以御札報之曰：

『得卿十八日奏，言措置班師，機會誠爲可惜。卿忠義許國，言辭激切[一七七]，朕心不忘。卿且少駐近便得地利處，報楊沂中、劉錡同共相度，如有機會可乘，即約期并進。』檜聞之，益怚[一七八]，知王之志鋭不可返，乃先詔韓世忠、張俊、楊沂中、劉錡各以本軍歸，而後言於上，以王孤軍不可留，乞姑令班師。一日而奉金書字牌[一七九]者十有二，王不勝憤，嗟惋至泣，東向再拜曰：『臣十年之力，廢於一旦！非臣不稱職，權臣秦檜實誤陛下也。』諸軍既先退，王孤軍深在敵境，懼兀术知之，斷其歸路，乃聲言將翌日[一八〇]舉兵渡河。兀术疑京城之民應王，夜弃而出，北遁百里。王始班師。

郡县之民[一八一]大失望，遮王馬前[一八二]，慟哭而訴曰：『我等頂香盆，運糧草，以迎官軍，虜人悉知之。今日相公去此，我等噍類不遺矣[一八三]！』王亦立馬悲咽，命左右取詔書以示，曰：『朝廷有詔[一八四]，吾不得擅留！』勞苦再四而遣之，哭聲震野。及至蔡，有進士數百輩及僧道、父老、百姓坌集于庭，進士一人相帥叩頭曰：『某等淪陷腥羶，將逾一紀。伏聞宣相整軍北來，志在恢復，某等跂望車馬之音，以日爲歲。今先聲所至，故疆漸復，醜虜獸奔[一八五]，民方室家胥慶，

以謂幸脱左衽。忽聞宣相班師，誠所未諭，宣相縱不以中原赤子爲心，其亦忍弃垂成之功耶[一八六]？』王謝之曰：『今日之事，豈予所欲哉！』命出詔書置几上，進士等相帥歷階視之，皆大哭，相顧曰：『然則將奈何？』王不得已，乃曰：『吾今爲汝圖矣。』乃以漢上六郡之閑田處之，且留軍五日，待其徙，從而遷者，道路不絶，今襄漢間多是焉[一八七]。

方兀术夜弃京師，將遂渡河，有國朝舊日諸生[一八八]叩馬諫曰：『太子毋走，京城可守也，岳少保兵且退矣。』兀术曰：『岳少保以五百騎破吾精兵十萬，京師中外[一八九]日夜望其來，何謂可守？』生曰：『不然，自古未有權臣在内，而大將能立功於外者。以愚觀之，岳少保禍且不免，况欲成功乎！』生蓋陰知檜與兀术事，故以爲言。兀术亦悟其説，乃卒留居，翌日，果聞班師。議者謂使王得乘是機也以往，北虜雖强，不足平也；故土雖失，不足復也。一簣虧成，萬古遺恨。

王既還，虜人得伺其實，無所畏憚[一九〇]，兵勢漸振，向之已復州縣，又稍稍侵寇。王抑鬱不自得，自知爲檜所忌，終不得行其所志。用兵動衆，恢拓土宇，今日得之，明日弃之，養寇殘民，無補國事，乃上章，力請解兵柄，致仕。上賜

詔，謂其『方資長筭，助予遠圖，未有息戈之期，而有告老之請』，不許。奉詔自廬入覲，上問之，王第再拜謝。

虜人大擾河南，分兵趨川、陝，上命王應之，以王貴行。八月，以趙秉淵知淮寧府，虜犯淮寧，爲秉淵所敗。又悉其衆圍秉淵，王復命李山、史貴解其圍。虜再攻潁昌，上命津發人民，於新復州軍據險保聚。韓世忠捷于千秋湖，命以蔡州軍[一九一]牽制。九月，虜犯宿、亳，命控扼九江。又付空名告身，自正任[一九二]承宣使以下，凡四百八十一道，以激戰功。冬十月，川、陝告急，復請益兵，以董先行。又命廣設間諜，誘契丹諸國之不附兀术者。十一月，命益[一九三]光州兵，援田邦直。虜聚糧順昌，將寇唐、鄧，入比陽、舞陽、伊陽諸縣，命捍禦堤備。是冬，梁興在河北，不肯還，取懷、衛二州，大破兀术之軍，斷山東、河北金、帛、馬綱之路[一九四]，金人大擾。

紹興十一年，辛酉歲，年三十九。

援淮西。召赴行在。除樞密副使。賜金帶、魚袋[一九五]、銀、絹、鞍馬等。帶

本職按閲御前軍。還兵柄。還兩鎮節，充萬壽觀使，奉朝請。證張憲事，歿。

　春正月，諜報虜分路渡淮。王得警報，即上疏，請合諸帥之兵破敵，未報。十五日，兀术、韓常果以重兵陷壽春府。二十日，韓常與僞龍虎大王先驅渡淮。二十五日，駐廬州界。邊[一九六]報至行在，上賜御札曰：『虜人已在廬州界上，卿可星夜前來江州，乘機照應，出其賊後。』詔未至，王竊念虜既舉國來寇，巢穴必虛，若長驅京、洛，虜必奔命，可以坐制其弊。二月四日，既遣奏，復恐上急於退虜，又上奏曰：『今虜在淮西，臣若擣虛，勢必得利。萬一以爲寇方在近，未暇遠圖，欲乞親至蘄、黄，相度形勢利害，以議攻却。且虜知荆、鄂宿師必自九江進援，今若出此，貴得不拘，使敵罔測。』至是上得乞會兵奏，大喜。及得擣虛奏，果令緩行。是日又得出蘄、黄之請，益喜，手札報諭，以爲『中興基業，在此一舉』。

　初九日，王始奉初詔，時方苦寒嗽，力疾戒行，以十一日引道。王猶謂大軍行緩，親以背嵬先驅。十九日，上聞王[一九七]力疾出師，賜札曰：『聞卿見苦寒嗽，乃能勉爲朕行，國爾忘身，誰如卿者！』師至廬州，兀术聞王之師將至，與韓常等俱懲潁昌之敗，望風遽遁。遂還兵於舒，以竢命。上賜札，以王『小心恭謹[一九八]

不敢專輒進退』『爲得體』。兀术用酈瓊計，復窺濠州。三月初四日，王不俟詔，麾兵救之，次定遠縣。兀术先以初八日破濠州，張俊以全軍八萬[一九九]駐于黄連鎮，去濠六十里，不能救。楊沂中趨城，遇伏[二〇〇]，僅以身免，殿前之兵殲焉。虜方據濠自雄，聞王至，又遁，夜逾淮，不能軍。

夏四月，遣兵捕郴賊駱科。又遣兵援光州。自朱仙鎮之機一失，虜勢浸横，暫却遽進，不可復圖，堤防攻討，皆無預於恢復之計。柘皐之戰，第能拒敵人之鋒[二〇一]而已。中原之事，未可議也。十年冬，司農少卿高穎慷慨自陳，欲『裨贊岳某十年連結河朔之謀』，措置兩河、京東忠義軍馬，爲攻取計。梁興不肯南還，復懷、衛二州，絶山東、河北金、帛、馬綱之路，然竟亦無所就，虜人之强自若。

既而秦檜竟欲就和議，患諸將不同己，用范同策，召三將[二〇二]論功行賞。王至行在，二十四日，授樞密副使，加食邑七百户、食實封[二〇三]三百户，特旨位在參知政事上，賜金帶、魚袋、銀、絹等，視宰臣初除禮。王奏請還兵。二十七日，罷宣撫司，諸軍皆冠以『御前』字[二〇四]。

五月十一日，詔韓世忠留院供職，俊與王并以本職按閲軍馬，措置戰守。同以

樞密行府爲名，撫定韓世忠軍于楚州。

先是，王少俊等十餘歲，事俊甚勤。紹興改元，有李成之役，俊既叨王之功，得逭其責，甚德王，且服其忠略，屢稱薦於上。其後二、三年間，蕩湖、廣、江西之劇寇[二〇五]，復襄陽六郡之故疆，不淹時而大功立。時論許予，寘諸將右。上亦自謂得人杰，行賞不計其等，擢之不次之位，俊頗不平。四年，虜犯淮西，乃俊分地也[二〇六]，怯而不肯行[二〇七]。宰臣趙鼎責而遣之，至平江府，又辭以墜馬傷臂。鼎怒，命一急足領之出関，且奏請誅俊，以警不用命者，既又以無功還。王渡江，一戰大捷，解廬州圍。上奇其功，畀以鎮寧、崇信兩鎮之節，俊益耻之。及王位二府，正專征，天下稱三大帥，與俊體敵，俊忿疾，見於辭色。王益屈己下之，數以卑辭致書於俊，俊皆不答。楊么平，王又致書，獻俊樓船一，兵械畢備。俊受船，復不答書。王事之愈恭，俊横逆自若。至七年，恢復之請大合上意，札書面命，皆以中興之事專畀王。又所賜褒詞每有表异之語，如曰，『非我忠臣，莫雪大耻』；『卿爲一時智謀之將，非他人比』；『朕非卿到，終不安心』；甚者謂：『聽某號令，如朕親行』。俊見之，常憾其軋己，有意傾之。

是歲淮西之役，王聞命即行。途中得俊咨目，甚言前途乏糧〔二〇八〕，不肯行師〔二〇九〕。王不復問，鼓行而進，故賜札曰：『卿聞命，即往廬州。遵陸勤勞，轉餉艱阻，卿不復顧問，必遄其行。非一意許國，誰肯如此。』俊聞之，疑王漏其書之言於上。歸則倡言於朝，謂王逗遛不進，以乏餉爲辭。或勸王與俊廷辨，王曰：『吾所無愧者，此心耳，何必辨。』

及視世忠軍，俊知世忠嘗以謀劫虜使，敗和議，忤檜，承檜風旨，欲分其背嵬，謂王曰：『上留世忠，而使吾曹分其軍，朝廷意可知也。』王曰：『不然，國家所賴以圖恢復者，唯自家三、四輩。萬一主上復令韓太保典軍，吾儕將〔二一〇〕何顔以見之？』俊大不樂。比至楚州，乘城行視，俊顧王曰：『當修城以爲守備計。』王曰：『吾儕〔二一一〕所當戮力，以圖剋復，豈可爲退保計耶〔二一二〕！』俊艴然變色，遷怒於二候兵，以微罪斬之。韓世忠軍吏耿著與總領胡紡言：『二樞密來楚州，必分世忠之軍。』且曰：『本要無事，却是生事。』紡上之朝，檜捕著下大理，擇酷吏治獄，將以扇摇誣世忠。王嘆曰：『吾與世忠同王事，而使之以不辜被罪，吾爲負世忠！』乃馳書告以檜意。世忠大惧〔二一三〕，亟奏乞見，投地自明，上驚，

諭之曰：『安有是！』明日，宰執奏事，上以詰檜，且促具著獄。於是，著止坐妄言，追官，杖脊，流吉陽軍〔二一四〕，而分軍之事不復究矣。

俊於是大憾王。及歸，倡言於朝，謂王議弃山陽，專欲保江，且密以王報世忠事告檜。檜聞之，益怒，使諫臣羅汝楫彈其事。

初，檜不欲宗强，王乃建資善之請。檜擠趙鼎而黜之，王獨對衆嘆惜，與檜意俱不合，已深惡之。及檜私金虜，主和議，王慷慨屢上平戎之策，以恢復爲己任。入覲論和議，則斥『相臣謀國不臧』；表謝新復河南赦，則有『唾手燕雲』等語，旨意大异。上賜以手書諸葛亮、曹操、羊祜三事，王恭書其後，鄙曹操之爲人『酷虐變詐』，且曰：『若夫鞭撻四夷，尊中國，安宗社，輔明天子，以享萬世無疆之休，臣竊有區區之志，不知得伸歟否也？』至虜人渝盟，上札付檜奏於王，王讀之，見『德無常師，主善爲師』之説，惡其言飾奸罔上，則又恚駡曰：『君臣大倫，比之天性，大臣秉國政，忍面謾其主耶！』檜自是既憾王之非己，又懼其終梗和議，忤金人意，謂王不死，己必及禍，遂有必殺王之念，日夜求所以誣陷之者。王亦自知不爲檜、俊所容，屢請解兵避之，不許。

始，檜議和，諸將皆以爲不便，檜知張俊貪，可以利動，乃許以罷諸將兵，專以付俊，俾贊其議。俊果利其言，背同列，而自歸於檜，檜深感之。至是得俊語，復投其所甚欲，乃日召俊，與謀共危王。以万俟卨在湖北，嘗與王有怨，故風卨彈之。卨尤喜附檜，願效鷹犬，章再上，不報。又風羅汝楫章六上，又不報。會王亦纍抗章，請罷樞柄，上惜其去，以詔慰之曰：『曾居位之日幾何，而丐閑之章踵至，無亦過矣[二一五]，爲之憮然。』王力辭[二一六]，八月，還兩鎮節，充萬壽觀使，奉朝請，恩禮如舊。制詞有『奮身許國，彯趙士之曼纓；勵志圖功，撫臧宫之鳴劍。』表王之志終始不替也[二一七]。

於是檜、俊之忿未已，密誘王之部曲，以能告王事者，寵以優賞[二一八]，卒無應命。又遣人伺其下與王微有怨者[二一九]，輒引致之，使附其黨，否者脅之以禍。聞王貴嘗以潁昌怯戰之故，爲臣雲所折責。比其凱旋，王猶怒不止，欲斬之，以諸將懇請，獲免。又因民居火，貴帳下卒盜取民蘆筏，以蔽其家，王偶見之，即斬以徇，杖貴一百。檜、俊意貴必憾王父子，使人誘之。貴不欲，曰：『相公爲大將，寧免以賞罰用人[二二〇]，苟以爲怨，將不勝其怨矣！』檜、俊不能屈，乃求得貴家

私事以劫之，貴懼而從。

時又得王俊者，嘗以從戰無功，歲久不遷，頗怨王。且位副張憲，屢以奸貪爲憲所裁，與憲有隙。俊本一黠卒，始在東平府，告其徒呼千等罪，得爲都頭。自是以告訐爲利，不問是否。自出身以來，無非以告訐得者，軍中號曰『王雕兒』，雕兒者，擊搏無義之稱也。檜、俊使人諭之，輒從。

於是檜、俊相與謀，以爲張憲、貴、俊等皆王之部將，使其徒自相攻發，而因及其父子，庶主上不疑。張俊乃自爲文狀付王俊，妄言張憲謀還王兵，使告之王貴，乃使貴執憲，以歸于己。是時，俊附檜黨，檜方專國，擅權威，動人主，風旨所向，無敢違忤。是非黑白，在檜呼吸間，自非守道不屈之士，未有不折而從之者，故貴等唯其所使。憲未至，張俊預爲獄待之。屬吏王應求請於俊，以爲密院無推勘法，恐壞亂祖宗之制。俊不從，親行鞫煉，使憲自誣，謂得雲手書[一三一]，命憲營還兵計。憲被血無全膚[一三二]，竟不伏。俊手自具獄，以獄之成告于檜。

十月，械憲至行在，下之棘寺。十三日，檜奏，乞召王父子證張憲事，上曰：『刑所以止亂，若妄有追證，動摇人心。』不許。檜不復請，十三日矯詔召王父子。

前一夕，有以檜謀語王，使自辨，王曰：『使天有目，必不使忠臣陷不義；萬一不幸，亦何所逃！』明日，使者至，笑曰：『皇天后土，可表某心耳！』

初命何鑄典獄，鑄明其無辜，改命万俟卨。卨不知所問，第嘩言王之父子與憲有異謀。又誣王使于鵬、孫革致書于憲、貴，令之虛申探報，以動朝廷；王之子雲以書與憲、貴，令之擘畫措置。而其書皆無之，乃妄稱憲、貴已焚其書，無可證者。自十三日以後，坐繫兩月，無一問及王。卨等皆憂，恒無辭以竟其獄。或告卨曰：『淮西之事，使如臺評，固可罪也。』卨喜，遽以白檜，十二月十八日，始札下寺[二二三]，命以此詰王。卨先令簿録王家，取當時御札，束之左藏南庫，欲以滅迹。逼孫革等使證王逗遛，而往來月日甚明，竟不能紊，乃命大理評事[二二四]元龜年雜定之，以傅會其獄。

會歲暮，竟不成，檜一日自都堂出，徑入小閣，危坐終日。已而食柑，以爪畫其皮幾盡。良久，手書小紙，令老吏付獄中，遂報王薨矣[二二五]，蓋十二月二十九日也，年三十有九。其具獄但稱以衆證結案，而王竟無服辭云。憲與雲俱坐死，原幕屬[二二六]、賓客于鵬等坐者六人。獨參謀薛弼，嘗有德於卨爲憲湖北時，檜在

永嘉日，又嘗從檜游，且恭奴事，得其歡心。及在幕中[二二七]，知檜惡王，動息輒報，得不坐[二二八]。遷王家族於嶺南，與張憲并籍没資産。檜使親黨王會搜括，家無儋石之儲，器用惟存尚方所賜，之外無有也。

初，王之獄，檜以忌怨成隙，待王以必死。何鑄既明王無辜，失檜意，遷鑄執政，而俾使虜，實奪其位。卨自請任其責，乃擢之爲中丞，專主鍛煉。獄之未成也，大理丞李若樸、何彦猷以爲無罪，固與卨争。卨即日彈若樸，謂其黨庇王，與彦猷俱罷。大理卿薛仁輔亦言其冤狀[二二九]，卒以罪去。知宗士㒟請以百口保王，卨劾之，竄死于建州。布衣劉允升上疏訟其冤，下棘寺以死。

王俊以告誣，自左武大夫、果州防禦使超轉正任觀察使。姚政、龐榮、傅選等以傅會，遷轉有差。後王俊離軍，檜猶不忘之，授以副總管。

從者賞，違者刑，苟知避禍，無不箝結奉承。時董先亦逮至，檜恐其有异辭，引先面諭，且甘言撫勞之，曰：『毋恐，第證一句語言[二三〇]，今日便出。』先唯唯。檜使大程官[二三一]二人，護先至獄中。先對吏，果即伏，遂釋之，不逾半刻。

唯樞密使韓世忠不平，獄成，詣檜詰其實，檜曰：『王子雲與張憲書不明，其

事體莫須有[二三二]。』世忠曰：『相公言「莫須有」，何以服天下！』因力争，檜竟不納。

王死，洪皓時在虜中，馳蠟書還奏，以爲虜所大畏服，不敢以名呼者唯王，號之爲岳爺爺。諸酋聞其死，皆酌酒相賀曰：『和議自此堅矣！』他日，皓還朝，論及王死，不覺爲慟。上亦素愛王之忠，聞皓奏，益痛悔焉。薨之日，天下知與不知，皆爲流涕，下至三尺童子，亦怨秦檜云。

查籥[二三三]嘗謂人曰：『虜自叛河南之盟，岳某深入不已，檜私于金人，勸上班師。金人謂檜曰：「爾朝夕以和請，而岳某方爲河北圖，且殺吾婿，不可以不報。必殺岳某，而後和可成也」。』檜於是殺王以爲信。

沈尚書介謂岳霖曰，王之忤張俊也以廉，忤秦檜也以忠。俊方厚貲，而王獨清；檜方私虜，而王獨力戰，此所以不免也。時以爲名言。

校注記：

［一］金佗稡編行實編年卷三的紹興四年節要與紀事實録异，今抄録於下：

『兼荆南、鄂、岳州。復郢州，斬京超、劉楫。復隨州，斬王嵩。戰襄江。復襄陽府。戰新野市。起營田。敗劉合孛堇，降楊得勝。復鄧州，擒高仲。賜銀合茶、藥。復唐州。復信陽軍。屯鄂州。除清遠軍節度使。戰廬州。』

〔二〕除兼荆南、鄂：實録由於年深板蝕，已不見此字，據粹編補。

〔三〕以爲今欲規恢，不可：實録由於年深板蝕，已不見此字，據粹編補。

〔四〕上以諭輔臣，趙鼎：實録由於年深板蝕，已不見此字，據粹編補。

〔五〕王注：無出李横舊界，孝宗皇帝嫌諱，粹編卷一高宗宸翰五作『慎出李横舊界』。

〔六〕荆南鎮撫使司馬軍：『馬軍』，粹編作『軍馬』。

〔七〕王注：遣使臣、兵級部付王，『部』之下，疑脱『押』字。

〔八〕顧幕屬曰：『幕』，實録原作『莫』，據粹編改。不擒賊帥，不復舊境：『復』之上，粹編無『不』字。

〔九〕虜卒七千人，積：實録由於年深板蝕，已不見此字，據粹編補。

〔十〕責以大義，南鄉斬之：實録由於年深板蝕，已不見此字，據粹編補。

編識。

〔十一〕僞將王嵩聞憲、慶至：實録由於年深板蝕，已不見此字，據稡編補。

〔十二〕裹三日糧往，糧未盡：實録由於年深板蝕，已不見此字，據稡編補。

〔十三〕王校：且止，實録无『且』字，據續編卷一八補。

〔十四〕少留騎兵：『騎』，稡編作『將』。

〔十五〕臣竊觀金賊：『賊』，實録原闕，據稡編補。

〔十六〕金賊纍年：『賊』，實録原闕，據稡編補。

〔十七〕之間，貪婪横逆，無：實録由於年深板蝕，已不見此字，據稡編補。

〔十八〕僭臣賊子：實録由於年深板蝕，已不見此字，據稡編補。

〔十九〕攻討之謀，正不宜緩：『謀』『正不』三字，實録漫漶不清，據稡

〔二十〕亦量駐札：『駐札』，稡編作『駐兵』。

〔二十一〕僞賊勢衆多：『賊』，實録原闕，據稡編補。

〔二十二〕之議自是：實録由於年深板蝕，已不見此字，據稡編補。

〔二十三〕聞李成與金賊：『賊』，實録原闕，據稡編補。

［二十四］孛堇、陜西番：實録由於年深板蝕，已不見此字，據稡編補。

［二十五］會合奄擊：『奄』，稡編作『掩』。

［二十六］王校：貴、憲至鄧城，『貴』，據續編卷二二補。

［二十七］賊兵：『賊』，實録原闕，據稡編補。

［二十八］賊衆大潰：『賊』，實録原闕，據稡編補。

［二十九］賊將高仲：『賊』，實録原闕，據稡編補。

［三十］所以能破賊：『賊』，實録原闕，據稡編補。

［三十一］王校：此處的『五十人』當是指僞齊唐州知州、通判，信陽軍知軍、通判等五十人。

［三十二］王校：『鄂、岳，最爲沿江上流控扼要害之所，乞令飛』此十七字原脱，據續編卷一八補。

［三十三］分布防托：『托』，實録原文塗抹不見，據稡編補。

［三十四］更遣諜報：『報』，稡編作『探』。

［三十五］急圍廬州：『急』，實録原作『急』，據稡編改。

〔三十六〕王校：被城，『被』，續編卷一八作『逼』。

〔三十七〕王注：『五人，百户長』，原脱『人』字，據宋史卷三六八牛皋傳補。金軍編制，猛安（千户長）之下，即爲謀克（百户長），一般無五百户長之稱。

〔三十八〕上賜銀：實録無『上』字，據稡編補。

〔三十九〕援抱鼓而先士卒：『抱』，稡編作『桴』。

〔四十〕名動江、淮之草木：紀事實録作『名動江、湖之草木』，據稡編改。

〔四十一〕王注：高老虎，金佗續編卷一八作『高虎』。

〔四十二〕王注：中興小紀卷一四：『（紹興三年四月）時鼎寇楊么衆至數萬，僭號稱「大聖天王」，旗幟亦書此字，且用以紀年。』

〔四十三〕王注：并擬王者居，續編卷一八無『居』字。

〔四十四〕王注：遇天久雨，『久』，續編卷一八作『大』。

〔四十五〕王注：行賁之泉貨，『賁』，續編卷三自池州移軍潭州奬諭詔作『賞』。

［四十六］王注：捧檄欽誦，『欽』，續編卷一八作『跪』。

［四十七］王注：武經大夫，續編卷一九作『武功大夫』，『功』字疑誤。

［四十八］慢王變令，不戰。王鞭士安一百，使餌賊，曰：『三日不平賊，斬之！』：此二十三字實録原脱，據稡編補。

［四十九］王注：時岳飛尚未授太尉之虛銜，宋時『太尉』一詞又往往用於對武將尊稱。

［五十］王注：聞卿措畫得宜，『卿』之下，稡編卷一高宗宸翰有『到彼』兩字。

［五十一］都督還朝：實録无『督』字，據稡編補。

［五十二］王注：腹心之援，『援』，續編卷一九作『托』。

［五十三］王注：來往三程，『三』，三朝北盟會編卷一六八和建炎以來繫年要録卷九十作『之』，應以『之』字爲準。

［五十四］私謂左右曰：『黄佐可任也。』：『私謂左右』，實録作『謂佐』。實録無『黄佐』兩字，據稡編補。

［五十五］戰袍予之：實録無『戰』字，據稡編補。

［五十六］賊矢石常自上而下：『石』之下，稡編無『常』字。

［五十七］且行且詈：實録作『且行且駡』，依據下文，以稡編爲准。

［五十八］王注：首領三百人，『三』，續編卷一九作『二』。

［五十九］㳂江之冠：『㳂』，稡編作『沿』，『㳂』通『沿』。

［六十］岳侯殆神算也：算，實録作『筭』，據金佗稡編改。

［六十一］忠義絶倫：『倫』，稡编作『俗』。

［六十二］忠義濟時：『義』，稡編卷一高宗宸翰十四作『略』。

［六十三］王注：自詫，『詫』，續編卷一九作『誇』。

［六十四］幾於不戰：實録漫漶不清，据稡编識。

［六十五］令王軍以三十將：實録作『令王以三十將』，稡编作『令先臣軍以三十將』。

［六十六］二十三日：稡编作『二十二日』。

［六十七］王注：食實封，『食』，據續編卷二檢校少保加食邑制補。

〔六十八〕蕩汩之菑：「汩」稡編作「泊」。

〔六十九〕張浚視師：「視師」，稡編作「按視」。

〔七十〕十五日，遣賜臘藥。二十一日，遣使傳宣撫問，賜銀合茶、藥：此二十二字實録原脱，據稡編補。

〔七十一〕賜金器：實録原闕，據稡編補。

〔七十二〕復虢州：「復」稡編作「攻」。

〔七十三〕王注：行在所，「行」，據續編卷六催赴行在奏事省札和宋朝南渡十將傳卷二岳飛傳補。

〔七十四〕贓污不法者：「污」，紀事實録原作「汙」，「法」，實録原「灋」，據稡編改。

〔七十五〕及勛伐高世者不可委任：「及」，實録漫漶不清，據稡編補。王校：不可委任，「任」，稡編作「授」。

〔七十六〕蓋有間矣：「蓋」，據續編卷三辭免易武勝定國軍節度使宣撫副使加食邑五百户食實封貳伯户不允詔補。

〔七十七〕王注：初遇高帝比哉，『帝』，續編卷三辭免易武勝定國軍節度使宣撫副使加食邑五百户食實封貳伯户不允詔作『祖爲』。

〔七十八〕王校：又遣人至蔡州，實録無『人』字，據續編卷一九補。

〔七十九〕賊豫之兵：『賊』，實録原闕，據稡編補。

〔八十〕王校：王自收曹成至平楊么，凡六年，『收曹成』應爲『復建康』之誤，自建炎四年至紹興五年，『凡六年』。如自紹興二年收曹成始，僅有四年。

〔八十一〕及是疾愈甚：稡編作『逾』。

〔八十二〕奏上：實録『愈』，作『奏上』，稡編作『奏至』。

〔八十三〕劉復雄擁兵：稡編無『雄』字。

〔八十四〕佯北：稡編作『陽北』。

〔八十五〕俘獻行在所：『行』，實録原闕，據稡編補。

〔八十六〕王校：三朝北盟會編卷二〇一順昌戰勝破賊録：『有王彦先者，劉豫時曾知亳州，號王爪角。』可知王爪角係綽號。

〔八十七〕王校：賈閎索疑爲綽號，前引三朝北盟會編卷二〇七岳侯傳之賈

潭疑爲真名。

〔八十八〕蓋申述：實録原無『申』，據稡編補。

〔八十九〕召赴行在所：『行』，實録原闕，據稡編補。

〔九十〕泉飲一斛：稡編作『飲泉一斛』。

〔九十一〕值復襄陽：實録原無『襄阳』二字，據稡編補。

〔九十二〕王注：建炎以來繫年要録卷一〇九：『（紹興七年二月）己酉，上與輔臣論兵器，因曰：「前日岳飛入對，朕問有良馬否？飛奏：舊有兩馬，已而亡之，今所乘不過馳百餘里，力便乏。此乃未識馬故也，大抵馴而易乘者乃駑馬，故不耐騎而易乏。若就鞍之初，不可制御，此乃馬之逸群者，馳驟既遠，則馬力始生。」張浚曰：「人材亦猶是也，但當駕御用之耳。」上曰：「人材若只取庸常易悦者，何以濟天下之事。」浚曰：「既知其可用，則當不責近效，以待有成。苟爲不然，則其材終無以自見。」上又曰：「飛今見〔識極〕進，論議皆可取，朕〔嘗〕諭之，國家禍變非常，唯賴将相協力，以圖大業。不可時時規取小利，遂以奏功，徒費朝廷爵賞。須各任方面之責，期於恢復中原，乃副朕委寄之意。昨張俊

來覲，亦以此戒之。」』此段記載以皇宋中興兩朝聖政卷二一與宋史全文卷二〇參校，似可與岳飛之良馬對并行而不悖。

［九十三］王校：食實封，實録原無「食」字，據續編卷二起復太尉加食邑制補。

［九十四］臣自國家變故以來：「自」之上，稡編有「伏」字。

［九十五］起於白屋：紀事實録原闕，據稡編補。

［九十六］王注：實有致身報國，「有致身」，續編卷一作「懷捐軀」。

［九十七］王注：荼毒中原，「中原」之下，續編卷一有「生靈」兩字。

［九十八］王注：不以此時，「以」，續編卷一作「及」。

［九十九］王注：勿拘其淹速，「拘其」，續編卷一作「復拘臣」。

［一〇〇］至於京東諸郡：「京東」，實録原作「京都」，據稡編改。

［一〇一］賊必追襲而南：「追」，實録原闕，據稡編補。

［一〇二］王注：來歲必得所欲，「欲」之下，續編卷一有「亦不過三二年間可以盡復故地」十三字。

〔一〇三〕邦内：實録原作『内外』，據續編卷一改。

〔一〇四〕王注：有飢餓而死者，『而死者』，續編卷一作『悶走』。

〔一〇五〕王注：謀定計審，『審』之下，續編卷一有『仰遵陛下成算』六字。

〔一〇六〕賜札報曰：『賜』，實録原闕，據稡編補。

〔一〇七〕王注：宋史卷二八高宗紀：『（紹興七年三月癸酉）岳飛乞并統淮西兵，以復京畿、陝右，許之，命飛盡護王德等諸將軍。既而秦檜等以合兵爲疑，事遂寢。』

〔一〇八〕王校：變亂反掌間耳，『間』，據金佗續編卷一九補。

〔一〇九〕豈以得兵爲念耶：『念』，稡編作『計』。

〔一一〇〕王注：三朝北盟會編卷一七八：『（紹興七年六月）張宗元爲湖北、京西路宣撫判官，以監岳飛軍。』

〔一一一〕上時連詔促王還軍：『上』，實録原闕，據稡編補。

〔一一二〕王校：莫不疾首痛心，實録原闕，據稡編卷一二乞本軍進討劉豫

札子補。

［一一三］王校：克殄小醜，實録原闕，據粹編卷一二乞本軍進討劉豫札子補。

［一一四］王校：聖斷已堅；咸謂恢復之功，指日可冀：實録原作『咸謂聖斷已堅』，據粹編卷一二乞本軍進討劉豫札子改。

［一一五］願用此時：『用』，粹編作『因』。

［一一六］王校：陛下睿算，實録原無『陛下』兩字，據粹編補。

［一一七］庶少塞瘝官之咎：『咎』，粹編作『責』。

［一一八］因民之情：『民』，粹編作『人』。

［一一九］御札：『御』，實録原闕，據粹編補。

［一二〇］願陛下建都上游：實録原無『陛下』兩字，據粹編補。

［一二一］王校：宋史卷三七〇吕祉傳：『（紹興）七年，遷兵部尚書，升督府參謀軍事，往淮西撫諭諸軍。』可知紀事實録、行實編年説吕祉『爲宣撫判官』，係誤。

〔一二二〕論和議非計：實録無『計』字，據稡編補。

〔一二三〕犬羊安得有盟信耶：實録無『犬羊安』三字，據稡編補。

〔一二四〕春正月：『正』，實録原作『三』，據續編卷一九改。

〔一二五〕王注：宋時避宋太祖趙匡胤祖父趙敬名諱，故改婁敬爲婁欽。

〔一二六〕獻言於漢帝：『獻言』，實録作『獻年』，據稡編改。

〔一二七〕猶云可也：『云』，稡編作『之』。

〔一二八〕王校：十一日，『日』，實録原作『月』，據續編卷一九改。

〔一二九〕食實封三百户：『食』，實録原闕，據稡編補。

〔一三〇〕王校：『祭遵』，實録原作『祭公』，據續編卷四第四辭免同前不允詔改。

〔一三一〕庚申歲，年三十八：實録由於年深板蝕，已不見此七字，據稡編補。

〔一三二〕渤海廟、中牟縣、京西、黄河上、西京河南府、臨潁縣：實録原脱此十九字，據稡編補。

〔一三三〕王注：拱州和亳州并非金軍此次南進之極限，又金軍所占之州府甚多，拱、亳疑爲河南。

〔一三四〕可悉從便措置：『置』，實録原文漫漶不清，據稡編識。

〔一三五〕亦以得警報：實録原無『得』字，據稡編補。

〔一三六〕乞詣行在所：『行』，實録原闕，據稡編補。

〔一三七〕遣李若虚至軍，賜札曰：『金人再犯東京，賊方在境，難以召卿還來面議。今』：實録原脱此二十八字，據稡編補。

〔一三八〕设施：稡編作『施設』。

〔一三九〕調兵之日，命：『日』『命』，實録原文漫漶不清，據稡編識。

〔一四〇〕東援劉錡，西援郭浩：『錡』『西援』，實録原文漫漶不清，據稡編識。

〔一四一〕無忘復讎之志：『無』，稡編作『不』。

〔一四二〕上疏：實録原脱『上』字，據稡編補。

〔一四三〕王注：續編卷二少保兼河南府路陝西河東河北路招討使加食邑

制：『氣吞强虜，壯哉漢將之威稜；志清中原，奮若晋臣之忠概。』與行實編年引文頗异。

〔一四四〕邪也孛堇再以六千：『堇』『再』，實録原文漫漶不清，據稡編識。

〔一四五〕破賊帥：『賊』，實録原闕，據稡編補。

〔一四六〕王校：『西京』，金佗續編卷二〇作『京西』。

〔一四七〕兀朮大恇：『恇』，稡編作『懼』。

〔一四八〕王遣子雲：『子』，稡編作『臣』。

〔一四九〕諸將恇：『恇』，稡編作『懼』。

〔一五〇〕郾城北：實録原脱『北』字，據稡編補。

〔一五一〕王校：王剛，『剛』，原作『綱』，據金佗稡編卷一六郾城縣北并垣曲縣等捷奏改。

〔一五二〕賊大駭：『賊』，實録原闕，據稡編補。

〔一五三〕乃突戰賊陣前：『賊』，實録原闕，據稡編補。

〔一五四〕無不一當百：實録原作『無一不當百』，據稡編改。

［一五五］游奕迎破賊鋒：『賊』，實録原闕，據粹編補。

［一五六］與賊遇：『賊』，實録原闕，據粹編補。

［一五七］王注：金史卷一三五國語解：『撒八，迅速之義。』

［一五八］王謂子雲：『子』，粹編作『臣』。

［一五九］賊犯鄖城：『賊』，實録原闕，據粹編補。

［一六〇］視梆而發：『梆』，實録原作『柳』，據粹編改。

［一六一］王注：破其衆六千，『六』，粹編卷一六臨潁捷奏作『五』。

［一六二］當兹巨孽：『巨』，粹編作『臣』。

［一六三］破賊：『賊』，實録原闕，據粹編補。

［一六四］一十四人：實録原脱『人』字，據粹編補。

［一六五］斬賊將阿波那千户：『賊』，實録原闕，據粹編補。

［一六六］王注：成太保，金佗粹編卷一六河北潁昌諸捷奏、續編卷二〇無『成太保』，疑爲衍字。

［一六七］賊弃營而去：『賊』，實録原闕，據粹編補。

〔一六八〕金賊近纍敗衄：『賊』，實録原闕，據稡編補。

〔一六九〕此正是陛下中興之機：實録原無『陛下』兩字，據稡編補。

〔一七〇〕金賊必亡之日：『賊』，實録原闕，據稡編補。

〔一七一〕朱仙鎮：『仙』實録作『僊』，據稡編改。

〔一七二〕虜所置守：實録原脱『虜』字，據稡編補。

〔一七三〕這回殺番人：『殺』實録原闕，據稡編補。

〔一七四〕私干金人：『干』，金佗稡編作『于』。

〔一七五〕大怚：『怚』，稡編作『懼』。

〔一七六〕兀朮已盡弃其輜重：稡編作『虜欲盡弃其輜重』。王校：『欲弃其』，原作『已盡弃』，據稡編卷一二乞止班師詔奏略改。

〔一七七〕言辭激切：『辭』，稡編作『詞』。

〔一七八〕益怚：『怚』，稡編作『懼』。

〔一七九〕金書字牌：實録原脱『字牌』兩字，據稡編補。

〔一八〇〕懼兀朮知之，斷其歸路，乃聲言將翌日：『兀』，實録原脱，據稡

編補；『將』，實録原脱，據稡編補。

［一八一］郡县之民：稡編作『父老人民』。

［一八二］遮王馬前：『前』，稡編作『首』。

［一八三］我等噍類不遺矣：稡編作『某等不遺噍類矣』。

［一八四］朝廷有詔：『有诏』，實録漫漶不清，據稡編識。

［一八五］王校：醜虜獸奔，『獸』，實録原作『鳥』，據續編卷二〇改。

［一八六］其亦忍弃垂成之功耶：實録原脱『亦』字，據稡編補。

［一八七］王校：襄漢間多是焉，『間』，據續編卷二〇補。

［一八八］國朝舊日諸生：稡編作『太學生』。

［一八九］京師中外：實録原脱『中外』两字，據稡編補。

［一九〇］無所畏憚：稡編作『無所忌憚』。

［一九一］蔡州軍：『蔡』，實録原文漫漶不清，據稡編識。

［一九二］自正任：『自』，實録原文漫漶不清，據稡編識。

［一九三］以董先行。又命廣設間諜，誘契丹諸國之不附兀术者。十一月，命

益：實録原脱此二十六字，據稡編補。

〔一九四〕馬綱之路：『綱』，實録原文漫漶不清，據稡編識。

〔一九五〕魚袋：『魚』，實録原闕，據稡編補。

〔一九六〕廬州界。邊：實録原文漫漶不清，據稡編識。

〔一九七〕力疾戒行，以十一日引道。王猶謂大軍行緩，親以背嵬先驅。十九日，上聞王：實録原脱此二十九字，據稡編補。

〔一九八〕王注：小心恭謹，『謹』稡編卷三高宗宸翰八十四原作『慎』，宋孝宗名趙眘，慎乃眘之异體字，爲避孝宗皇帝諱，故改爲謹。

〔一九九〕王校：時張俊兵八萬，楊沂中兵三萬（三朝北盟會編卷二〇五），劉錡兵二萬（三朝北盟會編卷二〇五淮西從軍記），共十三萬人，行實編年尚未將另外兩軍之五萬兵力一并合計。

〔二〇〇〕楊沂中趨城，遇伏：『遇』，實録原作『隅』，據稡編改。

〔二〇一〕王校：第能拒敵人之鋒，『第』，據金佗續編卷二〇補。

〔二〇二〕三將：稡編作『三大將』。

〔二〇三〕王校：食實封，『食』，據續編卷二樞密副使加食邑制補。

〔二〇四〕王校：諸軍皆冠以『御前』字，『諸軍』，實録原闕，據續編卷二〇補。

〔二〇五〕王校：蕩湖、廣、江西之勍寇，『湖』，原作『二』，據續編卷二〇改。

〔二〇六〕王校：乃俊分地也，『乃』，據續編卷二〇補。

〔二〇七〕怯而不肯行：『而』，稡編作『敵』。

〔二〇八〕乏糧：稡編作『糧乏』。

〔二〇九〕不肯行師：『肯』，稡編作『可』。

〔二一〇〕吾儕將：實録原脱『將』字，據稡編補。

〔二一一〕吾儕：『儕』，稡編作『曹』。

〔二一二〕豈可爲退保計耶：實録原脱『計』字，據稡編補。

〔二一三〕世忠大惧：『惧』，稡編作『懼』。

〔二一四〕流吉陽軍：稡編作『黥流吉陽軍』。

［二一五］王校：丏閑之章踵至，無亦過矣，『矣』，原作『意』，據續編卷四再乞檢會前陳還印樞庭投身散地不允詔改。

［二一六］王力辭：『王』，實録原脱，據稡編補。

［二一七］表王之志終始不替也：『終始』，稡編作『始終』。

［二一八］寵以優賞：『賞』，稡編作『嘗』。

［二一九］與王微有怨者：『微有』，稡編作『有微』。

［二二〇］寧免以賞罰用人：『賞』，稡編作『嘗』。

［二二一］得雲手書：稡編作『得臣雲手書』。

［二二二］王校：被血無全膚，『血』，宋史卷三六八張憲傳作『掠』。

［二二三］始札下寺：『札』，稡編作『札』。

［二二四］王校：乃命大理評事，『大理』，據續編卷二一補。

［二二五］遂報王薨矣：『薨』，稡編作『死』。

［二二六］原幕屬：實録原脱『原』字，據稡編補。

［二二七］及在幕中：『幕』，實録原作『莫』，據稡編改。

〔二二八〕得不坐：實録原作『得不罪』，據稡編改。

〔二二九〕言其寃狀：實録原脱『狀』字，據稡編補。

〔二三〇〕第證一句語言：實録原無『言』字，據稡編補。

〔二三一〕王注：大程官，宋會要輯稿職官三之四三載有『三省大程官』，可知大程官屬三省。

〔二三二〕王注：『莫須』乃宋時常用語彙，『莫須有』即是『豈不須有』，『莫』并非感嘆詞，不應作『莫，須有』解。

〔二三三〕王注：建炎以來繫年要録卷一八〇：（紹興二十八年十二月壬辰）左從事郎查籥主管户部架閣文字。籥，江陵人也。』又同書卷一八二：『（紹興二十九年閏六月）丙子，左從事郎、新主管户部架閣文字查籥爲秘書省正字。』

忠文王紀事實録卷之四〔二〕

行實拾遺

王天性至孝，自北境紛擾，母命以從戎報國，輒不忍。屢趣之，不得已，乃留妻養母，獨從高宗皇帝渡河[三]。河北陷，淪失盜區，音問絶隔。王日夕求訪，數年不獲。俄有自母所來者，謂之曰：『而母寄余言：「爲我語五郎，勉事聖天子，無以老媪爲念也。」』乃竊遣人迎之，阻於寇攘，往返者十有八，然後歸。王欣拜且泣，謝不孝。自歸，有痼疾。王雖身服王事，軍旅應酬無虛刻，嘗以昏莫竊暇至親所，嘗藥進餌。衣服器用，視燥濕寒暖之節。語欬、行履未嘗有聲。遇出師，必嚴飭家人謹侍養，微有不至，詈罰自妻始。及母薨，水漿不入口者三日，每慟如初，毀瘠幾滅性。自與子雲跣足扶櫬歸葬，不避塗潦蒸暑。諸將佐有願代其役者，

王謝之，路人無不涕泣。既葬，廬于墓，朝夕號痛[三]。又刻木爲像，行温清定省之禮如生時。連表哀訴，願終三年喪。上三詔不起，敕監司、守臣請之，又不起。責其官屬以重憲，使之以死請，乃勉强奉詔，終制不忍弃衰絰。

自二聖北狩，夷狄猾夏，王每懷誓不與虜俱生[四]之志。刺綉爲袍，有『誓作中興臣，必殄金賊主』之文。其後援筆爲歌詩，經行紀歲月，無不以取中原，滅逆虜爲念。手攘群盜，如李成、曹成、馬友、彭友，虔、吉、湖湘之寇，皆同時諸將所不能爲之功。然大營驛等題，則曰[五]，此蜂蟻之群也，豈足爲功！北逾沙漠，蹀血虜庭，盡屠夷種，復二聖，取故疆，使主上奠枕，則吾所志。至翠巖寺詩，又有『山林嘯聚何勞取，沙漠群凶定破機』之句。每拜官，辭避之語亦然。於檢校少保則曰：『未能攘却夷狄，掃除僭竊。』宣撫副使則曰：『顧土宇恢復之迹[六]，未見尺寸。』太尉則曰：『腥膻叛逆之族，尚據中土，而臣官職歲遷月轉，實負初心。』少保則曰，『羯胡敗盟』，『未見殄滅』，豈可『以身爲謀，貪冒爵禄』。又曰，俟臣『功績有成』，『將拜手稽首，祇承休命』。其志可知矣。

小心事上，畏威咫尺，聞大駕所幸，未嘗背其方而坐。上嘗稱其尊朝廷，及賜

詔，屢有『小心恭慎，[七]不敢專輒』之褒。如紹興六年禦劉麟，至江州，十一年禦兀术，舒州俟命之類是也。視國事猶其家常，以國步多艱，主上春秋鼎盛，而皇嗣未育，聖統未續，對家人私泣，聞者或相與竊迂笑之。十年北征，首抗建儲之議，援古今，陳利害，雖犯權臣之忌而不顧，天下聞而壯之。

奉身儉薄，食不二胾，居家惟御布素，服食器用，取足而已，不求華巧。旁無姬妾，蜀帥吳玠素服王善用兵，欲以子女交驩。嘗得名姝，有國色，飾以金珠寶玉，資奩巨萬，遣使遺王。次漢陽，使者先以書至，王讀之，甚不樂，即日報書，厚遺使者，而歸其女。諸將或請曰：『相公方圖關陝，何不留此以結好。』王曰：『吳少師[八]於某厚矣。然國耻未雪，聖上宵旰不寧，豈大將宴安取樂時耶！』左右莫敢言，玠見女歸，益敬服，以爲不可及。少時飲酒，至數斗不亂，上嘗面戒曰：『卿异時到河朔，方可飲酒。』自是絕口不復飲，諸將佐有欲勸者[九]，輒怒之。見妻御繒帛，則曰：『吾聞后宮妃嬪在北方，尚多窶乏。汝既與吾同憂樂，則不宜衣此。』命易以布素。家人有擣練者，聞王歸，即遽止。

朝廷命王與韓世忠、張俊分地任責，虜畏王威名，獨不敢窺荆、襄，常出淮西

侵寇。王守己地之外，又屢爲應援。十一年，虜入壽春，逾淮而來。王初得警，即上奏乞出師。繼又念虜既入寇，巢穴必虚，乞出京、洛，以制其弊。復恐上急於退虜，是日復奏，乞出蘄、黄相度，先議攻却，皆未有詔也。至援濠州，亦不待詔而行。其切於謀國如此。

臨戎誓衆，言及國家之禍，仰天横泗，氣塞莫能語，士卒感愴，皆欷歔而聽命。[十]奮不顧身，臨敵必先士卒，摧精擊鋭，不破不止。或人問：『天下何時太平？』王曰：『文官不愛錢，武官不惜命，則太平矣。』與將校語，必勉忠孝節義，士皆願效死力。

每征討出師，朝聞命，夕就道，祁寒大暑[十一]，不憚勞苦，雖疾亦不問。桀虜勍敵，衆人所避，王獨行。如隆冬按邊，而上有『非我忠臣，莫雪大耻』之喻[十二]；盛夏出師，而上有『暑行勞勩，朕念之不忘』之語；不顧目疾，東下援赴，而上有『委身徇國，竭節事君』之嘆；自力寒嗽，疾馳先驅，而上有『國爾忘身，誰如卿者』之褒者，不一也。於事尤不避繁瑣，當復襄漢、平楊么之時，諸將碌碌不足恃，朝廷憂顧之責[十三]，萃於王。州郡之所告急，密諜之所探聞，朝徹

宸旒，暮馳幕府[十四]。一日之間，既命圖襄漢，又命圖楊么，交至沓集，王隨事酬應，未嘗憚煩。所部兵二萬餘人，守禦者半，攻討者半，東西調役，略無乏事。

平居憂國，知無不爲，諸大將率以兵爲樂，坐縻廩庾，漫不加恤。王獨常有憂色，每調軍食，必蹙頞，謂將士曰：『東南民力耗弊極矣！國家恃民以立國，使爾曹徒耗之，大功未成，何以報國？』及京西、湖北之地始平，即募民營田。凡流逋失業及歸正百姓，給以耕牛、糧種，輟大軍之儲萬石，貸其口食，俾安集田里，一意耕耨。分委官吏，責成大功。又爲屯田之法，使戎伍攻戰之暇，俱盡力南畝，無一人游閒者。其疆理溝洫之制，皆有條緒，行之二三年，流民盡歸，田野日辟，委積充溢，每歲餽運之數，頓省其半。上嘗手書曹操、諸葛亮、羊祜三事賜之。守臣武赳等以營田還[十五]。荆湖之民至今賴其利焉。

諸大將多養尊自肆，崇飾體貌。王獨以宣撫司官屬有冗員，蠹國害民，乞行裁減。其體國率如此。[十六]

上嘗亟稱其忠，見於詔札，則曰：『卿志存憂國，義專報君。』又曰：『卿忠義之心，通于神明。』又曰：『忠義出於天資，忱恂著於臣節。』見於制詞，則

曰：『秉誼忠純。』又曰：『精忠許國。』其類不可殫紀。

樂施踈財，不殖資産，不計生事有無。所得錫賚，率以激犒將士，兵食不給，則資糧於私廩。九江有宅一區，聚家族之北來者，有田數頃，盡以贍守家者。張俊貪，占田遍天下，而家積巨萬，嘗謂其形迹己，故憾之。卒之日，雖王會極力搜括[十七]，家無餘資。秦檜猶疑之，謂所藏不止是，興大獄數年，盡捕家吏，逮治有死者，而卒不得錙銖云。上知其屢空，欲擇第於行都，欲以出師日，自任其家事，王辭曰：『北虜未滅，臣何以家爲！』起復制詞亦有『厲票姚辭第之志』之語[十八]。

御軍之術，其大端有六。曰重蒐選[十九]：貴精不貴多，背嵬所向，一皆當百[二十]。上初以韓京、吴錫二軍付王，皆不習戰鬥，且多老弱。王擇其可用者，不滿千人，餘皆罷歸，數月遂爲精卒。上喜，賜報曰：『可見措置有方，忠誠體國。』二曰謹訓習：止兵休舍，輒課其藝，暇日尤詳，至過門不入，視無事時如有事時。如注坡、跳壕[二十一]等藝，皆被重鎧，精熟安習，人望之以爲神。三曰公賞罰：待千萬人如待一人。張憲之部卒郭進有功於莫邪關，頓解金束帶及所用銀器

賞之，又補秉義郎。子雲嘗以重鎧習注坡，馬躓而踣，王以其不素習，怒曰：『前驅大敵，亦如此耶？』遽命斬之，諸將叩頭祈免，猶杖之百，乃釋之。餘如傅慶以夸功誅，辛太以違命免[二十二]，任士安以慢令受杖，過無大小，必懲必戒。張俊嘗請問用兵之術，答曰：『仁、信、智、勇、嚴[二十三]，五者不可闕一。』請問『嚴』，曰：『有功者重賞，無功者峻罰。』四曰明號令：授兵指畫，約束明簡，使人易從，違者必罰。五曰嚴紀律：行師用衆，秋毫不犯，有踐民稼，傷農功，市物售直不如民欲之類，其死不貸。卒有取民麻一縷，以束芻者，詰其所自得，立斬之。六曰同甘苦：待人以恩，常與士卒最下者同食。樽酒臠肉，必均及其下，酒少不能遍，則益之以水，人受一啜[二十四]。出師野次，士卒露宿，雖館舍甚備，不獨入。詔詞有所謂『絶少分甘，與人同欲[二十五]』，又云『甘苦同於士卒』，『雖萬衆而猶一心』[二十六]者指此。諸將遠戍，則使妻至其家，問勞其妻妾，遺之金帛，申殷廑之勸，人感其誠，各勉君子以忠報。其有死事者，哭之盡哀，輟食數日。育其孤，或以子婚其女。士卒有疾，輒親造撫視，問所欲，至手爲調藥。朝廷每有頒犒[二十七]，多者數十萬緡，少者數萬緡，付之有司分給，一錢不私藏。嘗命其將支

犒：帶甲人五緡，輕騎人三緡，不帶甲者二緡。將裁其數，匿金歸己，杖而殺之。有是六者，用能恩威兼濟，人人畏愛，重犯法。部衆十數萬，本四方亡命、樂縱、嗜殺之徒，皆奉令承教，無敢違戾。夜宿民户外，民開門納之，莫敢先入。晨起去，草葦無亂者。所過民不知有兵，市井粥販如平時。湖口人項氏家粥薪自給，有卒市薪，項愛其不擾，欲自損其直二錢以售之[二十八]，卒曰：『吾可以二錢易吾首領耶？』竟不敢從，盡償其直而去。雖甚飢寒，不變節，每相與自詫曰：『凍殺不拆屋，餓殺不打虜，是我軍中人也。』民見他將兵，遁亡滅影，聞爲岳家軍過，則相帥共觀，舉手加額，感慕至泣。

御衆得其死力，楊再興殁于虜，焚其尸，得矢鏃二升，蓋不僨不止也。在合肥日，遣騎馳奏，至揚子江，風暴禁渡，典者力止之，騎曰：『寧爲水溺死，不敢違相公令！』自整小舟絶江，望者以爲神。

凡即戎，皆至寡敵至衆。如南薰門王善之戰，以八百人破五十萬；桂嶺曹成之戰，以八千人破十萬，不可殫舉。而最後以背嵬騎五百，大破兀术十萬之衆。兀术號善用兵，亦大懼[二十九]，亟奔京師。其兵之精蓋如此。

用兵無奇正，臨機制勝，嘗自言：『爲將無謀，不足以搏匹夫。』故主於用謀。如紹興二年逸諜以破曹成，六年僞書以廢劉豫之類，不可概舉。故制詞嘗有『慮而後會之機』，『謀成而動則有功[三十]』，『有冠三軍之勇，而計然後戰[三十一]』等語。

臨事定，猝遇敵，不爲摇動，敵以爲『撼山易，撼岳家軍難』。[三十二]攻郢州城，建旗偃蓋而坐，忽一炮石墮其前，左右驚避，王獨不移足。野次[三十三]不設壕塹，路不設伏，而賊自不敢犯[三十四]。兵雖常勝，無驕色，先計後戰，務出萬全。自結髮從軍，大小數百戰，未嘗敗北以此。

凡出兵，必以廣上德爲先，殲其渠魁，而釋其餘黨，不妄戮一人。裨將寇成嘗殺降，即劾其罪。是以信義著敵人不疑，恩結於人心，雖虜人、簽軍[三十五]，皆有親愛願附之意。如建炎三年在常州，紹興十年龍虎大王下忔查千户高勇等之來，皆千里來奔。故制詞有『得仁人無敵之勇』，『宣予不殺之武』，『廣好生於朕志』等語。

用人有方，舉劾各得其當。如以馬羽守蔡，蘇堅守西京，趙秉淵守淮寧，皆有

干城牧衆之功。知興國軍徐璋、漢陽軍呼延虎以不職，即日奏罷之。〔三十六〕

權雖專，莫敢擅輒。初，襄漢平，諸郡雕瘵，州縣官率瓜時不上，詔王得自專辟置、臧否之權。王詮擇人物，以能安集百姓爲先。張旦守襄陽，兼四州安撫使〔三十七〕，牛臯爲副使，李尚義通判襄陽府事，李道爲四州都統制，周識攝郢，孫翬攝隨，舒繼明攝信陽，高青攝唐，單藻貳之，張應攝鄧，黨尚友貳之，郡幕〔三十八〕則孫革、蔣廷俊、邵俅、訾諧等，多由小吏識拔。人樂於赴功，期月之間，咸以最聞。迨其稍還舊觀，即上章乞還辟置之權。上降詔，援衛青不與招賢事稱之，且曰：『自非思慮之審，謙謹之至，何以及此。』其遠權勢蓋如是。

諸大將多貪功〔三十九〕，王每被賞，輒以無功辭，甚至六七辭，不肯妄受。上嘗賜詔曰：『卿每拜官，必力懇避，誠知懷冲遜之實，非但爲禮文之虚也。』復襄漢時，宰臣朱勝非使人諭之，以飲至日建節旄。王愕然，曰：『丞相待我何薄耶！』乃謝使者曰：『爲某善辭丞相，岳某可以義責，不可以利誘〔四十〕。襄陽之役，君事也，使訖事不授節，將坐視不爲乎？拔一城而予一爵者，所以待衆人，而非所以待國士也。』及建節，力辭，不得已乃受。劉光世之兵，上初以畀王。檜知其有大舉

北征意，沮之，寢其命，略無愠色。及復軍，首乞不假濟師，以本軍進討，以除心腹患。酈瓊叛之，又乞進屯淮甸，上賜詔奬之。兵隸李回日，授神武副軍都統制，已乃聞爲甥婿高澤民僞爲之請，而得之。王驚惕，即日自陳，乞正澤民罔上之誅，力辭不受。又數見回，白其事。回乃奏云：『岳某一軍自從討賊，服勤職事，忠勇之名聞於江右，紀律之嚴信於疲甿。留屯洪州，聲勢甚遠，江、湖群寇，率皆逃避。近遷神武副軍都統制，士論皆謂稱職。及得其外甥婿私書，乃知此除曾經樞密院陳乞，某小心惶懼，纍與臣言，實非本心所敢僥望。』上即報回曰：『岳某勇於戰鬥，馭衆有方，昨除神武副軍都統制，出自朕意，非因陳乞，可令安職。』又力辭，回再三諭之，乃止。後幕屬劉康年亦爲之請，母封國夫人，次子雷授文資。王得其實，鞭康年五百，縶之，上章待罪，乞反恩汗。

功成不居，盡推與同列及其下。始受襄漢之命，朝廷令劉光世遣馬軍五千人〔四十一〕爲牽制。六郡盡復，光世之軍始至。及論賞，乃奏乞先賞光世功。李寶結約山東豪杰數千人，屢請以曹州率衆來之。王以黄金五百兩遣之，俾壯士四人偕行。寶果領衆五千，趨楚、〔四十二〕泗以歸，爲韓世忠奏留之。寶截髮慟哭，願還

王麾下。世忠以書來諗，王答曰：『是皆爲國家報虜，何分彼此。』世忠嘆服。每辭官，必云：『某所之戰，皆將士竭力，在臣何功。』辭少保之章曰：『臣方同士卒之甘苦，明將佐以恩威[四十三]，冀成尺寸之功，仰報君父之德。豈可身被厚寵，恝然不以當鋒刃、冒矢石者爲心。』上將士之功，絲毫必録，行賞於朝，惟恐不厚。或功優賞薄，不避再三之請，爲之開陳。然不當得，則一級不妄予。部將有正任廉車者數人，率積於此。轉餉之臣，於軍須無闕者，皆上之朝。如曾紆、薛弼、劉延年、程千秋、徐與可、張運之屬，皆以勞遷，或得職名。何子端、陳進等雖小吏，亦以功進二階。下及游説有助，如進士蕭清臣、趙澗、陶著等，皆命之以官。尤嚴死事之典，朝没暮上，如舒繼明、扈從舉及張漢之、吴立等，皆蒐訪而得，不遺一人。

雲從戰，數立奇功，乃常匿之，所遷擢皆朝廷舉察，上所特命。襄漢功第一，不上逾年，銓曹辨之，始遷武翼郎。平楊么亦第一，又不上。張浚廉得其實，曰：『岳侯避寵榮一至此，廉則廉矣，然未得爲公也。』乃奏云：『湖湘之役，岳雲實爲奇功，以雲乃飛子，不曾保明，乞與特推异數。』王猶辭不受。嘗以特旨遷三資，

王辭曰，『士卒冒犯矢石』，『斬將陷陣，立奇功者，臣始列上事狀[四十四]，得沾一級』，『男雲無故遽躐崇資』，是『不能與士卒一律』，將何以服衆。又言：『非所以示將士大公至正之道。』纍表不受。上嘉其志，特俞其請。帶遥刺，則曰：『始就義方，尚存乳臭，雖屢經於行陣，曾未見於事功。』比者『驟遷官聯，必令志氣怠惰』。『伏望』『追還成命，庶使粗知官爵之難，勉力學業，他日或能備效驅策』。又曰：『使雲不知名器之重，或就驕溢，上則負陛下之恩，下則取縉紳之議[四十五]，并臣之罪，亦復難逃。』又云，『正己而後可以正物，自治而後可以治人』，若使男雲『受無功之賞，則是臣已不能正己而自治，何以率人乎』？至十年潁昌之戰，功先諸將，而辭忠州防禦，則曰，『君之馭臣，固不吝於厚賞；父之教子，豈可責以近功』。男『雲隨行迎敵，雖有薄效』，殊非『大功』，乞收成命。帶御器械則又力辭，獲免而止。上嘗賜詔稱之曰，『卿力抗封章，推先將士』，『蓋不特固執謙避，恥同漢將之爭功，而使其自立勛勞，復見西平之有子』。

遇諸子尤嚴，平居不得近酒。爲學之暇，使操畚鍤，治農圃，曰：『稼穡艱難，不可不知也。』

重節誼，謹施報，死猶不忘。張所以謗謫行至長沙，賊酋劉忠者誘其附己以叛，所罵忠不從，竟遇害。其子宗本尚幼，王訪求鞠養，教以儒業，飲食起居，使諸子相處[四十六]。紹興七年，遇明堂恩，捨其子，而補宗本，奏曰：『臣昨建炎初，因論事，罪廢，聖造寛洪，偶幸逃死。于時孤孑一身，狼狽羈旅。因投招撫使張所，所一見，與臣云及兩河、燕雲利害，適偶契合。臣自白身借補修武郎』。『其後所軍次北京，未及渡河，貶謫南方，卒以節死』。『臣念』『張所實先意兩河，而身未北渡，已遭横議。今其身名雕喪，後嗣零落，臣竊痛之。使臣不言，臣則有負。欲望矜憐，將臣今歲奏薦恩例，補所男宗本。仍乞依張俊例，於文資内安排』。又陳述所死難之由，乞追復舊職，仍乞優加褒异，以旌其忠。上俞之，復特賜其家銀、絹百匹、兩，與一資恩澤。

議論持正，不善阿附人[四十七]。年少未顯，見當路要人，未嘗有强顔攀附意，故卒以此賈禍。素無一介之助，致位通顯，皆上所親擢。上嘗褒其功，謂左右曰：『用將須擇孤寒忠勇，久經艱難，親冒矢石者。』

王得附竹帛之光，以此好禮下士。食客所至常滿，一時名人才士皆萃幕府，商

論古今，相究詰，切直無所違忤。或語至夜分，乃寢。出則戎服升首座[四十八]，理軍務；入則峨冠褒衣，窮經傳。或雅歌投壺，持循禮法，恂恂如書生，口未嘗言己功。制詞所謂『廉約小心，得祭遵好禮之實』，又云『有公孫謙退不伐之風』，又云『卑以自牧，履馮异不伐之謙』[四十九]，其類可考。

秦國夫人李氏遺事

娶李氏，名娃，字孝娥。奉其姑有禮度，又能籌理軍事。王出軍，則必至諸將家，撫其妻、子，以恩結之，得其歡心。在宜興日，王嘗召至行在，部下謀叛，李氏得之，不言。一日，會諸將于門，即坐告之，捕斬叛者，一軍肅然。

諸子遺事

雲[五十]，年十二，從張憲戰，憲得其力，大捷。號曰『嬴官人』，軍中皆呼焉。王征伐，未嘗不與。京西之役，手握兩鐵鎚，重八十斤，先諸軍登城，攻下鄧州，又攻破隨州。潁昌之役，大戰無慮十數合，出入虜陣，甲裳爲赤，體被百餘創。然每戰捷，王獨不上，故其功多不聞。歷任王機幕[五十一]、帶御器械、提舉醴泉觀，官至左武大夫、忠州防禦使。死之日，年二十三，贈安遠軍承宣使。雷[五十二]，故任忠訓郎、閤門祇候，贈武略郎。霖[五十三]，故任朝請大夫、敷文閣待制致仕[五十四]，贈中大夫[五十五]。震[五十六]，故任朝奉大夫、提舉江南東路常平茶鹽公事[五十七]。霆[五十八]，故名靄，孝宗皇帝改賜今名[五十九]，任修武郎、閤門祇候。

昭雪廟謚

紹興二十五年，秦檜薨于位，子熺勒令致仕。高宗皇帝厲精萬幾，首欲復王官，而時宰万俟卨嘗主王獄，力陳以爲虜益猖獗，方此顧和，一旦録故將，疑天下心，不可。及紹興之末，虜益猖獗，朝廷始追咎和議。太學生程宏圖上書，其略曰：『今日之事，國家所以應之者，先務有四。其一曰下詔書以感南北之士。和議既行之後，爲故相秦檜所誤，沮天下忠臣義士之氣。一旦思得其死力，必有以感動其心而奮起之，故哀痛之詔不可不亟下。然詔不可徒下也，首當正秦檜之罪，復無辜之寃，以舒天下不平之心，而振其敢爲之氣。且檜所以失吾南北之心者，自趙鼎以不主和議，而竄海外，身滅家亡，則學士大夫忠義之氣[六十]沮矣。自岳某以決定

用兵[六十一]，而誣致大逆，則三軍之士忠憤之氣沮矣。至如長告訐之風，起羅織之獄，一言及時事，不問是否，例置死所，使天下不知有陛下，而欲人呼己謂之聖臣，則天下匹夫、匹婦忠憤之氣由此掃地矣。檜所以失吾中原之心者，亦有由矣。士大夫陷没虜中，而家屬有在中國者，和親之日，檜既不能庇其宗族，以結其心，而使之起義以報我，乃反徇虜人之請[六十二]，而悉還之。方其去時，如赴死所，中原忠義，南望吞聲恨，其絶望於我也。今者要當正秦檜之罪，而籍其家財，雪趙鼎、岳某之罪[六十三]，而復其官禄。然後下詔，臣將見其懽忻鼓舞，吐憤紓懷，朝讀詔書，而暮赴義矣。』上深然其言，下詔諭中原及諸國等人，又詔燕北人，昨被遣歸者，蓋爲權臣所誤，追悔無及。又許王家自便，盡室生還。竄檜黨于荒遠，削籍除名，示不復用。初，以岳陽與王之姓同，易爲純州，至是復仍舊號。於是上意一乎，志士争奮。汪澈以御史中丞宣諭京西[六十四]諸將與合軍陳牒，以訟王之冤，澈諭之曰：『當以奏知。』諸軍哭聲如雷，皆呼曰：『爲我岳公争氣，效一死[六十五]！』都督張浚、參贊陳俊卿聞此語，皆悲感嘆服[六十六]。

先是，王薨一年前，後年此日，諸將復之武昌騎戲。有一下卒[六十七]忠義所激，

自題一詩，云：『自古忠臣帝王疑，全忠全義不全尸。武昌門外千株柳，不見楊花撲面飛。』聞者爲之悲泣，罷游。

暨孝宗皇帝莅祚云初，首下詔曰：『故岳某起自行伍，不逾數年，位至將相，而能事上以忠，御衆有法，屢立功效，不自矜夸，餘烈遺風，至今不泯。去冬出戍，鄂渚之衆師行不擾，動有紀律，道路之人歸功於某。某雖坐事以殁，太上皇帝念之不忘。今可仰承聖意，與追復元官，以禮改葬，訪求其後，特與録用。』制詞有云：『事上以忠，至無嫌於辰告；行師有律，幾不犯於秋毫。外摧孔熾之强胡，内剪方張之劇盜，名之難揜，衆所共聞。會中原方議於櫜弓，而當路力成於投杼，坐急絳侯之繫，莫然内史之灰。逮更化之云初，示褒忠之有漸。思其姓氏，既仍節鉞於岳陽；念爾子孫，又復孤惸於嶺表。欲盡還其寵數，乃下屬於眇躬。是用峻升孤棘之班，叠畀齋壇之組。近畿禮葬，少酬魏闕之心；故邑追封，更慰轅門之望。豈獨發幽光於既往，庶幾鼓義氣於方來。』末云：『聞李牧之爲人，殆將拊髀；闕西平而未録，敢緩旌賢。』其『辰告』之語，蓋指王建儲之議也。子雲復左武大夫、忠州防禦使，以禮祔葬。子孫襁褓以上，皆官之，女俟嫁〔六十八〕，則官

其夫。張憲復龍、神衛四廂都指揮使，閬州觀察使，官憲子孫。賜王家錢萬緡。建廟於鄂州，賜其號曰『忠烈』。詔三省曰：『秦檜誣岳某，舉世莫敢言，李若樸爲獄官，獨白其非罪。』令訪問甄録。既而李若樸除郎。何彦猷妻劉氏經都堂具狀，乞比類李若樸除郎事理推恩。奉聖旨，何彦猷特贈兩官，與一子恩澤。淳熙四年，前太常少卿顔度奏請定謚。太常議以『宗社再安，遠邇率服，猛虎在山，藜藿不采』爲『折衝禦侮』；『定亂安民，秋毫無犯，危身奉上[六十九]，確然不移』爲『布德執義』，請謚曰『武穆』，詔依。

淳熙五年五月五日，霖以知欽州召見，賜對便殿，上宣諭曰：『卿家紀律、用兵之法，張、韓遠不及。卿家冤枉，朕悉知之，天下共知其冤。』霖對曰：『仰蒙聖察，撫念故家，不勝感激。』[七十]

籲天辨誣通叙

臣聞天下之不可泯没者，惟其理之正也。藏於人心，散於事情，雖或晦而未彰，抑而未揚，曖昧而未白，然是理之在人心，自有隱然而不可厚誣者，是故伸屈有時而不同，榮辱既久而自判。昔日之辱，未必不爲今日之榮；而今日之屈，未必不基後日之伸也。[七十一]

王奮自單平，宣、政之間，已著功於河朔。高宗皇帝受密詔，開霸府，而王首被識擢。蓋自是而歷位孤卿[七十二]，專制閫外，未嘗有蚍蜉蟻子之援，獨以孤忠，結知明主，自信不疑。勛名既高，讒慝横出，而王之迹始危矣。是時城狐負恃，勢可炙手，天下之士莫敢一攖其鋒。而王之加罪也[七十三]，何鑄、薛仁輔以不顧推鞫

而逐，李若樸、何彦猷以辨其非辜而罷，士㒟以百口保任，而幽之閩，韓世忠以『「莫須有」三字，何以服天下』爲問，而奪之柄，最後而劉允升以布衣扣閽，而坐極典矣。一時附會之徒，如万俟卨則以願備鍛煉，自諫議而得中丞，王俊則以希旨誣告，自遥防而得廉車，姚政、龐榮、傅選之流，亦以阿附而并沐纍遷之寵矣。夫賞者人之所慕，而刑者人之所甚懼也。豺狼朶頤而當路，顧乃相率而犯之，至於軒冕在傍，睨而不視，是豈人之情哉？其必有大不安於其心，而後不敢爲也。蓋非特搢紳之流心知義理之所在，平恕之吏目擊寃抑之莫伸者之爲也。而异時同列之將，不敢以嫌疑而不言；衡茅之士，不忍以非位而不言。奪柄而未至於僇，謂未足以懲，猶之可也。朝上匭函，暮拘天狴，風旨之下，凌虐可知，訖不能逭寸草之命，僇及其身，爲世大耻。[七十四]王蕘之後[七十五]，復有程宏圖者，大書直指，以明王之寃。幸而大明當天，讒甚悉殄，而[七十六]宏圖之言適合聖意，宏圖蓋未敢逆爲此望也。然則是理之在人心，蓋如何哉[七十七]？

紹興更化，逐讒黨，復純州，還諸孤之在嶺嶠者。重以念王不忘之德意，屬之孝宗皇帝，嗣位之初，首加昭雪。既復其官爵，又錫之冢地；疏以寵命，而禄其

子孫[七十八]；予以緡錢，而恤其家族；給以元業，而使之不糊口於四方；旌以廟皃，而俾有以慰部曲三軍之心。日月照臨，下燭幽隱，雨露沾溉，遍及死生。聖恩洋洋，敻出史諜。蓋自漢、魏以來，功臣被誣，誕謾無實，未有如王之抑；及其昭雪之際，眷渥有加，亦未有如王之榮者也。而其所以為冤者，不容不辨。

聖詔之下，朝闕庭而暮四海，老耋童稚不謀同辭，咸曰：『此太上之本心，而今皇所以奉承而行之者也。』忠憤之氣，固有時而伸，而徇國之臣，亦非奸邪之所能遏也。蓋於是而三軍北首死敵之志益鋭，中原來蘇望霓之心益切，天下抵掌撫足者亦遂少紓其鬱抑之氣。此非臣私其祖之言，天下之公言也。

王果何以得此於天下哉？其必有不泯於人心者存，而非可以智力使抑，以其理之正而已。何以明之？汪澈宣諭荆襄，周行舊壘，見其萬竈鱗比，寂無歡嘩，三軍雲屯，動有紀律，乃竦然嘆曰：『良將之遺烈蓋如此！』繼而列校造前，捧牘訟王之冤，澈遂喻之以當以奏知之意。此語一出，哭聲如雷，咸願各效死力，至有『岳公争氣』之語，澈慰諭久之，而啜泣者猶未止也。故王復官之旨，亦略叙其歸功之意。王御軍嚴整，雖小犯不貰，非直以姑息結之，而使之然也。即此以明王之

事，蓋有人心之所同，而不待臣區區之辨。

然王之得罪，天下皆知其冤，而不知其所以爲冤。請叙王之所以冤，而後它可言也。[七十九]

蓋王之禍，造端乎張俊[八十]，而秦檜者實成之[八十一]。俊之怨王，不一也，而大者有三焉。淮西，俊之分地，趙鼎命之，怯敵不行，迨王一戰而捷，俊則耻之，一也。視韓世忠軍，俊迎檜意，欲分其背嵬，王執義不可。比行楚州城，俊欲興版築，王又曰：『吾曹當戮力圖剋復，豈可爲退保計耶！』俊則怒之，二也。强虜大寇，俊等不能制，而王談笑取之，主上眷寵加厚，逾於諸將。王於俊爲後輩，不十數年，爵位相埒，俊則嫉之，三也。檜之怨王，尤不一也，而大者亦有三焉。全家南還，已莫揜於撻辣縱歸之迹，草檄辱國，復汗靦於室撚寄聲之問，以至二策之合，不得輒易大臣之盟。檜之私虜如此，則主和之際，豈容有异議，然王一則曰『恢復』，二則曰『恢復』，犯其所甚諱，一也。昔王之诸孙名甫者守鄞，會稽文惠王史浩謂之曰：『方代邸侍燕間，嘗一及時事，檜怒之，輒損一月之俸。』趙鼎以資善之議忤檜，卒以貶死。其謀危國本之意，非一日矣。然王誓衆出師，乃[八十二]

首進建儲之議，犯其所不欲，二也。韓世忠謀劫使者，敗和議，得罪於檜。檜命王使山陽，以捃摭世忠軍事，且戒令備反側，托以上意，王曰：『主上幸以世忠升宥府，楚之軍，則朝廷軍也。公相命某以自衛，果何爲者？若使某捃摭同列之私，尤非所望於公相者。』及興耿著獄，將究分軍之説，連及世忠，王嘆曰：『某與世忠同王事，而使之不幸被罪，吾爲負世忠！』乃馳書告以檜意。世忠亟奏求見，上驚，諭之曰：『安有是！』既而以詰檜，且促具著獄，著得減死。犯其所深惡，三也。

夫俊以其憾王之心，而諂事於檜，檜之憾王者，視俊爲尤切，唱和一辭，遂啓大獄。况當時輔之以羅汝楫之迎合，王鵰兒之告訐，万俟卨挾故怨而助虐[八十三]，王貴劫於私而强從，則王固非以淮西之逗留，而王之子雲非以通書而致變，張憲亦非以謀復王掌軍而得罪也。雖然，淮西之事，御札可考也，通書之迹，書已焚矣，惟鍛煉之是從矣。復掌軍之謀，則又取信於仇人之説，而必成於狴犴之内。甚而陳首之事，自甘軍法，以實其言，至行府興獄，雖張俊極力以文致，而其半亦自云妄矣。明辨皆可覆也[八十四]。嗚呼！冤哉！籲天莫聞[八十五]。

洪皓嘗奏事，而論及王，不覺爲慟，以爲虜中所大畏服，不敢以名稱者惟王，至號之爲岳爺爺。及王之死，虜之諸酋莫不酌酒相賀，以爲和議自是可堅。而查籥嘗謂人曰，虜自叛河南之盟，王深入不已，檜私于金人，勸上班師。兀术遺檜書曰：『爾朝夕以和請，而岳某方爲河北圖，且殺吾婿，不可以不圖[八十六]。必殺岳某，而後和可成也。』檜於是殺王以爲信。即皓之所奏，而觀之籥之言，其不妄也。

若夫辨冤之説，金佗稡編編之詳矣，不欲復贅。

校注記：

［一］忠文王紀事實録卷之四：『卷之四』實録原無，據文末補。

［二］獨從高宗皇帝渡河：實録原無『獨』字，據稡編補。

［三］朝夕號痛：『痛』，稡編作『慟』。

［四］誓不與虜俱生：『虜』，實録原作『遽』，據稡編改。

［五］則曰：稡編作『則每曰』。

［六］顧土宇恢復之迹：『土宇』，實録原作『王宇』，據稡編卷一四辭宣撫副

使札子改。

〔七〕上嘗稱：實録原作『上稱』。王校：小心恭慎，『慎』原作『謹』，乃避宋孝宗趙昚名諱，據金佗稡編卷三高宗宸翰八十四改。

〔八〕吴少師：實録原作『吾少師』，據稡編改。

〔九〕諸將佐有欲勸者：實録原無『佐』字，據稡編補。

〔十〕王注：金佗續編卷三〇鄂州忠烈行祠記：『臨戎誓衆，言及國家之禍，仰天横泗，士皆欷歔而聽命。』

〔十一〕祁寒大暑：『祁』，實録原作『祈』，據稡編改。

〔十二〕之喻：『喻』，稡編作『諭』。

〔十三〕朝廷憂顧之責：『顧』，實録原闕，據稡編補。

〔十四〕暮馳幕府：『幕府』，實録原作『莫府』，據稡編改。

〔十五〕守臣武赳等以營田還：『還』，稡編作『功遷』。

〔十六〕王注：金佗稡編卷一高宗宸翰四十一：『比覽裁減官吏奏狀，知卿體國愛民之意，深契朕心，嘉嘆無已。』岳飛紹興七年此奏今已佚失。

〔十七〕極力搜括：『搜括』，稡編作『搜刮』。

〔十八〕起復制詞亦有『厲票姚辭第之志』之語：實録原無『之語』兩字，據稡編補。

〔十九〕王注：曰重蒐選，『曰』之上疑脱『一』字。

〔二十〕王注：續編卷三〇郢州忠烈行祠記：『七曰選能：背嵬所向，一皆當百。』

〔二十一〕王校：注坡，『坡』，實録原作『城』，據續編卷二一改。跳壕，『跳』，實録原作『挑』，據續編卷二一改。

〔二十二〕辛太以違命免：『免』，實録原作『誅』，據稡編改。

〔二十三〕仁、信、智、勇、嚴：『仁』，實録原作『任』，據稡編改。

〔二十四〕人受一啜：『人』，實録原作『日』，據稡編改。

〔二十五〕王注：絶少分甘，與人同欲：金佗續編卷三張宗元奏軍旅精鋭奬諭詔作『茹苦分甘，與下同欲』。

〔二十六〕王注：金佗續編卷四第四辭免同前不允詔：『甘苦同於士卒，故

雖萬衆而猶一心。』

〔二十七〕朝廷每有頒犒：『頒』，實録漫漶不清，據稡編識。

〔二十八〕欲自損其直二錢以售之：『售』，實録原作『授』，據稡編改。

〔二十九〕亦大懼：『亦』，實録漫漶不清，據稡編識。

〔三十〕謀成而動則有功：『則』，實録原脱，據稡編補。

〔三十一〕有冠三軍之勇，而計然後戰：實録原脱『有』『而』，據稡編補。

〔三十二〕王注：續編卷三〇鄖州忠烈行祠記：『定：猝遇敵，不爲摇動，敵以爲「撼山易，撼岳家軍難」。』

〔三十三〕建旗偃蓋而坐，忽一炮石墮其前，左右驚避，王獨不移足。野次：實録原脱此二十四字，據稡編補。

〔三十四〕而賊自不敢犯：『賊』，實録原闕，據稡編補。

〔三十五〕虜人、簽軍：『人』，實録原作『之』，據續編卷二一改。『簽』，原作『僉』，據稡編改。

〔三十六〕用人有方，舉劾各得其當。如以馬羽守蔡，蘇堅守西京，趙秉淵守

淮寧，皆有干城牧衆之功。知興國軍徐璋、漢陽軍呼延虎以不職，即日奏罷之：此段原闕，據稡編補。

〔三十七〕四州安撫使：實録原作『四川安撫使』，據稡編改。

〔三十八〕郡幕：『幕』，實録原作『莫』，據稡編改。

〔三十九〕諸大將多貪功：『多』，實録原無，據稡編補。

〔四十〕不可以利誘：『誘』，稡編作『驅』。

〔四十一〕遣馬軍五千人：『馬軍』，稡編作『軍馬』。

〔四十二〕王以黄金五百兩遣之，俾壯士四人偕行。寳果領衆五千，趨楚：實録原脱此二十四字，據稡編補。

〔四十三〕王校：明將佐以恩威，『佐』，實録原作『帥』，據稡編卷一五辭少保第三札子改。

〔四十四〕臣始列上事狀：實録原作『臣始所事狀』，據稡編改。

〔四十五〕縉紳之議：『議』，稡編作『謗』。

〔四十六〕諸子相處：稡編作『處諸子右』。

［四十七］不善阿附人：『阿』，實録原脱，據粹編補。

［四十八］首座：『座』，實録原作『坐』，據粹編改。

［四十九］王校：不伐之謙，『謙』原作『謀』，據續編卷二内艱起復制改。

［五十］王注：宋岳鄂王年譜卷一：『（宣和元年）六月，長子繼忠侯雲生。金佗宗譜：「諱雲，字應祥，號會卿。」』

［五十一］歷任王機幕：『幕』，實録原作『莫』，據粹編改。

［五十二］王注：宋岳鄂王年譜卷一：『（靖康元年）三月，王次子紹忠侯雷生。金佗宗譜：「諱雷，字發祥，又號聲甫。」』岳雷亦應爲劉氏所生。

［五十三］王注：宋岳鄂王年譜卷一：『（建炎四年十一月）是月，王三子續忠侯生。金佗宗譜：「諱霖，字及時，號商卿。」』岳霖以下諸子，應爲李娃所生。岳霖於岳飛死時爲十二歲。

［五十四］敷文閣待制致仕：實録原無『致仕』两字，據粹編補。

［五十五］中大夫：粹編作『太中大夫』。

［五十六］王注：宋岳鄂王年譜卷二：『（紹興五年）四月，王四子緝忠侯

生。金佗宗譜：「侯諱震，字東卿。」』岳震於岳飛死時爲七歲。

〔五十七〕常平茶鹽公事：實録原無『茶鹽公』三字，據稡編補。

〔五十八〕王注：宋岳鄂王年譜卷四：『（紹興九年）三月，王五子纘忠侯生。金佗宗譜：「侯本名靄，孝宗更名霆，字君錫。」』岳靄於岳飛死時爲三歲，比長孫岳甫小一歲。

〔五十九〕孝宗皇帝改賜今名：實録原無『孝宗皇帝』四字，據稡編補。

〔六十〕忠義之氣：稡編作『忠憤之气』。

〔六十一〕王注：決定用兵，『定』，三朝北盟會編卷二三七作『意』。

〔六十二〕乃反徇虜人之請：『反』，實録原作『返』，據稡編改。

〔六十三〕王注：岳某之罪，『罪』，三朝北盟會編卷二三七和建炎以來繫年要録卷一九〇作『冤』。

〔六十四〕宣諭京西：『京西』，稡編作『荆襄』。

〔六十五〕效一死：實録原無『一』字，據稡編補。

〔六十六〕皆悲感嘆服：實録原無『嘆』字，據稡編補。

〔六十七〕有一下卒：『有』，實録原作『又』，據稡編改。

〔六十八〕女俟嫁：實録原無『女』字，據稡編補。

〔六十九〕危身奉上：實録原作『危身犯上』，據稡編改。

〔七十〕『不勝感激』之下，金佗稡編有：『臣生最晚，然實夙知先世事。自幼侍先臣霖膝下，聞有談其事之一二者，輒强記本末，退而識之。故臣霖亦憐其有志，每爲臣盡言，不厭諄復。在潭州時，今國子博士臣顧杞等嘗爲臣霖搜剔遺載，訂考舊聞，葺爲成書。會臣霖得疾，不克上。將死，執臣之手曰：『先公之忠未顯，冤未白，事實之在人耳目者，日就湮没。幼罹大禍，漂泊縲囚。及仕，而考於聞見，訪於遺卒，掇拾參合，必求其當。故姑俟搜摭，而未及上。苟能卒父志，死可以瞑目矣！』臣親承治命，號慟踊絶。自年十二三，甫終喪制，即理舊編。然臣思頃爲兒時，侍臣霖游宦四方，帥廣州日，道出章貢，見父老師其子弟來迎，皆涕洟曰：『不圖今日復見相公之子。』時臣在侍側，感泣曰：『先公遺德猶在此。』臣霖亦泣曰：『豈特此地爲然，昔將漕湖北，武昌之軍士、百姓設香案，具酒牢，哭而迎。有一嫗哭尤哀，曰：「相公今不復此來矣！」家

人念之者，呼而遺之食，問其夫何在？嫗捨食，哭曰：「不善爲人，爲相公所斬矣。」問其子若婿皆然。』當時特以爲老嫗之哭與章貢父老之情，等爲懷舊念恩耳。曾未知匹夫匹婦之心，輕怨易怒，至於殺其夫、子若婿，而猶念之，非有大服其心者，疇克爾。因是微有所覺，竊意舊編所載，容有闕遺，故姑緩之。逮臣束髮游京師，出入故相京鏜門，始得大訪遺軼之文，博觀建炎、紹興以來紀述之事。下及野老所傳，故吏所録，一語涉其事，則筆之於册。積日纍月，博取而精核之，因其已成，益其未備，其所據依，皆條列于篇首，而事之大者，則附其所出於下。蓋五年而僅成一書，上欲以明君父報功之誼，中欲以洗王致毀之疑，下欲以信後世無窮之傳，其敢忽諸。謹昧死上。嘉泰三年冬十有一月乙丑朔，承務郎、新差監鎮江府户部大軍倉臣岳珂謹上』。鑒於稱謂，紀事實録不載此段，今予以补全。

［七十一］臣聞天下之不可泯没者，惟其理之正也。……而今日之屈，未必不基後日之伸也：實録此段原闕，據稡編補。

［七十二］歷位孤卿：『位』，稡編作『官』。

〔七十三〕王之加罪也：『加罪』，稡編作『得罪』。

〔七十四〕夫賞者人之所慕，而刑者人之所甚懼也。……訖不能逭寸草之命，僇及其身，爲世大恥：紀事實録此段原闕，據金佗稡編補。

〔七十五〕薨之後：『薨』，稡編作『既歿』。

〔七十六〕讒甚悉殄，而：實録原闕，據稡編補。

〔七十七〕蓋如何哉：實録原無『蓋』字，據稡編補。

〔七十八〕王校：而禄其子孫，『子孫』，實録原作『子』，據岳集卷三和岳武穆集卷四改。

〔七十九〕聖詔之下……而後它可言也：實録此段原闕，據稡編補。依实录体例，改『先臣』为『王』。

〔八十〕造端乎張俊：『造端』，實録原作『端造』，據稡編改。

〔八十一〕秦檜者實成之：『實』，稡編作『寔』。

〔八十二〕誓衆出師，乃：實録原無此五字，據稡編補。

〔八十三〕万俟卨挾故怨而助虐：『怨』，實録原作『恐』，據稡編改。

〔八十四〕明辨皆可覆也：實録原無此六字，據稡編補。

〔八十五〕籲天莫聞：實録原無此四字，據稡編補。

〔八十六〕不可以不圖：『圖』，稡編作『報』。

忠文王紀事實録卷之五

奏議

謝講和表[一]

武勝、定國軍節度使，開府儀同三司、湖北、京西路宣撫使，兼營田大使臣岳某上表言：『今月十二日，准都進奏院遞到赦書一道，臣已即躬率統制、統領、將佐、官屬等望闕宣讀訖。觀時制變，仰聖哲之宏規；善勝不争，實帝王之妙算。念此艱難之久，姑從和好之宜，睿澤誕敷，輿情胥悦。臣某誠歡誠抃，頓首頓首。『竊以婁欽[二]獻言於漢帝，魏絳發策於晋公，皆盟墨未乾，顧口血猶在，俄驅南牧之馬，旋興北伐之師。蓋夷虜不情，犬羊無信，莫守金石之約，難充溪壑之求。圖暫安而解倒懸，猶云可也[三]；顧長慮而尊中國[四]，豈其然乎！

『恭惟皇帝陛下大德有容，神武不殺，體乾之健，行巽之權，務和衆以安民，乃講信而修睦，已漸還於境土[五]，想喜見於威儀。臣幸遇明時，獲觀盛事。身居將閫，功無補於涓埃；口誦詔書，面有慚於軍旅。尚作聰明而過慮，徒懷猶豫而致疑：謂無事而請和者謀[六]，恐卑辭而益幣者進。臣願定謀於全勝，期收地於兩河。唾手燕雲，終欲復讎而報國；誓心天地，當令稽顙以稱藩[七]！臣無任瞻天望聖、激切屏營之至，謹奉表稱賀以聞。臣誠歡誠抃，頓首頓首，謹言。』[八]

乞出師札子

起復太尉、武勝、定國軍節度使，湖北、京西路宣撫使，兼營田大使臣岳某奏[九]：『臣自國家變故以來，起於白屋，從陛下於戎伍，實有致身報國、復讎雪恥之心，幸憑社稷威靈，前後粗立薄效。陛下録臣微勞，擢自布衣，曾未十年，官至太尉，品秩比三公，恩數視二府，又增重使名，宣撫諸路。臣一介賤微，寵榮超躐，有逾涯分；今者又蒙益臣軍馬，使濟恢圖。臣實何人[十]，誤辱神聖之知如此，敢不晝度夜思，以圖報稱。

『臣竊揣敵情，所以立劉豫於河南，而付之齊、秦之地，蓋欲荼毒中原，以中國而攻中國。粘罕因得休兵養馬，觀釁乘隙，包藏不淺。臣謂不以此時禀陛下睿算妙略，以伐其謀，使劉豫父子隔絶，五路叛將還歸，兩河故地漸復，則金人之謀計日生[十一]，浸益難圖。

『然臣愚欲望陛下假臣日月，勿拘其淹速，使敵莫測臣之舉措。萬一得便可入，則提兵直趨京、洛，據河陽、陜府、潼関，以號召五路之叛將。叛將既還，王師前進[十二]，彼必捨汴都，而走河北，京畿、陜右可以盡復。至於京東諸郡，陛下付之韓世忠、張俊，亦可便下。臣然後分兵濬、滑，經略兩河，如此則劉豫父子斷必成擒。大遼有可立之形，金人有破滅之理，爲陛下社稷長久無窮之計，實在此舉。

『假令汝、潁、陳、蔡堅壁清野，商於、虢略分屯要害[十三]，進或無糧可因，攻或難於餽運，臣須斂兵，還保上流[十四]。賊必追襲而南，臣俟其來，當率諸將或挫其鋭，或待其疲。賊利速戰，不得所欲，勢必復還。臣當設伏，邀其歸路，小入則小勝，大入則大勝，然後徐圖再舉。設若賊見上流進兵，并力以侵淮上，或分兵犯四川，臣即長驅，擣其巢穴。賊困於奔命，勢窮力殫，縱今年未終平殄，來歲必

得所欲。陛下還歸舊京，或進都襄陽、關中，唯陛下所擇也。

『臣聞興師十萬，日費千金，内外騷動七十萬家，此豈細事。然古者命將出師，民不再役，糧不再籍，蓋慮周而用足也。今臣部曲遠在上流，去朝廷數千里，平時每有糧食不足之憂。是以去秋臣兵深入陝、洛，而在寨卒伍有飢餓而死者，臣故亟還，前功不遂。致使賊地陷僞，忠義之人旋被屠殺，皆臣之罪。今日唯賴陛下戒敕有司，廣爲儲備，俾臣得一意静慮，不以兵食亂其方寸，則謀定計審，必能濟此大事。

『异時迎還太上皇帝、寧德皇后梓宫，奉邀天眷，以歸故國，使宗廟再安，萬姓同歡，陛下高枕萬年[十五]，無北顧之憂，臣之志願畢矣。然後乞身歸田里，此臣夙夜所自許者。臣不勝拳拳孤忠，昧死一言。取進止[十六]』。

乞本軍進討劉豫札子

太尉、武勝、定國軍節度使，湖北、京西路宣撫使，兼營田大使臣岳某言[十七]：『賊豫逋誅，尚穴中土，陵寢乏祀，皇圖偏安，陛下六飛時巡，越在海

際。天下之愚夫、愚婦莫不疾首痛心，願得伸鋤奮梃，以致死于敵。而陛下審重此舉，纍年于兹，雖嘗分命將臣，鼎峙江、漢，而皆僅令自守以待敵，不敢遠攻而求勝。是以天下忠憤之氣，日以沮喪；中原來蘇之望，日以衰息。歲月益久，污染漸深，趨向一背，不復可以轉移。此其利害，誠爲易見。

『臣待罪閫外，不能宣國威靈，克殄小醜，致神州隔於王化，僭僞穴於宫闕[十八]，死有餘罪，敢逃司敗之誅！陛下比者寢閣之命，聖斷已堅；咸謂恢復之功，指日可冀。何至今日，尚未決策北向。臣願因此時，上禀成算，不煩濟師，只以本軍進討，庶少塞瘝官之咎[十九]，以成陛下寤寐中興之志。順天之道，因民之情，以曲直爲壯老，以逆順爲强弱，萬全之效，兹焉可必。惟陛下力斷而行之！不勝大願，區區愚忠[二十]，畢罄於此，干冒天威，無任戰汗俟譴[二十一]之至，取進止。』

乞移都奏略

錢塘僻在海隅，非用武之地。臣請陛下建都上游，用漢光武故事，親勒六軍，

往來督戰。庶將士知聖意之所向，人人用命。臣當仗國威靈，鼓行北向，殄滅北虜，則中興之功即日可冀。

乞定儲嗣奏略

今欲恢復，必先正國本，以安人心。然後陛下不常厥居，以示不忘復之意。〔二十二〕

乞終制札子

草土臣岳飛札子奏〔二十三〕：『臣今月十二日至江州瑞昌縣界，准樞密院奏：「勘會岳某丁母憂，已擇日降制起復，緣目今人馬無人主管，及見措置進兵渡江，不可等待。奉聖旨，先次行下，岳某特起復，仍日下主管軍馬，措置邊事，不得辭免。」伏念臣孤賤之迹，幼失所怙，鞠育訓導，皆自臣母。國家平燕雲之初，臣方束髮，從事軍旅，誓期盡瘁，不知有家。自從陛下渡河以來，而臣母淪陷河朔，凡遣人一十八次，始能般挈，得脱虜禍，驚悸致疾，遂以纏綿。臣以身服戎事，未嘗

一日獲侍親側，躬致湯藥之奉。今者遭此大難，荼毒哀苦，每加追念，輒欲無生。而陛下恩眷有加，即命起復，在臣么微，固深銜戴。然臣重念爲人之子，生不能致菽水之歡，死不能終衰絰之制，面颜有靦，天地弗容。且以孝移忠，事有本末，若内不克盡事親之道，外豈復有愛主之忠。臣已般挈扶護前來，欲於江州或南康軍界營葬。伏望聖慈矜憐餘生，許終服制。取進止。』

乞終制第三札子

草土臣岳某札子奏〔二十四〕：『近於四月十二日具奏，辭免起復檢校少保，武勝、定國軍節度使，湖北、京西路宣撫副使。今月初一日，准御前金字牌遞到尚書省札子，奉聖旨，不允，令學士院降詔，仍不得再有陳請。依已降指揮，日下主管軍馬，措置調發，不管少失機會者。伏念臣叨荷聖恩，實倍加倫〔二十五〕等，惟期盡忠，庶圖報稱。緣臣老母淪亡，憂苦號泣，兩目遂昏，方寸亦多健忘，自揆餘生，豈復尚堪器使。非敢獨孝於親，而於陛下不竭其忠，正謂灾屯如此，不能任事。况臣一介右列，若學術稍優，謀略可取，亦當勉强措置調發。臣於二者俱乏所長，今既眼

目昏眊，又不能身先士卒，賈作鋭氣。苟不罄瀝血誠，披告陛下，則他日必致顛隮，上辜委寄。伏望睿慈俯察孤衷，許臣終制。取進止。』

校注記：

［一］謝講和表：稡編作『謝講和赦表』。

［二］王注：婁欽，三朝北盟會編卷一九二作『婁敬』，宋時避宋太祖趙匡胤祖父趙敬名諱，故改婁敬爲婁欽。

［三］王注：圖暫安而解倒懸，猶云可也，『圖暫安』，三朝北盟會編卷一九二作『圖苟安』，建炎以來繫年要録卷一二五與宋史卷四七三秦檜傳作『救暫急』，藏一話腴甲集卷下作『暫圖安』，金佗續編卷二八鄂武穆王岳公真贊作『求暫安』。『懸』，金佗稡編作『垂』。『云』，金佗稡編作『之』。

［四］王注：顧長慮而尊中國，『顧』，三朝北盟會編卷一九二、建炎以來繫年要録卷一二五、藏一話腴甲集卷下、金佗續編卷二八鄂武穆王岳公真贊與宋史卷四七三秦檜傳作『欲』。

［五］已漸還於境土：『境』，實録原作『竟』，據稡編改。

［六］王注：謂無事而請和者謀，『謂』，藏一話腴甲集卷下作『與』。

［七］王注：當令稽顙以稱藩，『顙』，金佗稡編卷七、三朝北盟會編卷一九

二、建炎以來繫年要録卷一二五與藏一話腴甲集卷下作『首』。

［八］謹奉表稱賀以聞。臣誠歡誠抃，頓首頓首，謹言：實録原無此十八字，據稡編補。

［九］兼營田大使臣岳某奏：『奏』，稡編作『札子奏』。

［十］臣實何人：『人』，稡編作『能』。

［十一］金人之謀計日生：『謀』，稡編作『詭』。

［十二］王師前進：『前』，實録原作『潛』，據稡編改。

［十三］商於、虢略分屯要害：『虢略』，實録原文塗抹不見，據稡編識。

［十四］還保上流：『還保』，實録原文漫漶不清，據稡編識。

［十五］陛下高枕萬年：實録原無『萬年』兩字，據稡編補。

［十六］昧死一言。取進止：實録原無『一言』『止』三字，據稡編改。

〔十七〕岳某言：『言』，稡編作『札子奏』。

〔十八〕僭僞穴於宮闕：『僭』，稡編作『虜』。

〔十九〕王校：瘝官之咎，『瘝』原作『鰥』，兩字或可通用，據金佗稡編卷七和岳集卷五改。

〔二十〕區區愚忠：稡編作『臣子下情』。

〔二十一〕畢罄於此，干冒天威，無任戰汗俟譴：稡編作『昧死，干冒天威，無任戰栗恐懼』。

〔二十二〕王注：據稡編卷二一建儲辨，此奏節略乃録自野史。

〔二十三〕札子奏：實録原無『奏』字，據稡編補。

〔二十四〕岳某札子奏：實録原無『札子』兩字，據稡編補。

〔二十五〕實倍加倫：實録原無『實』字，據稡編補。

太學，岳鄂王故宅也，今司土之神或曰即王焉，公朝申錫廟號、爵封、徽章具存。王血忱衛社，共天命而立民彝，忠在令甲，乃今右我多士，扶持名教威靈，凜凜猶生時，敵愾之忠，何拳拳斯文如此哉。孝悌忠信，自有撻甲兵之道，聲明文物，仁義禮樂，所曁可以化夷爲華。我朝中天之禍烈矣，實自當時諸人不知乎此，有以啓之。此所以詒王之憂也。王賫志地下，有時神游故宅，幸其今爲斯文之所聚也，所以衛之甚力者，蓋謂六籍之教，不墜五帝三王之學。常明天理人倫，常不晦蝕，夷狄其能侵中國乎！其視唐張睢陽[一]志於爲厲鬼以擊賊者，又萬萬矣。夫爲厲鬼以擊賊，孰愈乎昭義理，暢聲教，而使賊自懾服者乎？此王所以宜食於故宅也。景定壬戌年間，本齋同舍盧陵謝起巖蒐王世系勛閥，凡旂鼎所銘，册書所著，奉常所議，考功所録，州志、家乘、野史所紀，其涉於王者，輯爲一書，計若干卷目，曰紀事實録。不特使囿神貺者有考，抑以示妥安靈婖之意。又十年爲咸淳[二]七年，乃相率裒金而壽之木，書之篇末，極知其僭。是歲春二月望，明善齋齋諭學生吴安朝[三]謹識。

校注記：

［一］張睢陽：即張巡，蒲州河東（今山西永濟）人。安史之亂時，率兵守衛雍丘，抵抗叛軍。唐至德二年（757），安慶緒侵略睢陽，張巡與許遠在内無糧草，外無援兵的情况下，誓死守衛睢陽，終至城破，被俘遇害。

［二］咸淳：宋度宗年號，咸淳七年即公元1271年。

［三］吴安朝：正史不載，據安徽歷史名人詞典可知，其为宋元之際官員。字元鎮，績溪人，南宋咸淳七年（1271）進士。任衢州教授，重建州學孔廟。改禮、兵部架閣文字，太府寺丞，官至以本職參議閩浙招捕司事。入元，授池州路判官。守孝服滿，改知賀州。到任斥退衙門貪吏，選謹慎廉洁者充當，門無私謁。

戊子三月二十日，蓬山話舊第十四集，藏園主人出示此書，世所稀見。德清俞陛雲[一]、番禺商衍瀛[二]、杭縣邵章[三]、静海高毓浵[四]、易水陳雲誥[五]、桂林張書雲[六]、開縣胡嗣瑗[七]、貴陽邢端[八]同敬觀。商衍瀛識時年七十有八。江夏傅嶽棻[九]、杭縣袁毓麟[十]、許寶蘅[十一]同觀。

校注记：

[一] 俞陛雲：精通書法，精于詩詞，曾任浙江省圖書館監督（館長）。

[二] 商衍瀛：著名書法家，曾任翰林院侍講兼京師大學堂預科監督。

[三] 邵章：近代著名藏書家、版本目録學家、書法家。

[四] 高毓浵：藏書家，曾任翰林院編修。

[五] 陳雲誥：精于書法，歷任翰林院編修、中央文史館首任館員。

[六] 張書雲：光緒二十九年（1903）進士，善書法，官至弼德院（清官署名。清末仿日本樞密院新設立的國務顧問機關）參議。

[七] 胡嗣瑗：精通史學、書法，歷任翰林院編修、天津北洋政法學堂總辦。

［八］邢端：清末進士，曾任翰林院檢討，北洋政府圖書館主任，農商部部長，中央文史研究館館員等。

［九］傅嶽棻：曾任山西撫署文案、山西大學堂教務長、北洋政府時期教育部次長。

［十］袁毓麟：曾任杭州白話報主筆、後入東京政法大學，歸國後，歷任奉天政法學堂教務長、浙江省視學、國會議員等。

［十一］許寶蘅：是清末舉人，曾任大總統府秘書兼國務院秘書、内務部考績司司長。張勛復辟後，擔任軍機章京，『僞滿洲國』建立後，擔任要職。

附录

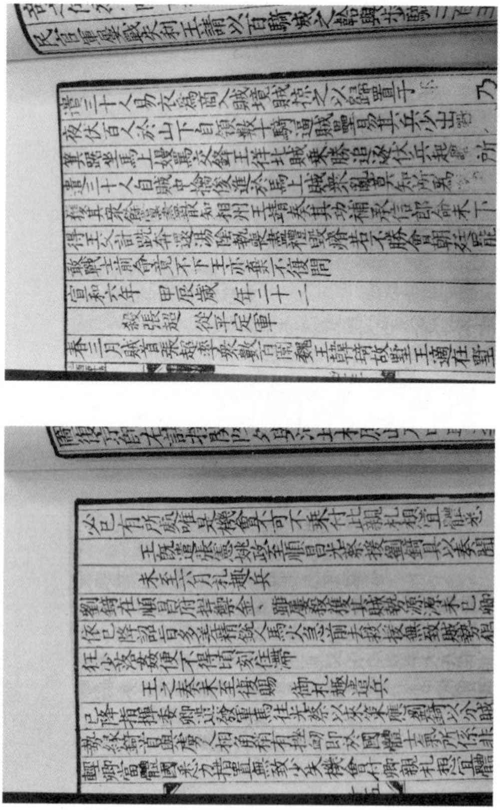

图一　捍禦金賊，“賊”字遭挖删，但下文和其他一些地方保留未删

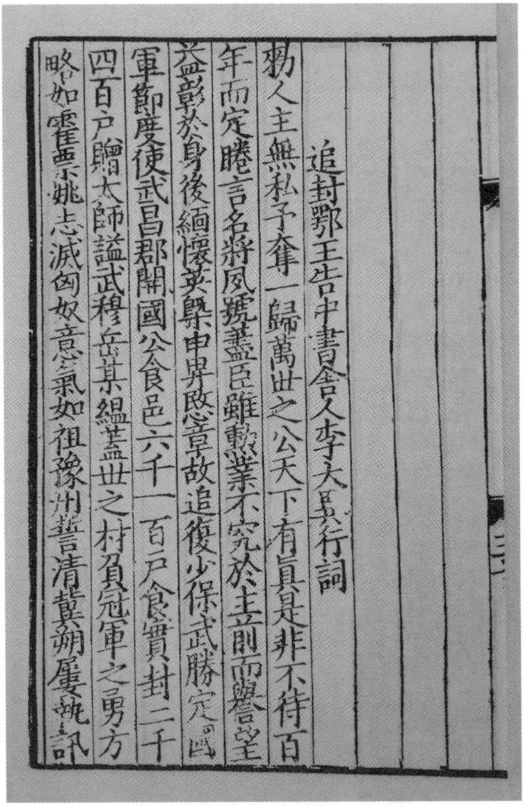

追封鄂王告　中書舍人李大異行詞
勑人主無私予奪一歸萬世之公天下有真是非不待百
年而定睠言名將夙號藎臣雖勳業不究於生前而譽望
益彰於身後緬懷英槩申畀殷章故追復少保武勝定國
軍節度使武昌郡開國公食邑六千一百戶食實封二千
四百戶贈太師謚武穆岳某緼蓋世之材負冠軍之勇方
略如霍嫖姚志滅匈奴意氣如祖豫州誓清冀朔屢挑訊

圖二　實録出現斷板、開裂

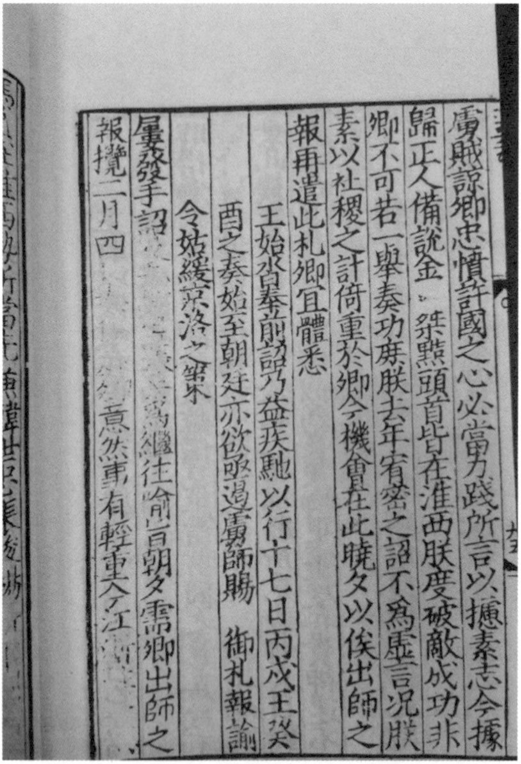
虜賊諒卿忠憤許國之心必當力踐所言以攄素志今據
歸正人備説金 ⺀ 桀黠頭首皆在淮西朕度破敵成功非
卿不可若一舉奏功庶朕去年宥密之詔不爲虛言况朕
素以社稷之計倚重於卿今機會在此曉夕以俟出師之
報再遣此札卿宜體悉
王始沓奉前詔乃益疾馳以行十七日丙戌王癸
酉之奏始至朝廷亦欲亟遏虜師賜　御札報諭
令姑緩京洛之策
屢發手詔[illegible]爲繼往諭[illegible]旦朝夕需卿出師之
報攬二月四[illegible]意然事有輕重今江[illegible]

圖三　實録字迹漫漶不清

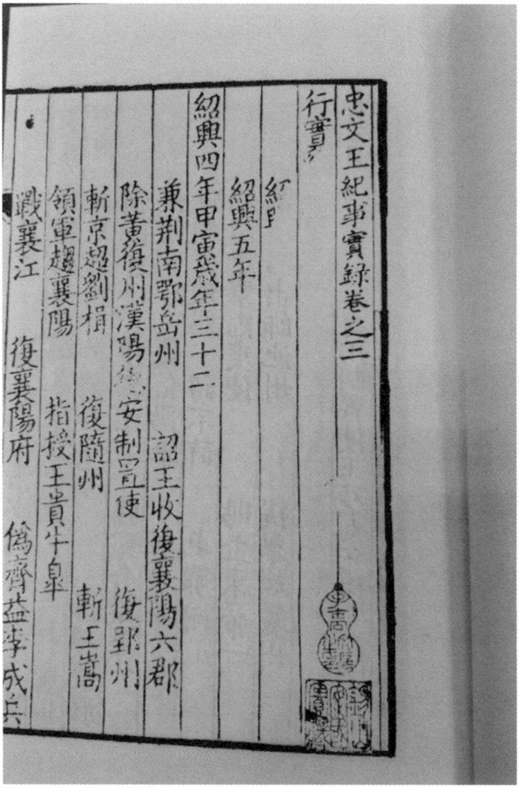
忠文王紀事實録卷之三
行實
紹
紹興五年
紹興四年甲寅歲年三十二
兼荊南鄂岳州　詔王收復襄陽六郡
除黄復州漢陽[illegible]安制置使　復郢州
斬京超劉楫　復隨州　斬王嵩
領軍趨襄陽　指授王貴牛皋
戰襄江　復襄陽府　僞齊益李成兵

圖四　實録個別字迹脱落

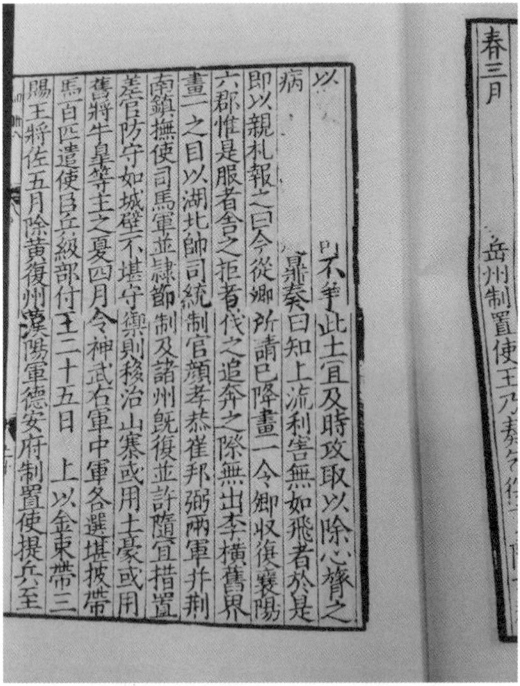
春三月
岳州制置使王乃奏兮從

以　門不爭此土宜及時攻取以除心膂之
病　鼎奏曰知上流利害無如飛者於是
即以親札報之曰今從卿所請已降畫一令卿收復襄陽
六郡惟是服者舍之拒者伐之追奔之際無出李橫舊界
畫一之目以湖北帥司統制官顏孝恭崔邦弼兩軍并荊
南鎮撫使司馬軍並隸節制及諸州既復並許隨宜措置
差官防守如城壁不堪守禦則移治山寨或用土豪或用
舊將牛皐等主之夏四月令神武右軍中軍各選堪披帶
馬百匹遣使目兵級部付王二十五日　上以金束帶三
賜王將佐五月除黃復州漢陽軍德安府制置使提兵至

圖五　實録字迹脱落、漫漶不清

圖六　實録卷首書衣題簽“乾隆乙酉賜經筵講官禮部尚書兼文淵閣直閣事臣紀昀”

圖七　藏園先生（傅增湘）七十歲小像

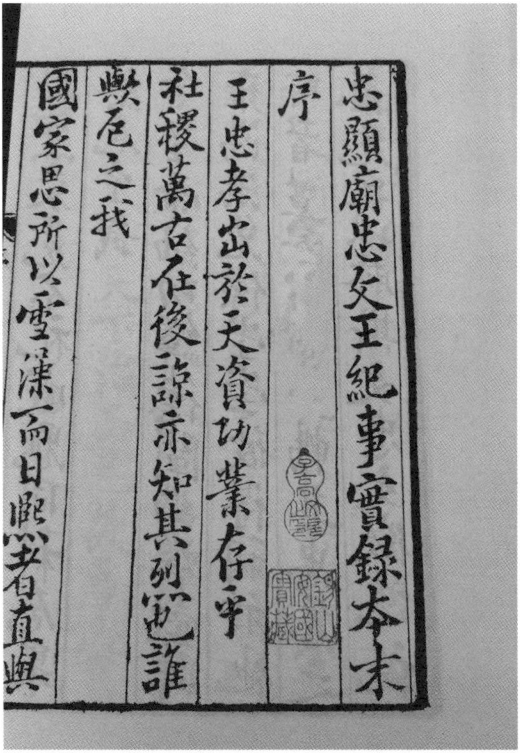
忠顯廟忠文王紀事實録本末
序
王忠孝出於天資功業存乎
社稷萬古在後諒亦知其烈也誰
歟厄之我
國家思所以雪渠而日照者直與

圖八　實録清晰可見原書藏書印
“子高文房之印”“錫山安國寶藏”等

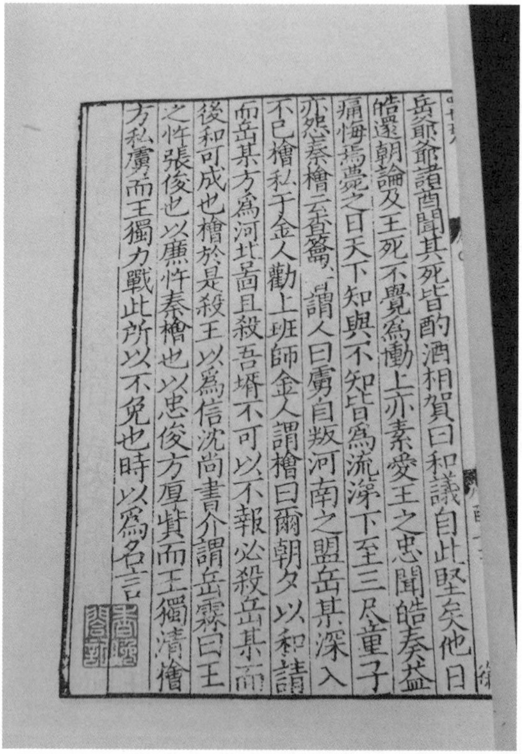
岳爺爺諸酋聞其死皆酌酒相賀曰和議自此堅矣他日
皓還朝論及王死不覺爲慟上亦素愛王之忠聞皓奏益
痛悔焉薨之日天下知與不知皆爲流涕下至三尺童子
亦怨秦檜云查籥謂人曰虜自叛河南之盟岳某深入
不已檜私于金人勸上班師金人謂檜曰爾朝夕以和請
而岳某方爲河北圖且殺吾壻不可以不報必殺岳某而
後和可成也檜於是殺王以爲信沈尚書介謂岳霖曰王
之忤張俊也以廉忤秦檜也以忠俊方厚貲而王獨淸檜
方私虜而王獨力戰此所以不免也時以爲名言

圖九　實録藏書印“晚香閣記”

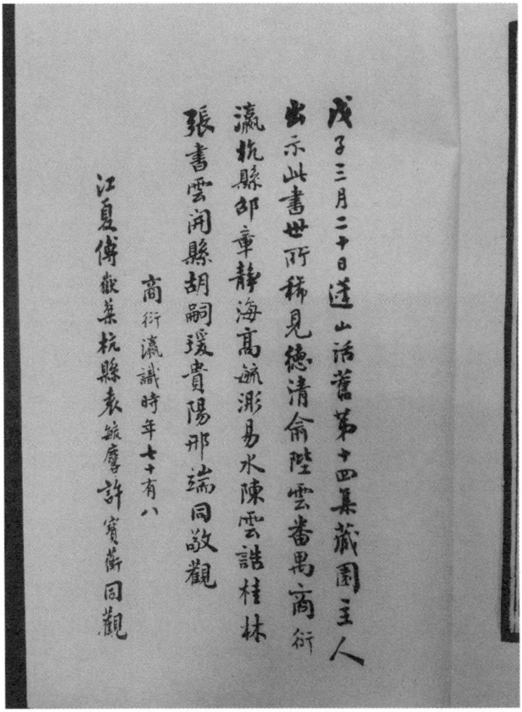
戊子三月二十日蓬山話舊第十四集藏園主人
出示此書世所稀見德清俞陛雲番禺商衍
瀛杭縣邵章靜海高毓浵易水陳雲誥桂林
張書雲閩縣胡嗣瑗貴陽邢端同敬觀
商衍瀛識時年七十有八
江夏傅嶽棻杭縣袁毓麐許寶蘅同觀

圖十　書後附存之字條“蓬山話舊”

國家古籍整理出版資助項目
北京市優秀古籍整理出版扶持項目

忠文王紀事實録

影印本

［南宋］謝起巖　撰

中國書店

圖書在版編目（CIP）數據

忠文王紀事實録 /（南宋）謝起巖撰. — 影印本. — 北京 ：中國書店，2024.3
ISBN 978-7-5149-3189-1

Ⅰ. ①忠… Ⅱ. ①謝… Ⅲ. ①岳飛（1103—1142）－傳記 Ⅳ. ①K825.2

中國國家版本館CIP數據核字(2023)第255509號

忠文王紀事實録 影印本

［南宋］謝起巖　撰

責任編輯：姚文杰　趙小波　趙文杰

出版發行：中國書店

地　　址：北京市西城區琉璃廠東街115號

印　　刷：北京鑫益暉印刷有限公司

開　　本：880毫米×1230毫米　1/32

印　　張：9.875

版　　次：2024年3月第1版　2024年3月第1次印刷

字　　數：69千

書　　號：ISBN 978-7-5149-3189-1

定　　價：398.00元（全二册）

本書據中國國家圖書館藏宋咸淳七年（1271）吴安朝刻本、明洪武間公文紙印本《忠文王紀事實録》影印。原書版框高二百三十毫米，寬一百五十一毫米。

司

藏園老壶十蟦小傢

藏園老人七十晬照余廿年十月 五和畫

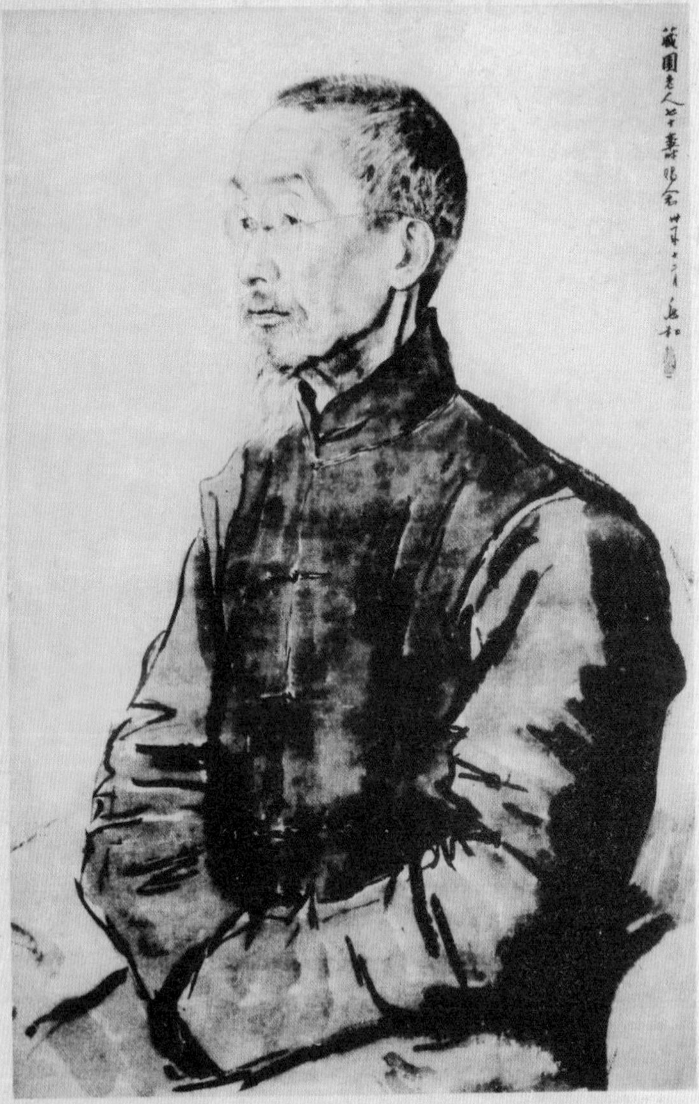

宋本忠文王紀事實錄書後

本書紀岳鄂王事凡五卷宋太學明善齋學生廬陵謝起巖輯前有景定癸亥起巖自序標題爲忠顯廟忠文王紀事實錄本末後有咸淳七年太學明善齋諭學生吳安朝跋卷一高宗宸翰後附進封鄂王及將佐等告詞又景定時中書省牒文及改謚忠文告詞卷二卷三行實編年卷四行實紀遺卷五奏議景定刊本半葉十行每行二十二字白口双闌板心上記字數下

記刊工姓名可辨者為錢桓及于徐東明昌
等姓名一字收藏印記有錫山安國寶藏子
高文房之印晚香閣記三印函面金牋題乾
隆己酉賜經筵講官禮部尚書兼文淵閣
直閣事臣紀昀三行
按宋史淳熙五年九月賜岳飛謚武穆寶
慶元年二月改謚忠武蓋以孔明之與漢汾陽
之復唐取二謚之美以旌畀之至忠文之謚世
不盡知或且疑其不類惟近時錢汝雯新編
鄂王年譜引岳廟志略及明金忠士請金佗

祠額疏知德祐元年有賜謚忠文之典然詔
敕無徵月日不詳姑以傳疑而已今得此書
觀之則太學々錄學生楊懋卿等申文已詳
叙尚書省牒中更以吕安朝跋證之始知太
學爲鄂王故宅司土之神即王也其祠名
靈通其神爲正顯昭德文忠英濟侯懋卿
等因請以八字侯封改畀王爵太常寺議賜
名忠顯祠其封號原擬文忠又以二字恐與
先聖相類因先忠後文以示有別其後詳
載忠文告詞與王父子將佐加封告詞其

時則景定二年肎也秪以事出晚季宗社旋墟此書既少流傳典故遂歸湮滅致今考古者詫為異聞紀事者存為虛說亦可歎矣

考謝氏此書其自序言昨得與忠文諸孫同筆硯交見其鄂國金佗有編裒類浩繁僭仍其傳記纂而為要之提云云知當時編輯純取材於金佗粹編明矣今以本書與粹編對勘則所錄高宗宸翰行實編年與夫行實拾遺其文字同次第同其

藏園傅氏寫本

稱謂改先臣爲王耳然取浙刻粹編本遂卷細校則訂譌補佚幾於不可勝計蓋近刻粹編皆祖明嘉靖本其所據宋元舊本以年深板蝕字多損漶且展轉散佚闕板至數十番之多余頻歲游杭仰瞻祠墓追念孫忠因有校定粹編之志遂尋求宋元古刻雖殘篇斷卷亦所不遺而所補闕文曾不及半茲取實錄參校凡粹編自卷一至卷九所有奪文訛字訂正一清舉其犖犖大者述之如卷四行實編年崇寧二年

下脱王初歲遺事一則葉二百八十字宣和
六年春三月賊下脱首張超二十二字卷五
紹興元年十二月陞神武副軍都统制下脱
紹興二年壬子歲事實二百六十三字紹興
三年撫黄勞再三句下脱——飛二十字沿江
制使下脱六十四字卷六紹興五年窺覦上流
程下脱一葉二百四十七字卷七紹興七年此
皆宣撫岳飛下脱三十六字卷九遺事中一時
名人才士下脱一百七字秦國夫人遺事脱八
十字諸子遺事脱六十七字　昭雪廟謚門

藏園傅氏寫本

皆悲感歎服下脱六十八字追封張憲告詞
下脱三十二字咸賴以補完通得一千一百八
十二字而追封忠文牒文告詞及妻子家屬
故將封告之詞為他書不見者又二千餘言
噫可謂夥矣
此書傳世最稀罕秘特甚徧檢古今書目
皆未入録明徐階之岳廟誌徐縉芳之精忠
實録亦未述及其書以官牘紙印行細審紙
背有洪武九年嵊縣申文洪武十一年紹興
府冊籍各字迹知明初其板尚存於浙中

是此書刻於宋季印於明初經錫山安氏之珍藏不知何時乃歸於内府至乾隆五十四年己酉始出以賜河間紀文達公光緒以來文達遺書稍稍散佚此書爲臨清徐梧生監丞所獲迨共八九年間徐氏藏書又出余乃於内城帶經書坊獲之其流轉大略可考見者如此去景定至今越六百七十餘年經歷四代若存若存至乾隆時幸出塵霾上邀宸覽然深鎖禁庭未得登名祕閣蓋高宗類事南巡諸臣多獻祕籍及迴

鑒以後多付重裝遂皆別庋余嘗故宮書
庫時常見古書綴有簽題多出天祿琳
瑯琅之外此書宜亦類是及文達拜賜則
四庫全書告成已近十年無由補錄其沈
埋堙沒又百餘年逮今至日乃藉余手表
而出之抑何幸歟夫孤本秘冊已自足珍
矧其告詞可考史籍之遺其文字可補故
書之闕天假奇緣錫茲瓌寶不僅珍之
什襲更將傳之萬本爰詳敘始末以質
方雅且冀當世嗜學好古之士謀所以

廣其流傳爲此書續命則匪獨余一人之
私幸已也

忠顯廟忠文王紀事實録本末

序

王忠孝出於天資功業存乎
社稷萬古在後諒亦知其烈也誰
歟戹之我
國家思所以雪渫而日熙者直與

巍然衮冕不祀咸罹同科厄果
終厄乎哉
今皇帝紬功繹德闡幽煥懿辟
雍渴滿見像堂堂彼得祠於他
所者莫之與京且暢其忠義之
氣充之以脉斯文忠文徽號親

疇昔武穆爲有加
意向所寓亦可覩矣皇盛欲合究
岳之兮有相之道盡是全材以
副時需豈止使之能撑禮樂以
陶吾民於天下治而已故事實
之有本末

王所以垂竹帛而詔今傳後者
竊志之久矣嘗嘆其在
國史者不易見在家集者不及
見在將傳者不殆見季歲眎得
與
忠文諸孫同筆硯交見其鄂國

金佗有編裒類詁纂僭竄仍
其纂記而爲要之提誓書一通
以置之
側筆尙既自念
王之行事在
國史在人心固不增損於是集之

有無也然有忠義於肝膽者歟其一閱於目則必將有激於衷而爲之憮然景定癸亥元正

太學明善齋學生廬陵 謝起巖序

忠文王紀事實録卷之一

高宗皇帝宸翰

紹興四年

復襄陽四詔

撥淮西二詔

紹興五年

平楊么三詔

還屯武昌一詔

紹興六年

督府視師二詔

移鎮襄陽一詔
起復一詔
按邊一詔、
撫淮西三詔
出師襄漢三詔
撫問賜器物一詔
降擒捷一詔
紹興七年
招偽官吏一詔
合軍二詔

乞解兵柄三詔
乞本軍進討一詔
招鄺瓊一詔
乞建都上游一詔
行邊一詔
屯九江賜燕勞一詔
紹興八年
和議一詔
紹興九年
戒招納一詔

紹興十年
出師三詔
援順昌六詔
議建儲一詔
進取一十一詔
班師二詔
入覲一詔
紹興十一年
援淮西一十五詔

紹興四年

春二月王奏請先復襄鄧六郡以圖中原會方議

遣虜好重於深入御札命王毋出李横所守界

勑岳飛矧卿忠義之心通于神明故兵不犯令民不厭兵可無愧於古人矣今朝廷從卿所請已降畫一令卿收復襄陽數郡惟是服者舍之拒者伐之追奔之際謹無出李横所守舊界却致引惹有悞大計雖立奇功必加爾罰務在遵禀號令而已收復之後安輯百姓隨宜措畫使可守禦不致班師之後復有疎虞始可回軍依舊屯駐朕當重寘賞典以旌爾功故兹筆諭無慢我言十四日

劉光世請措置荆襄　詔不許第令整兵以爲上
援復賜　御札
勑岳飛朕具省出師奏以卿智勇必遂克敵更在竭力致
身早見平定近劉光世乞乙行措置荆襄朕已命卿豈易前
制但令光世嚴整步騎以爲卿援緩急動息可行關報也
亦當令卿將佐等知庶可益壯軍心鼓勇士氣所向無前
孰能禦哉二十一日
夏五月進兵襄□□州克之捷聞廷議猶患其難守賜
御札問方畧
勑岳飛朕具聞卿已到襄陽李成望風而退朕雖有慰□

心而深恐難善其後此賊不戰而歸其理有二一以卿紀律素嚴上皆效死故軍聲遠振其鋒不可當一乃包藏禍心俟卿班師彼稍就緒復來擾刼前功遂廢卿當用心籌畫全盡一策來上若多留將兵唯俟朝廷千里饋糧徒成自困終莫能守適足以為朕憂不知李成在彼卿何措置糧食脩治壁壘萬無劉豫為運糧之理今既渡江屯泊何所及金國係虜事勢強弱卿可尋以金幣密遣間探的確具聞蓋國計之所在也故茲筆諭深宜體悉

李成益兵請戰又大敗復賜 御札問方畧及諭

王為誘敵之計

具省卿奏李成益兵而來我師大獲勝捷乃卿無輕敵之
心有男戰之氣之所致也因以見賊志之小小耳朕甚慰
焉此月九日嘗降親筆令卿條畫守禦全盡之策若少留
將兵恐復為賊有若師徒衆多則饋餉疲勞乃自困之道
也卿必有處焉及密遣間探要知金虜偽齊事勢强弱點
集次第想已必達卿宜籌畫良策來上庶幾不廢前功也
將來議定卿若班師將分留人馬亦權暫少留作守城之
大計其餘設伏而卿亦少留近境要當致彼賊師再來併
力掩擊勦除而後已雖直費少留人馬彼亦不敢有所侵
犯也卿更籌之[illegible]制

冬十一月虜僞合兵大舉入寇邊報急賜　御札

趣王提兵東下

近來淮上探報緊急朕甚憂之已降指揮督卿全軍東下

卿夙有憂國愛君之心可即日引道兼程前來朕非卿到

終不安心卿宜悉之

十二月提軍趨合肥御札撫問

卿義勇之氣震怒無前長驅濟江威聲遠暢宜奮揚於我

武務深得於敵情既見可乘之機即爲擣虛之計眷茲忠

畧豈俟訓言深念勤勞往加撫問

紹興五年

夏四月奉　詔平湖寇楊么至長沙賜　御札

近得奏知卿已至潭州時方盛暑將士良勞朕以湖湘之寇逋誅累年故特委卿爲且招且捕之計欲使恩威並濟綏靖一方聞卿到彼措畫得宜朕甚嘉之然今去防秋不遠若此寇既平則可以專意扞敵更宜多筭決致成功此朕所望於卿者其他曲折張浚既至軍前可就議也二十三日

六月大破楊么等寇湖湘悉平賜　御札褒寵

比得張浚奏知湖湘之寇已肅清紓朕顧憂良用欣愜非卿威名冠世忠畧濟時先聲所臨人自信服則何以平積

年嘯聚之黨於旬朝指顧之間不煩誅夷坐獲嘉靖使朕因咸兼暢厥功茂焉腹心之患既除進取之圖可議緬思規畫嘉歎不忘然恐招撫之初人懷反側更宜綏輯以安衆情措置得宜彼自馴擾後必已與卿計之熟矣或有陳請可具奏來

湖湘平還屯武昌賜札令王豫備

勑岳飛武昌控制上流権舸只隔一水可多方措置遣得力人間探撫使寇擾窺伺即今動息如何莫謂未有警報而緩圖之事未盡定難以應猝卿其用心體國萬一有警當極力彈壓要勢掃戮無少疏虞即卿之功日具的實動

息奏來十四日

紹興六年

春 詔宰臣張浚出視師賜 御札

朕以寡昧之資履艱難之運雖夙宵自勵冀恢復於丕基而姦宄未銷尚憑陵於方夏殆欲親冒矢石身屬櫜鞬報兩宮遐邈之讎拯百姓流離之苦坐薪嘗膽疾首痛心十年于茲終食屢歎今委宰輔督護戎昭而卿以柱石之資總貔虎之衆居懷憤激期于邊壘平然念王者之師本於伐叛天下之將專以請民俾號令之申嚴慰雲霓之徯望毋竊近效有害成功必使部伍無譁田閭不擾副我撫綏之

意共成戡定之功舍爵策勲朕不敢忽故茲 親筆卿宜悉
之。
張浚旣出視師復賜 御札申諭眷倚之意
朕以 父兄蒙塵中原陷沒痛心嘗膽不敢皇寧已命相
臣往專經畫正賴爾等深體此懷各奮精忠勉圖報效儻
有機會無或後時所冀 二聖還歸故疆恢復用副朕平
日眷待責成之意
晉督府議進屯以圖中原王遂移鎮襄陽賜
御札令勉諭將佐
朕惟國之用武必據形勝以為地利今西南之重實占上

游既已委卿移屯要害深圖戰守之計卿宜以朕此意敦
喻將佐撫勞士卒勉思忠義戮力一心協賛事幾庻克攸
濟有功必報朕不汝忘

三月丁毋周國夫人姚氏憂賜御札趣　起復

比閱軍中奏知卿奄遭内艱倚注之深良用震怛然人臣
大義國耳忘家移孝爲忠斯爲兩得已降制命趣卿起復
宜體幾事之重畧常禮之煩無用抗辭即袛舊服秉吏士
鋭氣念家國世讎建立殊勲以遂揚名顯親之美斯孝之
至也故兹親筆諒悉至懷

秋[illegible]朝廷患給餉者不時不一則[illegible]
按[illegible]示以賞罰
朕將遣大兵控臨邊境軍須調度不可愆時應干[illegible]
措置[illegible]運不擾而辦者卿可具名來上當議褒擢[illegible]
戾致悞國事亦仰按劾以聞邦有常刑朕不敢貸
九月還至武昌僞齊兵犯淮西有　詔提軍東下
時王目疾甚張浚以聞詔遣僧中印皇甫知常默
至軍療眡賜　御札勞問且趣其師
近張浚奏知卿病目已差醫官爲卿醫治然戎務至繁遇
報甚急累降詔旨促卿提兵東下卿宜體朕至懷善自調

攝其他細務委之僚佐而軍中大計須卿決之如兵之在
遠者自當日下抽還赴此期會想卿不以微疾遂忘國事
朕將親臨江滸矣併悉之

淮西寇已遁賜 御札止 東援之師且勞問

目疾

比屢詔卿提兵東下今淮西賊遁未有他警已喻張浚從
長措置卿之大軍未須遽發也如聞卿果以目疾爲苦不
至妨軍務否近差醫者疾馳往卿所看視卿宜省思慮謹
藥餌安靜調養至於求閑之請非朕所知飾以累請無益也
故茲親筆以示眷懷

前詔未拜王已力疾提軍至九江奏至上方宣諭
輔臣以王有尊朝廷之義復賜 御札嘉獎且命
爲乘機進取之計
聞卿目疾小愈即提兵東下委身徇國竭節事君於卿見
之良用嘉歎今淮西既定别無他警卿更不須進發其或
襄鄧陳蔡有機可乘即依張浚已行事理從長措置亦卿
平日之志也故兹親詔卿宜知悉
冬王奉詔遂出師襄漢賜 御札
覽奏知卿出師襄上規模素定必不徒行方冬遠涉將士
良苦卿更勤加撫勞用副朕意

師至襄漢賜　御札撫問且諭以勉力遠圖之意
御志存憂國義專報君式總兵戎再臨襄漢顧霜露之冒
犯想徒御之勤勞深副簡知自宜神相朕當食而嘆中夜
以思非我忠臣莫雪大耻所祈勉力用究遠圖卿目疾邇
來更好安否故兹親諭想宜悉之
初王下商虢至長水得糧九十七萬俘獲甚衆會
淮西有警遂還至是復與僞齊戰于何家寨于白
塔于牛蹄皆大捷賜　御札獎諭臣申述前功
御學深籌畧動中事機加兵宛葉之間奪險松栢之塞乃
俘甲馬就食糗糧登聞三捷之功實冠萬人之勇朕

嚴漕輓督責討臣俾遠赴於師期庶士無於飢色卿其勝
敵益戒用心愈剛毋少狃於前勞用克當於大敵但使先
聲後實我武既揚將見左枝右吾敵人自病朕所望者卿
其勉旃

十二月大雪苦寒遣賜器物傳宣撫問兼賜御札

戰鞍繡韉各一對龍涎香一千餅龍茶一合靈寶丹一合
鐵簡一對賜卿至可領也

降槍樣至軍中賜　御札

卿軍中見長槍似未盡善比物須是銛利勁决即用之借
助人力今降槍樣去可依此製造盡改舊樣不用

紹興七年　春既下詔招陷僞官吏乃賜王御札令以德音檄

諭

朕惟中原官吏皆吾舊臣迫於虜威中致睽絶豈棄君而從僞實權時以保民罪由朕躬每深自咎儻能懷忠體國率衆來歸當議因其官爵更加褒寵罪無大小悉與寬除天日所臨朕言必信故茲親筆所宜悉之

卿可作恭被親筆手詔移檄中原州縣官吏

復賜　御札命王詔諭僞齊親黨

劉豫親黨有能察時順理以衆來歸自王爵以下皆所不

各罪無大小一切寬貸卿可多遣信實之人宣諭朕意

三月王扈蹕至建康召至寢閣玉音宣諭曰中興之事一以委卿王頓首奉詔時劉光世罷兵未知所付聖意屬王議既定賜 御札令付王德等

朕惟兵家之事勢合則雄卿等久各宣勞朕所眷倚今委岳飛盡護卿等蓋將雪國家之耻拯海內之窮天意昭然時不可失所宜同心協力勉赴功名行賞荅勳當從優厚聽飛號令如朕親行儻違斯言邦有常憲

王既奉詔復抗疏論恢復大計時秦檜力主和議聞王將合師北討懼其成功謀奪所領光世軍從

中沮撓前議遂寢乃賜　御札
覽奏備悉侯鄉出師有日別降敕分淮西合軍頗有曲折
前所降王德等親筆須得朝廷指揮許卿節制淮西之兵
方可給付仍具知稟奏來
王至督府與張浚論劉光世軍力言張俊呂祉王
德皆不可付恐士心不服或以致變浚疑其有旨
營得軍意王乃即上章乞解兵柄賜　御札慰諭
且封還奏劄
奏劄復還鄉國事至重要當子細商量期於有濟可速起
發見張浚仍具奏來

王復上奏懇免乞持餘服賜御札付卌

再覽來奏欲持餘服良用憮然卿忠勇氣壯〻

方倚卿以恢復之事近者探報〻〻計狂狡將窺〻兩淮

賴日夕措置有以待之卿乃欲求閑息豈所望哉張浚已

過淮西視師卿可亟往商議軍事勿復再有陳請今封還

元奏故茲親筆宜體至懷

王懇免不止詔遣中使宣請張浚所議軍事賜

御札再還元奏

比降親筆喻朕至意再覽卿奏以渾瑊自期正朕所望於

卿者良深嘉歎國家多事之際卿爲大臣所當同恤見遣

中使宣卿赴張浚處詳議軍事傳曰將相和則士豫附卿
其勿事形迹以濟功勳今再封還來奏勿復有請
王議事畢奏詔還屯復上奏以爲 豫逋誅益據
中土歲月滋久汙染漸深宜及時攻取以除腹心
患乞不假濟師止以本軍進取賜 御札褒諭
覽卿來奏備見忠誠深用嘉歎恢復之事朕未嘗一日敢
忘于心正賴卿等乘機料敵力圖大功如卿一軍士馬精
銳紀律脩明鼓而用之可保全勝卿其勉之副朕注意
秋七月張浚楊沂中之旨至淮西酈瓊等畢士大衆
不服殺[illegible]呂祉以全軍叛降僞齊賜 御札

招捕

國家以疆場多虞已及防秋比降指揮除張俊爲淮西宣撫使楊沂中爲制置使而廬州統制官酈瓊意謂朝廷欲分其兵馬遂懷反側不能自安於八日脅衆叛去朕已降詔開諭招撫兼遣大兵如無歸意即行掩捕卿宜知悉比覽裁減官吏奏狀知卿體國愛民之意深契朕心嘉歎無已

王前奏乞以本軍進討劉豫既奉詔方整兵北鄉復上奏請建都上游以瞰中原以示聖意之所向會淮西軍變因賜　御札報諭令俟機會

覽卿來奏備見愛君忠義之忱朕懷國家之大耻竭盡民
力以養兵訓戎恢復之事未嘗一日少忘于心但以近者
張俊謀之不臧淮西兵叛事既異前未遑亟舉而議者謂
朕當不常厥居使敵人莫測建康臨安以時往來固不害
爲恢復之圖也唯俟機會以決大策地遠不得與卿面言
卿其益勵壯猷副 朕責成之意
王奉詔不復出師第行邊備守 朝廷猶以上流
爲憲賜 御札令王飭備
卿盛秋之際按邊風霜已寒征馭良苦如是別有事宜可
密奏來 朝廷以淮西軍叛之後每加過慮長江上流

帶緩急之際全藉卿軍照管可更戒飭所留軍馬訓練整
齊常若寇至蘄陽江州兩處水軍亦宜遣發以防意外如
卿體國豈待多言

王奉詔以舟師屯九江爲淮浙聲援既至御札撫
問且遣騎使燕勞

比降旨令卿領兵應援淮浙庶幾王室尊安中外寧謐聞
卿即日就道見屯九江憫勞跋履之勤良用嘉歎今遣江
謐賜卿茶藥酒菓及燕犒將士仍令諭朕委曲之意卿宜
悉之

紹興八年

秋奉詔入覲時虜人方議通好王因賜對力言夷
狄不可信和好不可恃相臣謀國不臧恐貽後世
譏議及還屯飭備益嚴已而卒許虜和賜　御札
報諭因其戒謹之意復寓聖訓
朕昨與卿等面議金國講和事今金人已遣張通古蕭哲
前來議和朕以梓宮未還母兄宗族在遠夙夜痛心不免
屈意商量然卿等戮力練兵國威稍振是致敵人革心如
此卿等之功朕豈可忘若境土來復自今尤當謹飭邊備
均宜體朕此意益加訓練兵馬常作不虞之戒以爲永久
安固付此親札想宜知悉

朝廷得金人書歸我河南地賜御札報諭歸功王
令月二十七日巳得大金國書朕在諒陰中難行吉禮止
差宰執代受書中無一須索止是割還河南諸路州城此
皆卿等扶危持顛之效功有所歸朕其可忘尚期飭備以
保全勛故茲親札各宜體悉
紹興九年
朝廷得金人書歸我河南地虜好方密令毋得過
界招納
朕委任卿嚴飭邊備唯是過界招納得少失多已累行約
束丁寧詳盡今後雖有三省密院文字亦須繳奏不得遣

發付此親札想宜體悉

紹興十年

朝廷得諜報虜人果有意叛盟賜 御札令飭備

昨因虜使至慮傳播不審妄謂朝廷專意議和是用累降

旨嚴飭邊備近據諸路探報虜人舉措似欲侵犯卿智謀

精審不在多說更須曲盡関防爲不可勝之計斯乃萬全

朕比因傷冷作疾凡十日不視朝今則安和無事慮貽卿

遠憂故玆親詔宜悉

夏五月虜人大舉入寇王聞警即奏乞面陳機會

已詔諸大帥進兵賜 御札不許趣王乘機破敵

仍問計

覽卿來奏欲趍行在奏事深所嘉歎況以戎事之重極欲與卿相見但虜酋在近事機可乘已委卿發騎兵至陳許光蔡出奇制變因以應援劉錡及遣舟師至江州屯泊候卿出軍在近輕騎一來庶不廢事卿憂國康時謀深慮遠必有投機不可淹緩之策可親書密封急置來上朕所虛佇也

時河南盡陷復詔趣王與諸大帥進兵賜　御札

令乘機措置招納

金人過河侵犯東京復來占據已割舊疆卿素蘊忠義想

深情激切對境事宜可以乘機取勝結約招納等事可悉從便措置若事體稍重合稟議者即具奏來付卿親札想宜體悉

劉錡據順昌以抗虜王奉詔即遣張憲姚政赴敵未至復賜 御札命應援閔陝河北以圖京師

金人背約兀朮見據東京劉錡在順昌雖屢有捷奏然孤軍不易支梧已委卿發騎兵策應計已遣行續報撤離喝犯同州郭浩會合諸路拒其奔衝卿之一軍與兩處形勢相接況卿忠義謀略志慕古人若出銳師邀擊其中左可圖復京師右謀援閔陝外與河北相應此乃中興大計卿

必已有所處唯是機會不可不乘付此親札想宜體悉

王既遣張憲姚政至順昌光蔡援劉錡具以奏聞

未至六月札趣兵一

劉錡在順昌府捍禦金人雖屢殺獲其賊勢源源未已卿依已降詔旨多差精鋭人馬火急前去救援無致賊勢猖狂少落姦便不得頃刻住滯

王之奏未至復賜　御札趣遣兵

已降指揮委卿遣發軍馬往光蔡以來策應劉錡以分賊勢緣錡首與虜人相角稍有挫衄即於國體士氣所係非輕卿當體國悉力措置無致少失機會付卿親札想宜體

悉

王遣張憲姚政之奏既至因復請詣在所面陳機

宻御札不許力戰

覽卿奏已差發張憲姚政軍馬至順昌光蔡深中機會卿

乞赴行在所奏事甚欲與卿相見緣張浚親率大兵在淮

上已降指揮委卿統兵併力破□卿可疾速起發乘此盛

夏我兵得利之時擇利進取俟到光蔡措置有緒輕騎前

來奏事副朕□佇也付此親札想宜體悉

詔以王屢請覲慮妨乘機驛遣李若虛詣軍前議

尋賜　御札令王審處機宜且諭以委任之意

金人毋犯東京賊方在境難以召卿遠來面議今遣李若
虛前去就卿商量凡今日可以乘機禦敵之事卿可一一
籌畫措置先入急遞奏來據事勢莫須重兵持守輕兵擇
利其施設之方則委任卿朕不可以遙度也盛夏我兵所
宜至秋則彼必猖獗機會之間尤宜審處遣親札指不多
及
朝廷以順昌爲憂復賜 御札趣已遣之兵仍令
濟師
累降詔旨令發精銳人馬應援劉錡今順昌與賊相對日
屢殺獲恐人力疲困不便卿可促其已發軍馬或更

益其數皇夜前去協助劉錡不可少緩有失機會卿體朕
此意仍具起發到彼月日奏來
初王召對罷請資善堂見　孝宗皇帝英明雄偉
退而歎曰中興基本其在是乎時儲極虛位天下
寒心權臣娼忌人言在廷莫敢倡議王獨念聖眷
優渥不敢愛身思欲盡言以報至是虜再叛盟王
灑泣厲衆即日北討將行數請面陳冀以感動上
聽會詔趣進兵不許乃密爲親書奏上之大略以
爲今欲拔復必先正國本以安人心然後不常厥
居以示不[illegible]讎之志奏至上哀感悟賜　御札

褒嘉會劉錡戰退三路都統龍虎等軍因諭王以

擣虛斷後之策

覽卿親書深用嘉歎非忱誠忠讜則言不及此卿識慮精深爲一時智謀之將非他人比茲者河南復陷日夕愴然比遣兵渡淮正欲密備變故果致侵擾劉錡戰退三路都統龍虎等軍以捷來上顧小敵之堅深軫北顧之念卿可附近乘此機會見可而進或掎角擣虛斷後取援攻守之策不可稽留兵難遙度卿可從宜措置務在取勝用稱望已進卿秩并有處分想已達矣建不世之勳垂名竹帛得志之秋宜決策於此他處未曾諭旨今首以詔卿厳自

朕意想宜體悉

王得順昌府陳規所申復親提兵進援奏至賜

御札褒嘉仍諭進取

覽卿六月二十二日奏得順昌府陳規所申見親提兵前去措置恐他時愈見費力已令張俊措置亳州韓世忠措置宿州淮陽軍卿可乘機進取陳蔡就六月終一切了畢候措置就緒卿可輕騎一來相見也

劉錡既又戰退兀朮等軍復賜　御札趣先進兵乘機決勝

劉錡在順昌屢捷兀朮親統精騎到城下官軍鏖擊以長

遣去今張俊提大軍在淮西韓世忠輕騎取宿卿可依累
降處分馳騎兵兼程至光蔡陳許間須七月以前乘機決
勝冀有大功爲國家長利若稍後時弓勁馬肥非我軍之
便卿天資忠智志慕古人不在多訓

提兵至蔡州賜　御札撫勞仍諭聖意

覽卿奏提兵已至蔡州暑行勞勤益見忠誠許國嘉歎無
已朕意初欲擒取孽酋庶幾醜類自潰兩國生民有息肩
之期然賊情敵勢必已在卿目中遲速進退卿當審處所
宜

閏六月張憲復潁昌府王親帥大軍去蔡而北賜

御札嘉奬仍諭以委寄之意

覽卿奏克復潁昌已離蔡州向北措置大帥身先士卒忠誼許國深所嘉歎然須過為計慮賊虜懷毒恐至高秋馬肥不測豕突當使許蔡遺民前期保聚大軍進退之宜輕重緩急盡以委卿朕不從中御也

舉兵過蔡所嚮破竹軍聲大振又遣楊成復鄭州張憲復陳州捷聞賜　御札奬諭且遣中使宣勞仍諭聖訓

覽卿奏知已遣兵下鄭州自許陳蔡一帶形勢皆為我有又大軍去賊寨止百餘里想卿忠義許國之心必期殄

我等嘉歎無已然賊計素挾狙詐雖其姦謀不能出卿所
料吏在明斥候謹間諜乘機擇利必保萬全兵事難以遙
度遲速進退朕皆付之卿也已差中使勞卿一軍未到間
卿有所欲前期奏來入覲無早晚但軍事可以委之僚屬
即便就途遣此親札想宜體悉

王因奏捷歸功諸將會遣中使詔賜王貴等袍帶
各一以褒其功賜 御札命王給付
朕嘗聞卿奏稱王貴張憲徐慶數立戰效深可倚辦方今
正賴將佐竭力奮死助卿報國以濟事功理宜先有以旌
賞之其王貴等各賜撚金線戰袍一領金束帶一條至可

給付也

王進兵鄆城賜　御札撫問仍令措置屯守蔡潁

得卿奏提兵在道暑行勞勩朕念之不忘狂虜尚在近境

今已入秋須當嚴備以防豕突蔡潁舊隸京西今專付卿

措置當留分兵將屯守防扞并講絕其糧道使虜有腹背之

顧在卿方畧隨宜處畫朕久欲與卿相見單車輕騎一來

爲佳餘候面議遣此親札想宜體悉

兀朮與僞龍虎大王等會于東京議以爲諸帥皆

易與獨王孤軍深入且有河北忠義響應之援其

鋒不可當欲誘致其師併力一戰於是朝廷遣謀

聞之以王軍爲處亟賜　御札令俟隙並舉
近據諸處探報及降虜面奏皆云兀朮與龍虎議定分[illegible]
致王師相近汴都併力一戰卿切須占穩自固同爲進止
虜或時遣輕騎來相誘引但挫其鋒勿貪小利墮其詭計
俟有可乘之際約定期日合力並舉以保萬全
秋七月師在潁昌王以輕兵屯于郾城張憲韓清
復西京趙俊復趙州孟邦傑復南城軍梁興董榮
復絳州垣曲縣遂復王屋李寶孫彦戰于曹州于
宛亭縣于渤海廟皆大捷中原震響兀朮併兵于
東京復以僞龍虎蓋天大王及昭武大將軍韓常

之兵寇郾城王帥戲下迎擊大破之兀朮復收兵
求戰又大敗殺其大酋阿里朶孛堇賜御札嘉獎
覽卿七月五日及八日兩奏聞虜併兵東京及　酋率衆
侵犯已獲勝捷卿以忠義之氣獨當强敵志在殄滅　衆
朕心深所傾屬已遣楊沂中悉軍起發自宿至亳前去牽制
聞劉錡亦進至項城卿當審料事機擇利進退全軍爲上
不妨圖、又不墮彼姦計也遣此親札諒深體悉
郾城屢勝兀朮斂兵退却捷繼至復賜　御札襃
諭中法前功
覽卿奏八日之戰虜以精騎衝堅自謂奇計卿遣背嵬游

奕迎破賊鋒戕其酋領實為偉功然大敵在近卿以一軍
獨與決戰忠義所奮神明助之再三嘉歎不忘于懷比已
遣楊沂中全軍自宿泗前去韓世忠亦出兵東向卿料敵
素無遺策進退緩急之間可隨機審處仍與劉錡相約同
之屢已喻卿不從中御軍前凡有所須一一奏來七月廿
二日
兀朮兵十二萬退屯臨潁小校楊再興以三百騎
至小商橋與虜遇大破其師兀朮憤其敗遂攻潁
昌王命子雲以背嵬援王貴戰于潁昌城西虜衆
大敗殺兀朮之子壻統軍上將軍夏金吾等凡六

人俘馘萬計得其雪護闌馬及金印七鈕以獻兀
朮僅以身免副統軍黏汗重創輿至東京而死中
原大震王乘勝進兵朱僊鎮兀朮收潰兵對壘而
陳王亟奏乞乘機破滅渠魁以復故壤賜　御札
報諭仍寓嘉歎之意
覽卿奏兀朮見聚兵對壘卿欲乘時破滅渠魁備見忠義
之氣通于神明卻敵興邦唯卿是賴已令張浚自淮西韓
世忠自京東擇利並進若虜勢窮蹙便當乘機殄滅如姦
謀詭計尚有包藏諒卿亦已熟料有以應之楊珪自虜中
逃歸有所見聞宜令錄本付卿亦欲一知也遣此親札想

宜體悉
偽昭武大將軍韓常既失夏金吾畏罪不敢還以
兵五萬屯長葛密遣使願以其衆降王遣賈興報
許之兀朮復聚兵十萬拒王于朱僊鎮王按兵不
動第遣將以背嵬五百奮擊大破之兀朮奔東京
時大軍去京纔四十五里方議受降且進取兩河
響應指期成功秦檜主和議懼得罪于虜亟請班
師王抗疏以爲虜人巢穴盡聚東京屢戰屢奔銳
氣沮喪得間探報兀朮已盡棄輜重疾走渡河況
今豪傑向風士卒用命天時人事強弱已見時不

再來機難輕失臣日夜料之熟矣惟 陛下圖之
奏至宸衷感悟令少駐近便得地利處報諸帥同
進止
得卿十八日奏言措置班師機會誠爲可惜卿忠義許國
言詞激切朕心不忘卿且少駐近便得地利處報楊沂中
劉錡同共相度如有機會可乘約期並進如無且止以觀
敵釁亦須聲援相及楊沂中已於今月二十五日起發卿
可照知遣此親札想宜體悉
前詔未至諸大帥各已退師秦檜復請休兵觀釁
亟趣王退一日奉庚牌十有二王奉詔還自朱

僫鎮將朝宁在所會韓世忠已往淮陽楊沂中往徐
州朝廷慮虜會襲其後復賜御札令駐營京西牽制
比聞卿已趣裝入覲甚慰朕虛佇欲咨究之意但以卿昨在
京西與虜接戰遂遣諸軍掎角並進今韓世忠在淮陽城
下楊沂中已往徐州卿當且留京西伺 意向爲牽制之
勢俟諸處同爲進止大計無慮然後相見未晚也遣此親
札諭深體悉

紹興十一年

春正月諜報韓常將入寇王聞警即上疏乞會諸
帥兵破敵願以身爲先驅既遣奏整兵以竢命未

至十五日乙卯兀术韓常與僞龍虎大王先驅渡
淮二十五日乙丑駐廬州界報至賜　御札令王
以兵至江州
據探報虜人自壽春府遣兵渡淮已在廬州界上張俊劉
錡等見合力措置掩殺卿可星夜前來江州乘機照應出
其前後使　腹背受敵不能枝梧投機之會正在今日以
卿忠勇志吞此賊當即就道付此親札卿宜體悉
二月四日癸酉王在鄂未奉前詔念虜既舉國入
寇巢穴必虛若長驅京洛虜必奔命可以坐制其
弊即遣參謀官李若虛詣行在是日王抗疏曰今虜

淮西且若擣虛勢必得利萬一以爲寇方在近未
暇遠圖即乞且親至蘄黃相度以議攻却且虜知
荆鄂宿師必自九江進援今若出此貴得不拘使
敵罔測未至賜　御札趣出兵
比以金　侵犯淮西已在廬州張俊楊沂中劉錡見併力
與　相拒已親札喻卿乘此機會提兵合擊必成大功副
卿素志卿可星夜倍道來江州或從蘄黃繞出其後腹背
擊　機會在此朝夕須報再遣親札想宜體悉
前詔未至虜已迫和州七日丙子復賜　御札趣
出兵

虜犯淮西與張俊和州相拒已遣親札趣卿倍道前來合
力擊　早夜以俟卿忠智冠世今日之舉社稷所繫貴在
神速少緩恐失機會也再遣手札卿當深悉
九日戊寅王始奉出兵江州之詔下令以十一日
庚辰就道且以奏聞未至十日己卯詔遣中使張
去爲至王軍賜　御札趣出兵
虜寇聚于淮西張俊楊沂中劉錡已於和州巢縣下寨與
相拒韓世忠出兵濠上卿宜倍道兼乘機會前所發親
札卿得之必已就道今遣張去爲往喻朕意卿更須兼程
無詒後時之悔諒卿忠智出於天性不俟多訓也

王時以寒嗽在告虔盡力疾發鄂渚會所之人皆
帥兵破敵之奏始至賜 御札褒嘉
昨見卿奏欲合兵諸帥共破敵備見忠誼許國之意嘉歎不
已虜犯淮西張俊楊沂中劉錡已併力與 相拒卿若
乘此機會亟提兵會合必成大功以朕所見若卿兵自蘄
黃繞出其後腹背擊賊似爲良策卿更審度兵貴神速不
可失機會也再遣親札想宜體悉
朝廷得歸正人所報十五日甲申復賜 御札趣
出兵
比屢遣手札并面諭屬官仍遣中使趣卿提兵前來共破

虜賊諒卿忠憤許國之心必嘗力踐所言以攄素志今據歸正人備說金　桀黠頭首皆在淮西朕度破敵成功非卿不可若一舉奏功庶朕去年有密之詔不爲虛言况朕素以社稷之計倚重於卿今機會在此曉夕以俟出師之報再遣此札卿宜體悉

王始得奏前詔男乃益疾馳以行十七日丙戌王癸酉之奏始至朝廷亦欲亟過虜師賜　御札報諭令姑緩京洛之策

屢發手詔[illegible]爲繼往[illegible]旨朝夕需卿出[illegible]之[illegible]報攬二月[illegible]卿志然事有輕重今江浙[illegible]

馬迫在淮西勢所當先兼韓世忠張俊楊沂中劉錡
已與賊對壘卿須親提勁兵星夜前來蘄黃徑趨壽春出
其賊後合力勦除凶渠則天下定矣想卿聞此即便就道
再遣親札宜深體悉
是日既詔令綏京洛之策而王乞出蘄黃之奏始
至復賜　御札嘉奬
得卿奏欲躬親前去蘄黃相度形勢利害貴得不拘於
九江以卿天資忠義乃心王室諒惟蚤夜籌畫必思有以
濟國家之急若得卿出蘄黃徑擣壽春與韓世忠張俊相
應大事何患不濟中興基業在此一舉覽奏不勝嘉歎再

遣親札卿宜體悉

十九日戊子王出師之奏始至賜　御札嘉歎且

申述王初奏會兵破敵之意

得卿九日奏已擇定十一日起發往斷黃蘄州界聞卿見苦寒嗽乃能勉為朕行國爾忘身誰如卿者覽奏再三嘉歎無斁以卿素志殄虜常苦諸軍難合今兀朮與諸頭領盡在廬州接連南侵張俊楊沂中劉錡等共力攻破其營退却百里之外韓世忠已至濠上出銳師要其歸路劉光世悉其兵力委李顯忠吳錫張琦等奪回老小孳畜若得卿出自舒州與韓世忠張俊等相應可望如卿素志惟貴

神速恐彼已為遁計一失機會徒有後時之悔江西漕臣
至江州與上良存應副錢糧已如所請委趙伯牛以伯牛
舊嘗守官湖外與卿一軍相諳委也春深寒暄不常卿宜
慎疾以濟國事付此親札卿須體悉

王出師蘄黃親以背嵬先驅疾馳入廬州兀朮懲
潁昌之敗聞軍至舉營宵遁韓常亦以長葛乞降
之舊先退兵渡淮三月一日庚子報至賜　御札

諭王令平蕩壽春

聞虜人已過壽春卿可與張俊會合率楊沂中劉錡並往
剋復得之則盡行平蕩使賊不得停迹以除後患則卿此

來不爲徒行也有所措置開具奏來

朝廷得韓世忠奏復賜　御札趣王會合平蕩

韓世忠奏已親提兵自濠往壽春府卿可約與相見從長措置虜人若未全退或已退復來接戰即當乘其既敗痛與勦戮使知懲畏若已退不復來即壽春順昌皆可平蕩靜盡絕其後來之害以卿體國之意必協心共濟不致二三也遣此親札諒宜深悉

王軍在廬州兀朮韓常已遁得張俊報虜已渡淮盡絕乃還軍舒州具以奏聞且候進止會兀朮聞

王退師用酈瓊計復窺濠州王聞警以四日癸卯

夜發舒州進援朝廷得臺諫奏十一日庚戌賜
御札趣出兵
兀术再窺濠州韓世忠張俊楊沂中劉錡皆已提軍到淮
上以卿忠智許國聞之必即日引道切須徑赴廬州審度
事勢以圖壽春廬通水運而諸路漕臣皆萃于彼卿軍至
糧草不乏又因以屏蔽江上軍國兩濟計無出此已下諸
漕爲卿一軍辦糧草不管闕乏付此親札卿須體悉
王已先詔出師援濠朝廷猶未知庚戌之夕王還
舒之奏始至乃賜 御札嘉奬王恭謹之節而趣
令夾擊以定大功

得卿奏知卿屬官自張俊處歸報虜已渡淮卿只在舒州聽候朝廷指揮此以見卿小心恭謹不敢專輒進退深為得體朕所嘉歎據報兀朮用酈瓊計復來窺伺濠州韓世忠已與張俊楊沂中會于濠上劉錡在廬州柘皋一帶屯軍卿可星夜提精兵裹糧起發前來廬州就糧直趨壽春與韓世忠等夾擊可望擒殺兀朮以定大功此一機會不可失也廬州通水運有諸路漕臣在彼運糧急遣親札卿切體悉

王自舒州疾馳以十二日辛亥至定遠縣兀朮先以八日丁未破濠州張俊以全軍駐于黃連鎮去

濠六十里不能救楊沂中趨濠城覆于虜王德救
之而免兀朮方據濠聞王將至復遁夜踰淮不能
軍時朝廷方得王發舒州之奏乃賜　御札嘉奬
且諭以適中機會之意
得卿奏卿聞命即往廬州遵陸勤勞轉餉艱阻卿不復顧
問必遄其行非一意許國誰肯如此據探報兀朮復窺濠
州韓世忠八日捷至城下張俊楊沂中劉錡先兩日盡
統所部前去會合更得卿一軍同力此[illegible]不足平也中興
勲業在此一舉卿之此行適中機會覽奏再三嘉歎不已
遣此奬諭卿宜悉之

王得張俊報韓世忠先以四日癸卯自招信泗州
還楚而俊亦以十四日癸丑還軍滁州王既獨以
孤軍駐定遠而虜已悉遁乃復還軍且具以奏聞
未至朝廷以未知世忠還楚十七日丙辰復賜
御札令王出濠壽牽制
累得卿奏往來虜寄閒想極勞勤一行將士日夜暴露之
苦道路登涉之勤朕心念之不忘比以韓世忠尚在濠州
與　相拒獨力恐難支梧累奏至急卿智略有餘可為朕
籌度擇利提師一出濠壽間牽制　勢以援世忠想卿忠
義體國必以宗社大計為念無分彼此劉錡一軍已專令

間道先行張俊楊沂中亦遣兵前去并欲卿知

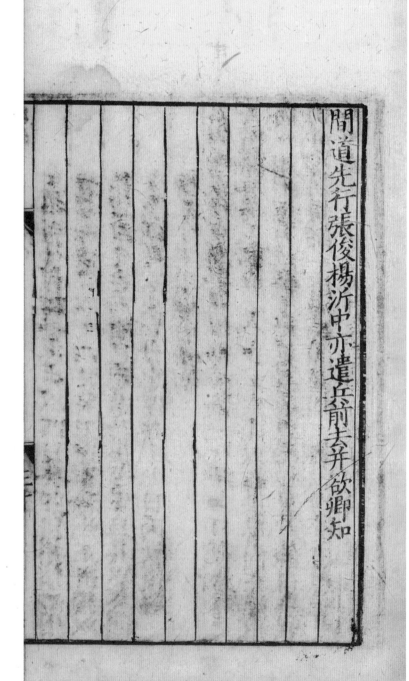

追封鄂王告中書舍人李大異行詞

勑人主無私予奪一歸萬世之公天下有眞是非不待百年而定睠言名將夙號藎臣雖勳業不究於生前而聲譽益彰於身後緬懷英槩申畀殷章故追復少保武勝定國軍節度使武昌郡開國公食邑六千一百户食實封二千四百户贈太師謚武穆岳某緼藎世之材負冠軍之勇方略如霍嫖姚志滅匈奴意氣如祖豫州誓清冀朔屢執訊

而旅酗亦含爵而策勳外愷威靈內殫謨畫屬時[illegible]將歸馬華山之陽而爾獨奮身欲撫劍伊吾之北遂致樊蠅之集寖成市虎之疑雖懷子儀貫日之忠曾無其福卒墮林甫偃月之計孰拯其冤逮國論之既明果邦誣之自辨 中興之主恩念不忘 重華之君追褒特厚肆朕沖之在御想風烈以如存是用須我恩綸襚之王爵裂熊渠之故壤超敬德之舊封邑特慰九原之心蓋以作六軍之氣於戲修車備械適當閒暇之時顯忠遂良罔間幽冥之際諒惟泉壤歆此寵光可特追封鄂王餘如故

王之子雲贈節度使告中書舍人俞烈行

勠絳侯左袒而為劉氏豈知書牘背之威李廣結髮而戰
匈奴不忍對刀筆之吏既邦誣之昭白豈功令之愆忘故
追復左武大夫忠州防禦使贈安遠軍承宣使岳某忠本
家傳才為世傑冥名父之算勝折醜虜之天驕馬革裹尸
忠肝可見蝟營集棘奇既遽輿早悲戰骨之劍飛霜豈料
戴盆而見白日慰忠魂於拱木新戎鉞於帥壇庶一節之
不磨亦九原之可起噫引劒呼痛世巳知杜郵之寃結草
酬恩爾尚思輔氏之報勿以重泉之永隔而忘許國之初
心可特贈武康軍節度使餘如故

王之將張憲贈承宣使同前人行

剗權邪扇虐久肆邦誣忠義不磨大明國是既沈寃之昭
白豈功令之愆忘故追封龍神衛四廂都指揮使閬州觀
察使張憲有志戰多素推拳勇首將元戎之虎旅志犂老
上之龍庭馬革裹尸忠肝可見蠅營集棘奇禍遽興早悲
戰骨之翎飛霜豈料戴盆而見白日洗忠寃於丹筆新制
鉞於笛臺廉一節之愈明亦九原之可起噫引劍呼痛世
已知杜郵之寃結草酬恩爾尚思輔氏之報勿以重泉之
求隅而忘許國之初心可特贈寧遠軍承宣使餘如故
太學陳請賜廟額封王爵及
父母妻子子婦將佐加封事

尚書省牒

太常寺狀准送下禮部狀朝奉大夫國子司業蕭玉牒所

檢討官何夢然等狀奏照對臣近據太學學錄學生臣楊

懋卿等列申懋卿等嘗讀蘇文忠公所撰昌黎伯韓文公

廟碑有曰其生也有自來其死也有所爲且謂不待生而

存不隨死而亡故在天爲星辰在地爲河嶽幽則爲鬼神

明則復爲人於是益信夫一點忠義英靈之氣景景千古

不可磨滅也懋卿等伏見太學土地靈通廟神正顯昭德

文忠英濟侯正直聰明應感如響其賜額之勑則有會要

息關潛弭火警之褒其初命之告則有周物弘多嚴靈炳

著之譽其再命之詞則有視學禮成言協夢卜之驗然是
特言其死有所爲而未言其生有自來也逮夫三命温綸
則顯述中興名將英靈未泯肸蠁昔著蓋其故居且謂忠
臣衛社稷生死以之則指神爲忠武岳王明矣況 國史
載紹興三十二年以岳飛宅爲太學正合前所謂故居之
說不可誣也侯封八字其號已極改畀王爵於礼爲宜兼
寶祐五年 明堂赦文應神祠曾經禱祈靈應有功於民
合該封爵去處令所屬保明聞奏放行况忠武昔已正王
爵今豈容更下一等乎 國家祀典之神父母妻子子婦
佐神皆有封號今來廟神父和贈太師隋國公母姚氏贈

周國夫人妻李氏贈秦國夫人子五人雲贈安遠軍承宣
使雷贈武畧郎霖贈太中大夫震贈朝奉大夫霆贈修武
郎子婦五人[redacted]氏[redacted]氏[redacted]氏[redacted]氏[redacted]氏部將六人張憲徐
慶黃先牛臯李寶王貴皆未該封實為闕典比來祈禱禬
禳靈驗愈著非特相多士昌斯文抑且安寧京邑其有功
於 國家豈淺鮮哉懋卿等濫叨廡負義不容默肅敢合
辭申請欲望保明敷奏改賜廟額特與超封王爵及封神
父母妻及五子及五婦及佐神六人非惟忠烈之神陰拜
褒嘉之寵而諸生拜賜惟均臣等竊惟褒功者崇報之常
典表忠者激勸之大端其有生為忠臣沒為明神而廟食

於風化之地者尤 國家之所宜尊顯者也臣等伏見太
學土地靈通廟神正顯昭德文忠英濟侯乃 中興社稷
之臣忠武岳王飛也恭覩 國史紹興三十二年以岳飛
宅為太學及拜觀淳祐六年加封之誥有曰中興名將英
靈未泯則神之為忠武王飛明矣天下土地之祠不知其
幾而太學土地則忠武王飛為之非偶然者惟忠武王飛
明君臣之義辨華夷之分誓滅醜虜恢復中原校之中興
諸將但有戰功而不知復讎之義遠矣雖賊檜欺天王以
忠死而志在君父力扶名義之功與 宋無極每讀 孝
宗皇帝褒揚之詔為之流涕今太學諸生率循禮義斯文

日昌固出　聖明作人之造而陰相默佑神與有功焉若
禱祈應感靈迹顯著尤可殫述夫功大者報隆生榮者死
伸其於褒典合異常祠況忠武王飛已正王爵家廟悉正
王禮若於太學廟祀下稱公侯似為未便兼慶未授首正
激昂忠義之秋前廊學生楊懋卿等積其陳請所合敷奏
欲乞　聖慈念飛生死有功於國改賜廟額特與超封王
爵神父和母姚氏妻李氏子雲雷霖震霆子婦[redacted]氏[redacted]氏
[redacted]氏[redacted]氏[redacted]氏部將張憲徐慶黃先牛皋李寶王貴等亦
乞普賜封號以章忠顯孝之懿人神理一其於激勸實非
小補臣等不勝昧死皇懼俟命之至取進止謹録奏聞伏

侯　勑旨云云太常寺照得國子監奏内稱太學土地正顯昭德文忠英濟侯廼是岳忠武王今來陳乞改賜土地廟額超封王爵切詳奏内聲説封爲岳忠武王一門父母妻子將佐等陳乞加封號呈奉省劄照得今之太學乃岳鄂王故宅生之所居没而魂魄猶應在焉爲祀爲土地之神諡曰不宜忠武岳鄂王大節孤忠爲中興冠冕方今土宜崇異近緣鄂州土神亦係岳鄂王已奉　指揮超封昭烈二字王今來國子監奏欲以本學土地改賜廟額超封王爵及父母妻子子婦將佐等賜以爵號欲依鄂州土神一體施行本寺未敢專擅合取　朝廷指揮今欲勘當伏乞

省部備申　朝廷取旨　指揮施行申部奉書判備申本
寺所據太常寺勘當申到事理備錄在前上件事理伏乞
朝廷指揮施行伏候　指揮云云今準　鈞判送下禮部
中國子監奏乞爲太學土地靈通廟神改賜廟額超封王
爵事送寺擬申本寺照得太學土地見係靈通廟正顯昭
德文忠英濟侯今國子監奏稱今太學土地爲岳鄂王之
故宅乞超封王爵於陳乞間忽遇鄂州諸神顯績並加封
號内一項土神岳鄂王已擬封昭烈王具申　朝廷遂奉
寺官書判欲照鄂州土神一體稱呼今準　鈞判送寺擬
封申呈奉寺官書判太學岳鄂王之故宅也因以祀爲土

神　朝廷累嘗封至八字侯近因武昌之捷陰有相焉封爲昭烈王太學遂亦有超封王爵之請同一鄂王豈宜兩謚但昭烈二字施之武昌之廟則可施之孔堂之側之廟則不可神生爲忠臣豐功偉烈焜燿今古今血食上庠英靈默佑於斯文有關焉謚以忠文疇曰不宜況文忠二字昔以之封侯恐與先聖相似故先忠後文示有別也其神父母妻子婦并部將前此未有封謚今準　指揮檢照條法各合封二字侯夫人併擬于后乞從建炎三年正月空白已降　指揮并淳熙十四年六月十九日已降

指揮各合擬封下項

一土地見係靈通廟爲額乞改賜廟額今欲擬忠顯廟爲
額合行降勑
一太學土地正顯昭德文忠英濟侯乞超封王爵合擬二
字王今欲擬忠文王
一神父合擬封二字侯今欲擬顯慶侯
一神母姚氏合擬封二字夫人今欲擬淑美夫人
一神妻李氏合擬封二字夫人今欲擬德正夫人
一神長子合擬封二字侯今欲擬繼忠侯
一神次子合擬封二字侯今欲擬紹忠侯
一神三子合擬封二字侯今欲擬續忠侯

一神四子合擬封二字侯今欲擬緝忠侯
一神五子合擬封二字侯今欲擬纘忠侯
一神長子婦合擬封二字夫人今欲擬相德夫人
一神次子婦合擬封二字夫人今欲擬介德夫人
一神三子婦合擬封二字夫人今欲擬助德夫人
一神四子婦合擬封二字夫人今欲擬翊德夫人
一神五子婦合擬封二字夫人今欲擬贊德夫人
一佐神張憲合擬封二字侯今欲擬烈文侯
一佐神徐慶合擬封二字侯今欲擬昌文侯
一佐神董先合擬封二字侯今欲擬煥文侯

一佐神牛臯合擬封二字侯今欲擬顯文侯
一佐神李寶合擬封二字侯今欲擬崇文侯
一佐神王貴合擬封二字侯今欲擬尚文侯
已上各合命詞給告伏乞
朝廷取
旨加封施行伏候
指揮

録白忠文王告詞

勑學以明人倫忠於君者百行之本武必有文備没爲
神者千歳之英緬懷中興名將之居陰相首善京師之

地中以顯號揚其烈光太學士地忠顯廟神正顯昭德
忠英濟侯氣塞天地之間身爲社稷之衛有功不伐卓然
禮樂謀帥之風之死靡他凜若春秋復讎之義此維與宅
以赫厥靈遡其生之自來攬爾士之悅顧冠帶不左衽者
緊誰之力千秋在東序則遐想其人風化所關肸蠁如在
僅跡侯爵未正王封况鄂國已極於隆名宜廟食增賞於
命祀英烈言言可畏而仰以迄于今辟雍湯湯永觀厥成
有相之道尚福茲士式勸爲臣可特封忠文王

奉　勑如右牒到奉行

景定二年二月　日

錄白王父告祠

勑　忠顯廟神父學者所以學爲忠與孝也　中興建學

實爲忠臣之故廬朕既從六館士之請錫王爵以顯厥靈

爾教忠有訓慶流祚胤生爲人英没爲明神則尸而祝之

宜也封侯廟食匪唯尉烈士之志于九京庶幾聞風可以

厲俗尚其永享丕佑斯文可特封顯慶侯

奉　勑如右牒到奉行

景定二年二月　日

錄白王子告祠

忠顯廟神　長子可特封繼忠侯　次子可特封紹忠侯

叄子可特封續忠侯　肆子可特封緝忠侯　伍子可特
封纘忠侯　勑忠顯廟神長子　非忠無君非孝無親在
三之義嚴矣厥有忠孝萃於一門凜然獨存迺若生氣則
廟祀于明倫之地亦以示勸爾紹聞家庭之訓志復君父
之讎夷險艱荒易干戈爲俎豆伊誰之功矯矯五龍嘗與
師焉爵之徽侯表爾世德春秋從享尚克昌斯文可依前
件奉
勑如右牒到奉行
景定二年二月　日
錄白佑神告祠
忠顯廟佑神　張憲可特封列文侯　徐慶可特封昌文

侯　董先可特封煥文侯　牛皐可特封顯文侯　李寶
可特封崇文侯　王貴可特封尚文侯　勑忠顯廟佐神
張憲等文武之道二而貫之以一曰忠而已其有忠於所
事死生以之此有國者所務白也爾爲偏將實佐戎旃視
姦鈇逆鼎而如飴凛義烈英風之未泯觀其所主可使懦
夫立匪唯有功於干城亦有助於名教封侯廟食維以勸
忠可依前件
奉
勑如右牒到奉行
景定二年十二月　日

忠文王紀事實録卷之二

行實編年一

崇寧二年

宣和四年

宣和六年

靖康元年

靖康二年是年改元

建炎二年

建炎三年

本貫相州湯陰縣永和鄉孝悌里

曾祖成故贈太師魏國公

妣楊氏故贈慶國夫人

祖立故贈太師唐國公

妣許氏故贈越國夫人

父和故贈太師隋國公

妣姚氏故封魏國夫人贈周國夫人

崇寧二年癸未歲

王初歲遺事

二月十五日王生名飛字鵬舉按鄧名世古今姓氏書辨

證及姓源考[illegible]曰唐堯時有佐四岳者佐堯理天下因官

以命氏實爲姓所自始其後支冑扶踈凡數千載其譜湮
不耀望雖出山陽郡王實家于湯陰亦莫知其所以徙自
王父而上皆以力田爲業及王父時有瘠田數百畝僅足
麤食河北屢歉饑者多王父常日以脫粟數升雜蔬爲糜
與家人旦暮食取半飽盡以其餘呼道路之饑者共而飼
之家人有不堪者王父謂之曰彼饑者亦人也而能一二
日不食吾與若日再食而猶欲求飽耶吾欲裁吾之僅有
濟人之絕無耳人有侵其地者割而予之無爭意有貸其
財而弗償者折券棄之無愠色雖甚窶乏未嘗悔鄉人重
敬之王父方在孕有老父過門聞姚氏之聲曰所生男也他

日當以功名顯且位至公孤父因忽不見及生王之夕有大禽若鵠自東南來飛鳴于寢室之上王父異之因名焉未彌月黄河决内黄西水暴至姚氏倉皇㩦抱坐巨甕中衝濤而下乗流滅没俄及岸得免王少負氣節沉厚寡言性剛直意所欲言不避禍福資敏悟强記書傳無所不讀尤好左氏春秋及孫吴兵法或達旦不寐家貧不常得燭晝拾枯薪以自給然於書不泥章句一見得要領輒棄之爲言語文字初不經意人取而誦之則辨是非析義理若精思而得者生而有神力未冠能引弓三百斤腰弩八石嘗學射于鄉豪周同一日同集衆射自衒其能連中的者

三矢指以示王曰如此一而後可以言射矣王謝曰請試之引弓一發破其笴再發又中同大驚遂以其所發弓二贈王後王益自練習能左右射隨發輒中又爲將亦以教士卒由是軍中皆善左右射屢以是破賊鋒同與王別未幾而死王往弔其墓悲慟不已每朔望則鬻一衣設卮酒鼎肉于同冢上奠之而泣引所遺弓發三矢又泣然後酹酒瘞肉于冢之側徘徊悽愴移時乃還衣就盡王父覺而索之默不言撻之亦不怨後伺其出而竊從往視之盡見其所爲乃問之曰爾所從射者多矣獨奠泣于周同墓何也曰某向者學射於周君而特與某厚不數日盡其道以歸

念其死無以報聊於朔望致禮耳又問其故曰射三矢者識是藝之所由精也酹酒瘞肉者周君所享某不忍食也王父始甚義之撫其背曰使汝異日得爲時用其徇國死義之目乎王應之曰惟大人許其以遺體報國家何事不敢爲王父乃歎曰有子如此吾無憂矣

宣和四年壬寅歲年二十

初從軍　擒陶俊賈進　王父卒

眞定府路宣撫劉韐募敢戰士備胡王首應募韐一見大奇之使爲小隊長相州劇賊陶俊賈進攻剽縣鎮殺署吏民官軍屢戰失利王請以百騎滅之韐與步騎二百王領

遣三十人易衣爲商入賊境賊掠之以歸置于部曲爲
夜伏百人於山下自領數十騎逼賊壘易其兵以出戰伏
箕踞坐馬上嫚罵交鋒王佯北賊乘勝追逐伏兵起壘所
遣三十人自賊中擒俊進於馬上賊衆亂莫知所爲遂[illegible]
獲其衆餘黨盡散知相州王靖奏其功補承信郎命未下
得王父計跣奔還湯陰執喪盡禮毀瘠若不勝會朝廷罷
敢戰士前命竟不下王亦棄不復問
宣和六年　甲辰歲　年二十二
殺張超　從平定軍
春三月賊首張超率衆數百圍魏王韓琦故墅王適在墅

告羅怒曰賊敢犯吾保耶起而視之超方恃勇直前王乘
垣引弓一發貫吭而踣賊衆奔潰壁賴以全是歲投平定
軍爲效用士稍擢爲偏校
靖康元年 丙午歲 年二十四
揄次胡虜 干大元帥府 招吉倩 補承信郎
戰侍御林 轉寄理保義郎 戰滑州河上
轉秉義郎 隸宗澤
夏六月路分季團練知其勇以百餘騎檄往慶陽揄次跢
胡賊謂之硬探猝遇虜衆騎士畏卻王單騎突虜陣
斬四級其騎將數人虜衆披靡不敢逼至夜以[illegible]

其營遇擊刁斗者謬爲胡語荅之遂周行營柵盡得其要領以歸補進義副尉會夜渡亡其告身王又棄不復問閒行歸相州冬　高宗皇帝以天下兵馬大元帥開府河朔至相州王因劉浩得見命招羣賊吉倩等與以百騎王受命出曰薄莫頓所部宿食自領四騎徑入賊營羣賊駭愕王呼倩等慰諭之曰胡虜犯順汝曹不輔義以立功名反於草閒苟活今我以大元帥命招納汝曹此轉禍爲福之秋也倩等素知王名且感其至誠置酒延之王亦豪飲不疑酒酣倩謂王曰倩等既搔動州縣今既受招恐未免誅戮王開諭再三衆已聽命忽一賊起搏王王批其頰應手

仆地拔劍向之倩等羅拜請免相率解甲受降凡三百八十人由是受知於大元帥補承信郎分鐵騎三百使王往李園渡嘗虜軍戰于侍御林敗之殺其梟將轉成忠郎以王曾祖諱寄理保義郎未幾以檄從劉浩解東京圍與虜相持於滑州南王乘浩馬從百騎習兵河上河凍冰合虜忽至王麾其下曰虜雖衆未知吾虛實及其未定擊之可以得志乃獨馳迎敵有梟將舞刀而前王以刀承之刃入寸餘復拔刀擊之斬其首屍仆冰上騎兵乘之虜衆大敗斬首數千級得馬數百匹以功遷秉義郎　大元帥次北京以王軍隸留守宗澤

靖康二年是年改元建炎丁未　年二十五

戰開德　轉修武郎　戰曹州　轉武翼郎

宗澤授陳畫　從大元帥移南京　上書奪官

詣張所　借修武郎閤門祗候中軍統領　論兩

河燕雲利害　借武經郎　從王彥　戰新鄉

敗王索　戰侯兆川　戰太行山　擒拓跋耶烏

殺黑風大王　歸宗澤　充留守司統制

春正月戰于開德以兩矢殪金人執旗者二人縱騎突擊敗之奪甲馬弓刀以獻轉修武郎二月戰于曹州王被髮揮四刃鐵簡直犯虜陣士皆賈勇無不一當百大破之追

奔數十里轉武翼郎澤大奇王謂之曰爾勇智材藝雖古良將不能過然野戰非古灋今爲偏裨尚可他日爲大將此非萬全計也因授以陳圖王一見即置之後復以問王王曰留守所賜陳圖某熟觀之乃定局耳古今異宜夷險異地豈可按一定之圖兵家之要在於出奇不可測識始能取勝若平原曠野猝與虜遇何暇整陳哉況某今日以裨將聽命麾下掌兵不多使陳一定虜人得窺虛實鐵騎四蹂無遺類矣澤曰如爾所言陳灋不足用耶王曰陳而後戰兵之常灋然勢有不可拘者且運用之妙存於一心留守第思之澤嘿然良久曰爾言是也大元帥移南京復

令王以所部從五月　大元帥卽　皇帝位改元建炎王
上書數千言大槩謂陛下已登大寶黎元有歸社稷有主
已足以伐虜人之謀而勤王御營之師日集兵勢漸盛彼
方謂吾素弱未必能敵正宜乘其怠而擊之而黃潛善汪
伯彥之輩不能承陛下之意恢復故疆迎還　二聖奉車
駕日益南又令長安維揚襄陽准備巡幸有苟安之漸無
遠大之畧恐不足以係中原之望雖使將帥之臣戮力于
外終亡成功今日之計莫若請車駕還京罷三州巡幸之
詔乘　二聖蒙塵未久虜穴未固之際親帥六軍迤邐北
渡則天威所臨將帥一心士卒作氣中原之地指期可復

書奏大忤用事之臣以爲小臣越職非所宜言奪官歸田
里秋八月請河北招撫使張所所一見待以國士借補修
武郎閤門祗候差充中軍統領所嘗從容問之曰聞汝從
宗留守勇冠軍汝自料能敵人幾何王曰勇不足恃也用
兵在先定謀謀者勝負之機也故爲將之道不患其無勇
而患其無謀今之用兵者皆曰吾力足以冠三軍然未戰
無一定之畫已戰無可成之功是以上兵伐謀次兵伐交
欒枝曳柴以敗荆莫敖採樵以致絞皆用此也所實儒者
聞王語矍然起曰公殆非行伍中人也因命王坐促膝與
論時事王慷慨流涕曰今日之事惟有滅賊虜迎二聖

復舊疆以報　君父耳所曰　主上以我招撫河北我惟職是思而莫得其要公嘗計之否王曰昔人有言河北視天下猶珠璣天下視河北猶四體言人之一身珠璣可無而四肢不可暫失也本朝之都汴非有秦関百二之險也平川曠野長河千里首尾縣亘不相應援獨恃河北以爲固苟以精甲徤馬凴據要衝深溝高壘峙列重鎮使敵入吾境一城之後復困一城一城受圍諸城或撓或救卒不可犯如此則虜人不敢窺河南而京師根本之地固矣大率河南之有河北猶燕雲之有金坡諸関河北不歸則河南未可守諸関不獲則燕雲未可有間嘗思及章聖撫取

燕雲事每發一笑何則國家用兵爭境土有其尺寸之地則得其尺寸之用因糧以養其兵因民以實其地因其練習之人以爲嚮導然後擇其要害而守之今童宣撫不務以兵勝而以賄求虜人既得重賄陽諾其請收其糧食徙其人民與其素習之士席卷而東付之以空虛無用之州國家以爲燕雲眞我有矣則竭天下之財力以實之不知要害之地實彼所據彼俟吾安養之後一呼而入復陷腥羶故取燕雲而不志諸閔是以虛名受實禍以中國資夷狄也河南河北正亦類此今　朝廷命河北之使而以招撫名越河以往半爲胡虜之區將何以爲招撫之地爲招

撫戢事計直有盡取河北之地以爲京師援耳不然天下
之四肢絶根本危矣異時醜虜既得河北又侵河南險要
既失莫可保守駸駸未已幸江幸淮皆未可知也招撫誠
能許國以忠稟命天子提兵壓境使某以偏師從麾下所
嚮惟招撫命耳一死烏足道哉所大喜借補武經郎命王
從都統王彥渡河至衛州新鄉縣虜勢盛彥軍石門山下
王約彥出戰不進王疑彥有他志抗聲謂之曰 二帝蒙
塵賊據河朔臣子當開道以迎 乘輿今不速戰而更觀
望豈真欲附賊耶彥默然強與置酒幕下有姓劉者數於
掌上畫斬字示彥彥不應王怒起獨引所部鏖戰奪虜纛

而舞之諸軍鼓譟爭奮遂拔新鄉擒千戶阿里孛又與萬戶王索戰敗之明日將戰矣兆川王預戒士卒曰吾已兩捷彼必併力來吾屬雖寡當爲必勝計不用命者斬及戰士卒重傷王亦被十餘創與軍中皆死戰卒破之獲士馬不可勝計夜屯石門山下或傳虜騎復至一軍皆驚唯王堅卧不動虜卒不來糧盡累日殺所乘馬以饗士閒走彥壁乞糧彥不許乃引所部益北擊虜又戰于太行山獲馬數十匹擒拓跋耶烏居數日復與虜遇王單騎持丈八鐵鎗刺殺虜帥黑風大王走其衆三萬虜軍破膽王自知爲彥所疑乃自爲一軍歸宗澤澤命爲留守司統制未幾澤

死杜充代之

建炎二年戊申歲年二十六

戰胙城縣　戰黑龍潭　戰官橋　擒李千户

從閤勍保護陵寢　戰汜水關　戰竹蘆渡

轉武功郎

春正月合肇官賛軍與金人戰于胙城縣大敗之又戰于黑龍潭龍女廟側官橋皆大捷擒女眞李千户渤海漢兒軍等送留守司秋七月從閤勍保護陵寢八月初三日與金人大戰于汜水關虜有騎將往來馳突王躍馬左射應弦而斃虜衆亂官軍奮擊大破之又檄王留軍竹蘆渡與

虜相持糧垂盡王密遣精鋭三百伏前山下令人各以薪
屬交縛兩束四端爇火夜半皆舉虜疑援兵至驚潰王追
襲大破之以奇功轉武功郎
建炎三年己酉歲年二十七
大戰京師　破王善等五十萬　轉武經大夫
擒杜叔五孫海　轉武畧大夫借英州刺史
説杜充勿棄京師　戰鐵路步　戰盤城　擒馮
進　諫杜充　戰馬家渡　戰鍾山　戰廣德
擒王權等　戰溧陽　擒渤海太師李撒八
春正月賊首王善曹成張用董彥政孔彥舟率衆五十萬

濞南薰門外鼓聲震地充揣王曰京師存亡在此舉也時王所部纔八百人衆皆懼不敵王謂曰賊[illegible]爲諸君破之左挾弓矢右運鐵矛領數騎搭衝[illegible]果亂後騎皆死戰自午及申賊衆大敗轉武經大夫[illegible]叔五孫海等圍東明縣王與戰擒之轉武畧大夫借英州刺史二月王善圍陳州恣兵出掠充檄王從都統制陳淬合擊之王先命偏將岳亨以遊騎絕其剽掠之路獲其餉卒牛驢善兵不敢復出勢益沮二十一日戰于清河大敗之擒其將孫勝孫清等以歸所降將卒甚衆六月二十日次雀橋鎮西又遇善軍迎敵敗之單騎與岳亨深入執馘乃

還拄充棄京師之建康王說之曰中原之地尺寸不可棄況社稷宗廟在京師陵寢在河南尤非他地比留守以重兵碩望且不守此他人奈何今留守一舉足此地皆非我有矣他日欲復取之非捐數十萬之衆不可得也留守盍重圖之充不聽遂從之建康師次鐵路步與賊首張用戰敗之至六合擬討李成破之于盤城成又退保滁州充命王瓊討之瓊提兵丸梁路徘徊不進其輜重在長蘆成遣輕騎五百襲奪之不獲掠寺僧百姓百餘人刼取憲臣張稟犒審錄給王方渡宣化鎮聞之急進兵擊賊兵盡亡知成不可爲遣還所掠人於長蘆成奔江西瓊竟不至亡

滁而返冬十一月金人大舉兵與李成共寇烏江縣充閉門不出諸將屢請不荅王叩寢閤諫之曰勍虜大敵近在淮南睥睨長江包藏不淺卧薪之勢莫甚於此時而相公乃終日宴居不省政事萬一敵人窺吾之怠而舉兵乘之相公既不躬其事能保諸將之用命乎諸將既不用命金陵失守相公能復高枕於此乎雖某以孤軍效命亦於國家無補矣因泣涕被面固請出師充漫應曰來日當至江滸竟不出十八日虜由馬家渡(渡江)夯女遣王等十七人領兵二萬從都統制陳淬與虜敵戰方酣大將王璦以數萬衆先遁諸將皆潰去獨王力戰會暮後援不至輜重悉爲

潰將引還士卒之食乃全軍夜屯鍾山遲明復出戰斬首以數千百計諸將恟恟欲叛戚方首亡爲盜王麾下亦有從之者王灑血厲衆曰我輩荷國厚恩當以忠義報國立功名書竹帛死且不朽若降而爲虜潰而爲盜偷生苟活身死名滅豈計之得耶建康江左形勝之地使胡虜盜據何以立國今日之事有死無二輒出此門者斬音容慷慨士爲感泣不敢有異志又招餘將曰凡不爲紅頭巾者隨我於是傳慶劉經以軍從充竟以金陵府庫與其家渡江降虜餘兵皆西北人素慕王恩信有密白王願請爲主帥而叛北者王陽許之有頃其部曲首領各以行伍之籍來

王按籍呼之曰以爾等之衆且強爲朝廷立奇功取中原
身受上賞乃還故鄉豈非榮耶必能湔滌舊念乃可相附
其或不聽寧先殺我我決不能從汝曹叛衆皆憮然權呼
曰惟統制命遂盡納之兀朮趨臨安府王領所部邀擊之
至廣德境中六戰皆捷斬首千二百一十六級擒女眞漢
兒王權等二十四人俘諸路剃頭簽軍首領四十八人察
其可用者結以恩信遣還虜中令夜斫營燒毀七稍九梢
砲車及隨軍輜重器仗乘其亂縱兵交擊大敗之俘殺甚
衆駐于廣德之鍾村是時糧食罄匱王資糧于敵且發家
貲以助之與士卒最下者同食將士常有飢色獨畏王紀

律不敢擾民市井鬻販如常時虜之簽軍涉其地者皆相謂曰岳爺爺軍也爭來降附前後萬餘人虜侵溧陽縣王遣劉經將千人夜半馳至縣擊之殺獲五百餘人生擒女眞漢兒軍僞同知溧陽縣事渤海太師李撒八等一十二人及千户留哥

行實編年二

建炎四年

紹興元年

紹興二年

紹興三年

建炎四年庚戌歲年二十八

破羣　戰常州　擒少主孛堇李渭　復建康

府　獻俘　行在賜袍鍍金帶鞍馬　平戚方

轉武功大夫昌州防禦使　除通泰州防禦使

戰承州擒高太保阿主孛堇等　賜金注椀盞

戰北炭村　戰柴墟鎮　戰南霸塘

春正月金人攻常州守臣周杞遣屬官趙九齡來迎王欣然從之且欲據城堅守扼路使虜人無歸以立奇功會城陷未及行郭吉在宜興擾掠吏民令佐聞王威名同奉書以迎且謂邑之糗糧可給萬軍十歲王得書旦遂赴宜興甫

及境吉巳載百餘舟逃入湖矣王即遣部將于貴傅慶將二千人追之大破其衆毆其人舡輜重以還時又有羣盜馬臯林聚等精銳數千王遣辯士說之盡降其衆有號張威武者不從王單騎入其營手擒出斬之收其軍常之官吏士民棄其產業趨宜興者萬餘家邑人德之各圖其像與老稚晨夕瞻仰如奉定省曰父母之生我也易公之保我也難又相帥即周將軍廟闢一堂祠之邑令錢諶爲之記夏四月金人再犯常州王邀擊四戰皆捷擁溺河死者不可數計擒女真萬户少主孛堇漢兒李悁等十一人復尾襲之於鎮江之東戰屢勝詔令就復建康乃親將兩往

二十五日戰于清水亭金人大敗橫屍十五餘里斬耳帶
金銀環者一百七十五級擒女真渤海漢兒軍四十二人
獲其甲馬一百九十三副弓箭刀旗金鼓三千五百一十
七事五月兀朮復趨建康王設伏於牛頭山上待之夜令
百人黑衣混虜中擾其營虜人驚自攻擊徐覺有異益邏
卒於營外伺望王復潛令壯士銜枚於其側伺其往來盡
擒之初十日兀朮次黃龍灣要索城中金銀縑帛騾馬及
北方人王以騎卒三百步徒二千人自牛頭山馳下至南
門新城設寨遂戰大破兀朮凡其所要獲負而登舟者盡
以戈殪其人於水物塡委於岸者山積斬禿髮垂環者三

千餘級僵屍十餘里降其卒千餘人萬戶千戶二十餘人得馬三百疋鎧仗旗鼓以數萬計牛驢輜重甚衆兀朮遂奔淮西王乃入城撫定居民俾各安業虜無一騎留者六月獻俘行在所上詢所俘得二聖音問感慟久之王奏曰建康爲國家形勝要害之地宜選兵固守比張浚欲使臣守鄱陽備虜人之擾江東西者臣以爲　若渡江必先二浙江東西地僻亦恐重兵斷其歸路非所向也臣乞益兵守淮拱護腹心上嘉納之賜鐵鎧五十副金帶鞍馬鍍金鎗百花袍褒嘉數四初叛將戚方掠宣成軍老稚以歸成責之方陽謝約成盟還所掠成不悟而往方伏壯士殺之

併各其家戍死其部曲相率歸于王廣德守□□卒書以
方之難來告會有詔命王討之王以三千人行寨于苦嶺
方時發兵斷官橋以自固王射矢橋柱方得矢大驚遂遁
王命傅慶等追之不獲俄益兵來王自領千人出凡十數
合皆勝復遁王窮追不已方生路垂絕知必爲王所誅會
張俊來會師方乃間道降俊俊爲王置酒令方出拜方號
泣請命俊力爲懇免王謂俊曰招討有命某固當從然某
與方同在建康方遽叛去固嘗遣人以逆順喻之不聽屠
戮生靈騷動郡縣又誘殺邑將而屠其家且拒命不降比
諸寇爲甚此安可貰俊再三請王呼方謂之曰招撫旣赦

汝一死冝思有以報國家方再拜謝立于左當廣德之戰
也王身先士卒方以手弩射王中鞍王納矢於箙曰他日
擒此賊必令折之以就戮至是取矢畀方方寸折惟謹王
與僚皆大笑方流汗股慄不敢仰視於是胡虜盜賊之在
近境者或殺或降峙有删定官邵緯者上書廟堂言王驍
武沉毅而恂恂如諸生頃起義河北嘗以數十騎乘險據
要却胡虜萬人之軍又嘗於京城南薰門外以八九百人
破王善張用五十萬之衆威震夷夏而身與下卒同食民
間秋豪無擾如慮金人留軍江南牽制官軍大爲東南之
患則奮不顧身克復建康爲國家奪取形勢咽喉之地使

逆虜歸地而去無一騎留者江浙平定其誰之力歟敷功
効無慮數千言廟堂以其書奏於上於是有旨超轉七
月宰臣范宗尹奏事因言張俊自浙西來盛稱岳其可用
上曰某乃杜充愛將充於事君失臣子之節而能用岳其
有知人之明猶可嘉也遷武功大夫昌州防禦使通泰州
鎮撫使兼知泰州至以公牘申省辭通泰之命願以母妻
并二子爲質乞淮南東路一重難任使招集兵馬掩殺金
復收本路州郡乘伺機會迤邐漸進使山東河北河東
京畿等路次第而復庶幾得快平生之志盡臣子之節報
聞八月金人攻楚州急簽書樞密院趙鼎遣張俊援之命

王隸俊節制俊辭曰虜之兵不可當也趙立孤壘危在旦
夕若以兵委之譬徒手搏虎併亡無益鼎再三辨俊亦再
三辭鼎奏上曰若俊憚行臣願與之偕俊復力辭乃詔王
率兵腹背掩擊令劉光世遣兵而以王攺隸光世節制上
數令人促光世親率渡江光世將行莫下或止之遂已上
聞之乃顧鼎曰移文不足以盡意卿可作書與光世詳言
之鼎遂移書光世又不行是時朝廷雖已詔王而王方自
行在歸宜興盡提所部赴鎮元未之知也十九日王發宜
興二十三日軍至江陰竢舟未濟王聞警輕騎而先二十
六日入泰州未視篆籍郡中敢勇士及部押使臣効用責

其從軍願否狀盡收其馬置之教場集射于中的多者
自擇一馬訖射得百人以賜甲五十副并作院甲五十副
與之分爲四隊常置左右九月初二日入治所初三日復
出屯初九日軍既畢濟即日引兵屯三乾爲楚聲援二十
日遂抵承州彌月三戰皆大捷殺其大酋髙太保擒女真
契丹渤海漢兒軍等又俘阿主孛堇及黒貟阿主黒白打
里蒲速里酋長七十餘人送行在上賜札曰卿節義忠勇
無愧古人所至不擾民不知有兵也所向必克寇始畏其
威也朕甚嘉焉今方國步艱難非卿等數輩朕孰與啚復
中土耶賜卿金注椀一副盞十隻聊以示永懷也金人既

陷承楚詔光世措置保守通泰時王在承州泰州盜起王
昭冦城東張榮冦城北於是王得還守通泰之命乃旋師
自北炭村至柴墟屢戰皆大捷死者相枕籍諜報金人併
兵二十萬將取通泰俄巳破張榮茭城光世復違詔不遣
援兵王以閏冬十一月有旨泰州可戰即戰可守即守如
其不可且於近便沙洲保護百姓伺便掩擊王顧虜勢盛
泰無可恃之險初三日全軍保柴墟戰于南霸塘金人大
敗擁入河流者不可勝計相持累日而泰州爲鎮撫使分
地不從朝廷應副糧餉乏絕刲虜尸以繼廪初五日乃下
令渡百姓于陰沙王以精騎二百殿金人望之不敢逼

屯江陰時劉賊李成自號李大王乘金人殘亂之餘據江
淮十餘州連兵三十萬有席卷東南之意遣其將馬進犯
洪州十二月上命張俊為江淮招討使

紹興元年辛亥歲年二十九

討李成　戰生米渡　戰筠州城東　戰朱家山
斬趙萬等　戰樓子莊　殺馬進孫建降其衆
降張用一丈青　充神武副軍統制　轉親衛大
夫建州觀察使　擒饒逹姚青　陞神武副軍都
統制

春正月俊入辭盛言李成之衆上曰成兵雖衆不足畏因

諭俊以爲今日諸將獨汝無功俊遽曰臣何爲無功上笑曰如韓世忠擒苗傅劉正彥卿殆不如也俊恐悚承命而退退而畏縮自度必不可勝思諸將惟王爲謀勇乃請以王軍同討賊詔許之二月王至鄱陽與俊合兵三月初三日次洪州賊連營西山王師不得渡諸將莫當其鋒俊大懼召王問曰俊與李成前後數戰皆失利君其爲我討之王對曰甚易也賊貪而不慮後若以騎兵三千自上流生米渡出其不意破之必矣其雖不才願爲先鋒以行俊大喜從之初九日王身被重鎧先諸軍躍馬以濟衆皆駭視須臾以次畢渡觀者以爲神乃潛出進軍之右王首突賊

陳所部從之。大敗降其卒五萬王追之二十五里又濟
渡土橋纔數十騎而橋壞後騎莫能進進引軍五千回致
王王以一矢殪其先鋒之將麾騎突前進軍望風皆曳兵
又大敗俊呼壕寨吏治橋後騎亦至進遂走鈞州王以軍
屯鈞城東十一日賊復引兵出城布列橫亘十五里王以
紅羅爲幟刺白岳字於上平明領所擇馬軍二百人建旗
鼓而前賊易其少搏之伏發大敗走王使人呼曰不從
者即坐卸甲衣當不汝殺 應聲坐者八萬人死者無數
擇所獲鎗刀衣甲器仗之堅全者束之令降卒負挈隨軍
其弊者置于鈞之州帑分隸降軍三日乃畢進以餘卒奔

李成所成時在南康之建昌王復夜引兵銜枚至朱家山偃兵伏幟於茂林待之進至伏兵一鼓出林貝衆大敗殺獲步兵五千人斬其將趙萬等進引十餘騎先走僅以身免成怒自引兵十餘萬來王遇之于樓子莊引軍合戰大破成軍降其卒二萬餘人獲馬二千匹追之由武寧至江州道中殺及降凡三萬人成自獨木渡趨蘄州王以馬軍追之渡步軍于張家渡以夾擊之殺馬進孫建及酋領甚衆成軍晝夜駭走不得休息飢困死者十四五至蘄州又降其卒萬五千人馬二千餘匹所棄器仗衣甲金帛無數成走降僞齊江淮以平相州人張用勇力絕羣號張莽蕩

其妻勇在用右帶甲上馬敵千人自號一丈青以兵五萬
寇江西俊召王語曰非公無可遣者問用兵幾何王曰以
某自行此賊可徒手擒俊固以步兵三千益之王至金牛
鎮兵遣一卒持書諭之曰吾與汝同里人忠以告汝南薰
門鐵路步之戰皆汝所悉也今吾自將在此汝欲戰則出
戰不欲戰則降降則國家錄用各受寵榮不降則身隕鋒
鏑或係累歸朝廷雖悔不可及矣用與其妻拜使者曰果
吾父也敢不降遂俱解甲王受之以歸俊謂諸僚屬曰岳
觀察之勇畧吾與汝曹俱不及也繼又招降馬進餘黨之
潰者數萬王汰其老弱得精兵萬餘人以歸俊奏王功第

一秋七月充神武副軍統制命權留洪州彈壓盜賊冬十月授親衛大夫建州觀察使建冦范汝爲陷邵武軍江西安撫大使李回檄王分兵三千保建昌軍二千保撫州以洪州鄰撫州建昌隣邵武也王使以岳字幟植城門且榜于境曰賊入此者死遊騎抄掠者望見皆相戒以勿犯村氓樵蘇猶故民不知有盜十一月姚達饒青以萬餘人逼建昌王使王萬徐慶將建昌之軍討之擒青達於四望山十二月陞神武副軍都統制

紹興二年壬子歲年三十

賜甲 討曹成 破太平場寨 戰北藏嶺上梧

閬　戰蓬嶺　擒張全分兵隆逕　擒郝政
擒楊再興　轉中衛大夫武安軍承宣使　降郝
通逐馬友　平劉忠餘黨　平李通
春正月詔以王治軍整肅勇於戰鬭賜衣甲一千副　曹成
擁衆十餘萬由江西歷湖湘執安撫使向子諲據道賀州
二月命王以本職權知潭州兼荆湖東路安撫都總管且
以韓京吳錫軍及廣東西洞丁刀弩手將兵土軍弓手民
兵等會王以捕成又付金字牌并黄旗十副招降群盜十
七日王發洪州成聞王被命謂其屬曰岳家軍來矣吾屬
能爲必勝計耶乃預令其軍分路逃去十九日成引兵趨

全永犯廣西獨留其中軍棄王未至縱兵四掠焚刼百姓
三十日王至茶陵先遣兵趨郴江及桂陽路伺成動息上
又令其受招與否爲之進退王數以上意諭之成不聽乃
上奏云内寇不除何以攘外近郊多壘何以服遠比年羣
盜競作朝廷務廣德意多命招安故盜亦玩威不畏强
則肆暴力屈則就招苟不畧加勦除纔起之衆未可遽殄
上許之夏閏四月入賀州境成置寨太平場王未至賊屯
數十里按兵立柵會得成諜縛而坐之帳下有間王出帳
召軍吏調兵食吏請曰糧且罄矣柰何王曰促之耳不然
姑返茶陵以就餉已而顧得成諜捽耳頓足而入乃斃之

諜至成軍盡以告成成大喜期明日追王軍是夜王命士蓐食夜半悉甲趨逹嶺初五日未明已破太平場寨盡殲其守隘之兵而焚毀之成大驚明日進兵距賀城二十里成募願戰賊兵三萬夜半據山之險迎捍官軍王麾兵掩擊賊衆大潰遁至城東江岸成奔桂嶺上複賜詔令不以遠近追捕又以暑月暴露之苦令學士院降敕書撫諭王進兵趨桂嶺其地有北藏嶺上梧関蓬嶺號爲三隘成先引兵據北藏嶺上梧関以拒王自喜以爲得地利後來者莫能奪王至成以都統領王淵迎戰王麾兵疾馳不陳而鼓淵軍大潰復殲其守隘之卒奪二隘而據之成急遁去

十三日成復選鋭將自北藏嶺來擊官軍王以兵迎之成敗斬一萬五千餘級獲其弓箭刀鎗等無數成又自桂嶺置寨至北藏嶺綿亘六十餘里所據皆山河澗道路隘狹人馬不得並行成自守蓬嶺嚴備將士是時賊衆十餘萬皆河北河東陝右之散卒驍勇健鬬王所部纔八千人而騎兵最少視成軍十不及其一十五日王進兵蓬嶺分布嶺下日及未一鼓登之成軍四潰所殺及掩擁入河者不知其數成自投嶺下得騃馬而逃王舉其寨盡有之凡鎗刀金鼓旗幟無遺者奪其被虜人民數萬人歸之田里擒其將張全成竄連州王召張憲王貴徐慶謂之曰曹成敗

走餘黨盡散追而殺之則良民脅從深可憫痛然縱之
往則亡兵既旋復聚爲盜吾今遣若等三路招降若猶抗
拒誅其酋而撫其衆謹毋妄殺以累　主上保民之仁於
是憲自賀連慶自邵道賁自郴桂陽招之降者二萬與王
會于連州王用其酋領而給其食降民大喜乃益進兵追
成成懼其走宣撫司降有郝政者率衆走沅州首被白布
自稱爲成報讎謂之白頭巾已而爲張憲所擒其將楊再
興走躍入㵎中憲欲殺之再興曰願執我見岳公遂受縛
王見再興奇其貌命解其縛曰吾不殺汝汝當以忠義報
國再興拜謝後卒死國事爲名將嶺表悉平時以盛夏行

煙瘴之地登山涉險衝冒炎暑賊兵以瘴死者相繼而官
軍無一人疫癘者惟死敵之兵纔一二人論者以爲王忠
義所致六月十一日授中衛大夫武安軍承宣使依前神
武副軍都統制制辭有許國忠誠馭衆訓整同士卒之甘
苦致紀律以嚴明之語初有旨命王平曹成日赴行在尋
以江州係控扼要地合屯重兵令王將帶本部并韓京吳
錫軍屯于江州比入江西界准本路安撫大使李回牒令
招殺馬友下都通賊馬王遂至筠州降之際揀放外得精
兵一萬八千人因奏所得兵可以防江其韓京吳錫軍更
不須起發乃以京錫撥隸荆湖廣南宣撫司時馬友復虔

筠州城西防隘之兵望風奔潰守臣已徒步出竟及聞王軍來攻遽逃去軍至江州劉忠之餘黨四千餘人皆斬之廣濟縣又李通已受招安在司公山不肯出令王掩捕之平之於是李回奏乞以舒蘄光黄接連漢陽武昌一帶盜賊並委王招捕十二月士將李宗亮誘張式以所部兵叛

紹興三年癸丑歲年三十一

平李宗亮　賜金蕉酒器　討虔寇　擒彭友等

平固石洞　入虔州斬十大王等　擒高聚

擒張成　召赴行在　賜袍帶鞍馬弓箭等

賜宸翰精忠旗　除江西沿江制置使　改江西

制置使　兼舒蘄州　改神武後軍統制

春正月宗亮武夜至筠州焚毀居民殺刼甚衆王遣徐慶
傅選軍捕滅之二月上遣鄭壯齋賜王金蕉酒器如賜韓
世忠禮召赴行在江西宣諭劉大中奏臣到洪州採訪物
論皆謂岳某提兵素有紀律人情恃以爲安今岳某將帯
軍兵前赴行在竊恐民不安業盜賊無所鎮壓復至猖獗
乃不果行又賜李回親札令擇本路盜賊熾盛處專委王
是時虔吉二州之境盜賊羣起如彭友李動天爲之魁及
以次首領號爲十大王虔州則陳顒羅閑十等各自爲首
連兵數十萬置寨五百餘所表裏相援捍拒官軍分路侵

寇循梅廣英惠韶南雄南安建昌汀潮邵武諸郡縱横來往邑熖方赫於是李回奏吉寇彭友等爲亂乞專委王廣東宣諭明櫜亦奏虔賊爲二廣患採之南方物論皆言岳某所部最爲整肅所過不擾若朝廷矜憫遠人特遣岳某軍來則不惟可除羣盜而既招復叛如劉㮚輩亦可置之隊伍繩以紀律使之爲用又知梧州文彥明奏虔州盜寇入廣東刼掠乞委王討捕劉太忠亦連奏以王爲請上始專以虔吉寇付王夏四月王至虔州聞彭友等立柵于固石洞儲蓄甚富王遣吏伺其實乃已離固石洞悉其兵至雩都俟官軍且宣言曰人言岳承宣智勇爲天下第一我

今破之岳承宣且敗他人若我何吏回報王笑遣辯士二人造之開諭旤福說之以降賊曰為我語岳承宣吾寧敗不肯降毋以虛聲恐我也遂與戰亥等方躍馬馳突示其驍勇王麾軍擊之擒亥等於馬上餘酋散走賊衆橫屍蔽山谷獲衣甲器械無數奪其被虜老弱二萬餘人縱歸田里餘酋復退保固石洞洞之山特高四環皆水登山僅止一徑勢甚險阻王頓兵瑞金縣領千餘騎至固石洞復遣辯士說之曰汝誠阻險能保不敗耶敗而後降吾不汝貰矣降即亟降毋自速辜賊衆不聽曰苟能破山寨吾黨雖死尚何憾王乃列馬軍於山下皆重鎧持滿黎明遣死士

三百疾馳登山賊衆大亂山下鳴鼓呼噪莫測多寡棄
山而下見山皆爲列騎所圍於是疾呼乞命倉卒投墜而
死者甚衆王乃令軍中毋殺一人賊衆悉下山投降或曰
說之不我聽何以貸爲請盡戮之王蹙然良久曰此輩雖
兇頑然本愚民耳殺之何益且主上既赦其人矣不然何
以成主上之命籍其金帛之藏盡入備邊激賞庫擇降民
之勇銳者隸諸軍餘悉縱之田里下令使各安業耕種逃
民盡還遺徐慶等將兵授以方畧捕諸郡賊以次敗降是
役也擒賊大小首領五百餘人一無遺類初廟堂以隆祐
震驚之故有密旨令屠虔城王既平諸寇乃駐軍三十里

外上疏請誅首惡而赦脅從不許連請不已上乃爲之曲宥詔王裁決六月王始入城諭囚即諸酋罪之尤者數人各置之法餘悉稱詔貰之市不易肆處人懽聲如雷至今父老家家繪而祀之遇諱日則具金飯僧于梵舍以爲常雖更權臣之梗亦不變時又有劉忠之將高聚犯袁州王遣王貴擊之擒高聚及其徒二百餘人降其衆三千殺其僞統制方　張成亦以三萬人犯袁州陷萍鄉復遣王貴擊之成敗走王貴奪其寨焚之殺死甚衆俘五百餘人明日復戰遂擒成而降其衆秋七月召赴行在趙鼎奏虔州民習兇頑累年爲患今岳某雖已破蕩巢穴恐大兵起行之

後復爾嘯聚請留五千人屯虔州又以密沆之請又五千人屯廣州一萬人屯江州九月至行在上遣使人諭許繫金帶上殿十三日入見上慰撫再三王頓首謝而退卒不言其功上以其長者益重敬之賜衣甲鎧馬弓箭各一副撚金線戰袍金帶手刀銀纏槍戰馬海馬皮鞍各一賜宸翰于旗上曰精忠岳某令先師行之次建之又賜王之子雲弓箭一副及戰袍銀纏槍各一犒勞官兵甚厚十五日特旨落階授鎮南軍承宣使依前神武副軍都統制江南西路沿江制置使制辭有千里行師見秋毫之無犯百城按堵聞夜吠之不驚之語又賜詔曰卿殄寇之功馭軍

之畧表見於時爲後來名將江湖之間尤所欣賴兒童識
其姓字草木聞其威聲十八日有旨諭王具目有三一令
王於江州興國南康一帶駐劄江西諸屯軍馬許遇緩急
抽差一江上有軍期急速與制置會議不及許一面隨宜
措置一舒蘄兩州增隸王節制二十日賜銀二千兩犒所
部將士二十一日改除江南西路舒蘄州制置使二十七
日以李山軍馬隸王二十九日改差神武後軍統制依前
制置使冬十一月令王瓌折彥質遣吳玠吳錫兩軍並聽
王節制十二月以李橫牛臯隸王是時僞齊使李成合北
虜兵五十萬大舉南寇攻陷襄陽府及唐鄧隨郢州信陽

軍故鎮撫刺史　如李横李道與翟琮董先牛皋等俱失守
僞齊於每郡俱置僞將又有湖寇楊么〻舟師與僞齊交結
欲分車舡五十艘攻岳鄂漢陽蘄黃順流而下李成以兵
三萬益楊么舟師自提十七萬由江西陸行趨兩浙與么
會合朝廷患之始命於江南北岸水陸戰備處當爲待敵
討又命於興國大冶通洪州之路措置隄備多遣間探日
具事宜以聞又命防拓鄂黃等州及漢陽軍又以下流鄂
岳備賊營之潜渡爲寇者一日王與幕中人語論及二寇
或問將何先王曰先襄漢襄漢既復李成喪師而逃楊么
失援矣第申嚴下流之兵以備之然後鼓行

忠文王紀事實錄卷之二

忠文王紀事實録卷之三

行實

紹興

紹興五年

紹興四年甲寅歲年三十二

兼荊南鄂岳州　詔王收復襄陽六郡

除黃復州漢陽德安制置使　復郢州

斬京超劉楫　復隨州　斬王嵩

領軍趨襄陽　指揮王貴牛皐

戰襄江　復襄陽府　僞齊益李成兵

屯襄江　遣王萬兵清水河　戰新野
市敗之　賜札問守禦策　奏行營田
進兵鄧州　敗劉合孛董　降楊德勝
擒高仲　復鄧州　賜銀合茶藥
復唐州　復信陽軍　襄漢平
辭制置使賜　詔不許　屯鄂州
除清遠軍節度使　賜金束帶一
奏乞出師池州　提舉趨廬州

春三月　岳州制置使王乃奏乞復襄陽六郡

以[illegible]曰不爭此土宜及時攻取以除心膂之
病[illegible]鼎奏曰知上流利害無如飛者於是
即以親札報之曰今從卿所請已降畫一令卿收復襄陽
六郡惟是服者舍之拒者伐之追奔之際無出李橫舊界
畫一之目以湖北帥司統制官顏孝恭崔邦弼兩軍并荆
南鎮撫使司馬軍並隸節制及諸州既復並許隨宜措置
差官防守如城壁不堪守禦則移治山寨或用土豪或用
舊將牛皋等主之夏四月令神武右軍中軍各選堪披帶
馬一百匹遣使臣兵級部付王二十五日 上以金束帶三
賜王將佐五月除黃復州漢陽軍德安府制置使提兵至

郢州僞將京超驍勇武悍號萬人敵雜番漢萬餘人軍勢大張王渡江至中流顧莫屬曰某不擒賊帥不復舊境不涉此江初五日抵城下王躍馬環城以策指東北敵樓顧謂衆曰可賀我也超棄城拒敵王使張憲就問之曰爾曹本受 聖朝厚恩何得叛從劉豫超謀主劉楫出應之曰今日各事其主毋多言也王怒甚時軍正告糧王問糧所餘幾何曰可再飯王曰可矣吾以翌日巳時破賊黎明鼓衆薄城一麾並進衆皆畏怯而升超迫於亂兵投崖而死殺[illegible]屍與天王樓俱高劉楫就縛至前王責以大[illegible]遂復郢州於是遣張憲徐慶復隨州

偽將[illegible]不戰而遁退保隨城未下王遣牛皋
裹三[illegible]盡而城已拔執嵩斬之得士卒五千人
遂復隨州王領軍趨襄陽李成聞王至引軍出城四十里
迎戰左臨襄江王責牛皋等欲即赴賊王笑謂皋等曰止
此賊屢敗吾手吾意其更事頗多必差練習今其疎暗如
故夫步卒之利在阻險騎兵之利在平曠成乃左列騎兵
於江岸右列步卒於平地雖言有衆十萬何能為於是舉
鞭指貴曰爾以長槍步卒由成之右擊騎兵指皋曰爾以
騎兵由成之左擊步卒遂合戰其馬應槍而斃後騎皆不能
支退擁入江人馬俱墜溺水者以萬餘步卒之僨死者無數

成軍夜遁復襄陽府駐軍城中僞齊益李成兵屯襄江北
新野市號三十萬欲復求戰王先遣王萬提兵駐清水河
以餌之王繼往六月五日賊悉其衆衝突官軍萬與王兵
夾擊敗之六日復戰又敗之使萬追擊橫屍二十餘里
上賜札曰李成益兵而來我師大獲勝捷乃卿無輕敵之
心有勇戰之氣之所致也因以見賊志之小小耳　朕甚
慰焉嘗降親札令卿條具守禦全盡之策若少留騎兵慮
復爲賊有若師徒衆多則饋餉疲勞乃自困之道卿必有
以處焉王[illegible]奏稱觀金　劉豫皆有可取之理金　累
年之間[illegible]所不至今所愛惟金帛子女志已驕

金　劉合孛[illegible]一番僞賊兵會聚于州西北置寨二十餘所以拒官兵[illegible]遣王貴等由光化路張憲等由橫林路會合奄擊憲至鄧城外三十里遇　兵數萬迎戰王萬董先各以兵出奇突擊　衆大潰降執番官楊德勝二百餘人得兵仗甲馬以萬計劉合孛堇僅以身免　將高仲以餘卒走退保鄧城閉門堅守十七日王引兵攻城將士皆不顧矢石蟻附而上一鼓拔之生擒高仲遂復鄧州　上聞之喜謂胡松年曰朕雖素聞岳飛行軍極有紀律未知能破敵如此松年對曰惟其有紀律所以能破　及捷奏至後殿進呈　上曰岳某籌畫頗如人意令學士院降

詔獎諭仍遣中使傳宣撫問賜銀合茶藥并問勞將佐犒
賞有差二十三日復唐州尋又復信陽軍擒僞知通凡五
十人襄漢悉平川陝貢賦綱馬道路至是始通行無阻焉
襄漢既平王辭制置使乞委任重臣經畫荆襄　上賜詔
不許趙鼎奏湖北鄂岳州屯駐不惟淮西藉其聲援可保
無虞而湖南二廣江浙亦獲安妥　上乃以襄陽隨郢唐
鄧信陽並作襄陽府路隸之王尋移屯鄂州二十五日除
清遠軍節度使湖北路荆襄潭州制置使依前神武後軍
統制特封武昌縣開國子食邑五百户食實封二百户制
詞畧云身先百戰之鋒氣蓋萬夫之敵機權果達謀成而

惰劉豫[illegible]雖以儉約結民而人心終不忘　宋德
攻討之[illegible]宜緩苟歲月遷延使得修治城壁添兵聚
糧而後取之必倍費力　陛下淵謀遠畧非臣所知以臣
自料如及此時以精兵二十萬直擣中原恢復故疆民心
效順誠易為力此則國家長久之策也在　陛下睿斷耳
若朽以目前論之襄陽隨郢地皆膏腴民力不支若行營
田之法其利為厚即今將已七月未能耕墾來春即可措
畫　陛下欲駐大兵於鄂州則襄陽隨郢量留軍馬又於
安復漢陽亦量駐劄兵勢相援漕運相繼荊門荊南聲援
亦已相接江淮荊湖皆可奠安六州之屯且以正兵六萬

爲固守之計就撥江西湖南糧斛　朝廷支降券錢爲一年支遣候營田就緒軍儲既成則　朝廷無餽餉之憂進攻退守皆無利也惟是葺治之初未免艱難必仰　朝廷微有以資之基本既立後之利源無有窮已又此地秋夏則江水漲隔外可禦寇内足以運糧至冬後春初江水淺澁吾資糧已備可以坐待矣于今所先在乎速備糧食斟量屯守之兵只可善其後臣今亦候糧食稍足即過江北雖畨僞　勢衆多臣誓當竭力勦戮不敢少負　陛下時方重深入之舉[illegible]壤以大兵討楊么六萬之兵亦未及抽摘然營田之[illegible]興矣秋七月遂進兵鄧州聞李成與

動則有功威信著明師行而耕者不變振王旅如飛之怒

月三捷以奏功寧人有指之疆日百里而辟土慰我后

雲霓之望拯斯民塗炭之中辭意甚寵又賜金束帶一九

月兀朮劉豫稱兵七十餘萬聚糧入寇諜報警急二十一

日令備軍馬舟船於衝要控扼之地分布防[redacted]時具諜探

動息及備禦次第聞奏二十五日令照應荊襄控扼武昌

一帶仍措置楊么二十七日令體探的實嚴切隄備二十

九日令凡控扼處分遣官兵嚴密把截如有警急則鼓率

將士極力捍禦掩殺毋令透漏冬十月五日令疾速措置

更遣諜報曰一具奏虜人侵淮邊圖廬州 上賜札曰近

來淮上探報緊急 朕甚憂之已降指揮督卿全軍東下
卿夙有憂國愛君之心可即日引道兼程前來 朕非卿
到終不安心卿宜悉之王奉 詔出師池州先遣牛皋渡
江十二月自提其軍趨廬州與皋會 上遣李庭幹賜王
香藥且賜札撫問時僞齊已驅甲騎五千被城皋以所從
騎遥謂虜衆白牛皋在此爾輩胡爲見犯虜衆已愕然相
視及展岳字幟與精忠旗示之虜衆不戰而潰王謂皋曰
必追之去而復來無益也皋追擊三十餘里虜衆相踐及
殺死者相半殺其都統之副及僞千户長五百户長數十
人擒番僞兵八十餘人得馬八十餘匹旗鼓兵仗無數軍

聲大振廬州遂平

紹興五年乙卯歲年三十三

入覲賜銀絹等除鎮寧崇信軍節度使充湖北荊
襄潭州制置使除荊湖南北襄陽府路制置使陞
鄂統制大破楊么降黃佐楊欽擒陳貴等斬楊么
鍾儀擒黃誠劉衡賜銀合茶藥加檢校少保除湖
南北襄陽府路招討使賜銀合茶藥

春二月王入覲賜銀絹二千匹兩承信郎恩命一母封國
夫人孺人封號二冠帔三眷禮甚厚賜諸將金束帶及牛
皁以下二十九人并立功官兵五百四十六人各轉資受

賞有差授鎮寧崇信軍節度使依前神武後軍統制充荆
湖北路荆襄潭州制置使加食邑五百户食實封二百户
進封武昌郡開國侯制詞有曰閱禮樂而厲廉隅德遜有
君子之操援枹鼓而先士卒忠蹇匪王臣之躬又曰于疆
于理威行襄漢之山川如飛如翰名動江湖之草木又曰
萬騎鼓行震天聲於不測千里轉戰奪勇氣於方張力捍
孤城係俘羣醜又以明堂恩加食邑五百户食實封二百
户十二日除荆湖南北襄陽府路制置使神武後軍都統
制招捕楊么楊么者鼎州鍾相之餘黨楚人謂幼為么故
稱么云自建炎末相敗死么率其餘部居湖湘間其後有

楊欽劉衡周倫黄佐黄誠夏誠高老虎等數年間聚兵至數萬立相之子儀謂之鐘太子與公俱僭稱王官屬名號車服儀衛並擬王者居有三衙大軍所居之室稱曰内文書行移不奉正朔蹂踐鼎澧窺覦上流程昌禹以車船拒之盡爲所獲水軍兵全崔增一戰不返兵力益強根據龍陽武陵沅江湘陰安鄉華容諸縣水陸千里操舫出沒東犯岳陽至臨湘縣西犯江陵之石首至枝江縣北犯江陵至荆門南犯潭州至巴溪爲患不一官軍陸襲則入湖水攻則登岸大將王瓊出師兩年屢戰不效賊氣愈驕一時將帥皆謂不可以歲月成功爲宵旰憂又甚於邊寇時王

所部皆西北人不習水戰王獨曰兵亦何常惟用之如何
耳今國勢如此而心腹之憂未除豈臣子辭難時耶三月
奉詔自池進兵于潭遇天久雨泥淖沒膝士徒艱涉王躬
自塗足露漬衣體以示勸皆奮躍忘勞所過肅然民不知
軍旅之往來　上聞之曰岳某移軍潭州經過無毫髮犯
擾村民私遺士卒酒食即時還價所至懽悅賜　詔獎諭
有曰連萬騎之衆而桴鼓不驚涉千里之塗而樵蘇無犯
至發行齋之泉貨用酬迎道之壺漿所至得其懽心斯以
寬予憂顧將至潭先遣使持檄至賊中招之先是鼎州太
守程昌禹遣劉醇荆湖南北宣撫使孟庾遣朱宣湖廣宣

撫使李綱遣朱詢荆南鎮撫使解潛遣史安湖南及諸道
遣晁遇十七人邵州太守和璟亦累遣人招安皆爲賊所
殺至是所遣之使叩頭伏地曰節使遣某猶以肉餧飢虎
也寧受節使劒不忍受逆賊辱王吒之起曰吾遣汝汝必
不死使者起受命以行至其境望見賊巢即厲聲呼曰岳
節使遣我來諸寨開門延之使者以檄授賊賊捧檄欽誦
或問岳節使安否雖叛服之志未齊然皆不敢萌異意於
是公之部將黄佐謂其屬曰吾聞岳節使號令如山不可
玩也若與之敵我曹萬無生全理不若速往就降岳節使
誠人也必善遇我率其所部詣潭城降皆再拜王釋其罪

慰勞之即日聞于朝擢佐武義大夫閤門宣贊舍人賞予特厚佐出復單騎按其部撫問甚至明日召佐使坐命具酒與飲酒酣撫佐背謂曰子真丈夫知逆順禍福者無如子子姿力雄鷙不在時輩下果能爲 朝廷立功名一封侯豈足道哉吾欲遣子復至湖中視有便利可乘者擒之可以言語勸者招之子能卒任吾事否佐感激至泣再拜謝王曰佐受節使厚恩雖以死報佐不辭惟節使命乃遣佐歸湖中又有戰士三百餘人來降王皆委曲慰勞命其首領以官優給銀絹縱之聽其所往有復入湖者亦弗問居數日又有二千餘人來降王待之如初時張浚以都督

軍事至潭州參政席益與浚備語王所爲謂浚曰岳侯得無有他意故玩此寇益欲豫以奏聞如何浚笑曰岳侯忠孝人也足下何獨不知用兵有深機胡可易測益慚而止

夏四月黃佐襲周倫寨擊之倫大敗走殺死及掩入湖者甚衆擒其統制陳貴等九人奪衣甲器仗無數寨柵糧船焚毀無遺者佐遣人馳報王王即上佐功轉武經大夫仍撫勞所遣將士第功以聞統制任士安乃揚言岳太尉兵二十萬至矣及所見止士安等軍耳賊乃併兵永安寨攻之王遣兵設伏士安等戰垂困伏兵乃起四合擊之賊衆敗走獲戰馬器甲無數又追襲過荀陂山所殺獲不可勝

計士安復移軍與牛皐屯龍陽舊縣之南逼近賊巢賊出
攻之官軍迎擊賊又敗走上賜札諭之曰朕以湖湘之寇
逋誅累年故特委卿爲且招且捕之計欲使恩威並濟綏
靖一方聞卿措畫得宜　朕甚嘉之五月有　旨召張浚
還浚得詔謂王曰浚將還矣節使經營湖寇已有定畫否
王袖出小圖以示浚曰有定畫矣浚按圖熟視移時謂王
曰浚視此寇阻險窮絕殆未有可投之隙朝廷方召浚歸
議防秋盍且罷兵規畫上流俟來歲徐議之王曰何待來
年都督第能爲某少留不八日可破賊都督還朝在旬日後
耳浚正色曰君何言之易耶王四廂兩年尚不能成功乃

欲以八日破君何言之易耶王曰王四廂以王師攻水寇則難某以水寇攻水寇則易浚曰何謂以水寇攻水寇王曰湖寇之巢穴艱險莫測王師水戰我短彼長入其巢而無鄉導以所短而犯所長此成功所以難也若因敵人之將用敵人之兵奪其手足之助離其腹心之援使桀黠孤立而後以王師乘之覆亡由反手耳某請除來往三程以八日之内俘諸囚於都督之庭浚亦未信乃奏曰臣只候六月上旬若見得水賊未下即召某前來潭州分屯潭鼎人馬規畫上流軍事訖赴行在王遂如鼎州六月二日楊欽受黄佐之招率三千餘人乘船四百餘艘詣王降王喜謂

佐曰可任也楊欽驍悍之尤者欽今乃降賊之腹心潰矣欽自東縛至庭王命解其縛以所賜金束帶袍予之即日聞奏授武義大夫又命具酒使王貴主之禮遇甚厚及所部犒賞有差欽感激不自勝所部皆喜躍恨降晚王乃復遣欽歸湖中諸將皆力諫王不荅越兩日欽盡誑全琮劉詵等降未降者尚數萬王詭罵曰賊不盡降何來也杖之復令入湖是夜以舟師掩其營併俘欽等其餘黨殺獲畧盡惟楊幺負固不服方浮遊湖上夸逞神速其舟有所謂望三州和州載五樓九樓大德山小德山大海鰍頭小海鰍頭以數百計舟以輪激水疾駛如羽左右前後俱置撞

竿官舟犯之輙破又官舟淺小而賊舟髙大賊矢石常自
上而下而官軍仰面攻之見其舟而不見其人王取君山
之木多為巨筏塞湖中諸港又以腐爛草木自上流浮而
下擇視水淺之地遣口伐者二千人挑之且行且罵賊聞
詈不勝憤爭揮飛石追而投之俄而草木盈積舟輪下膠
滯不行王亟遣軍攻之賊奔港中為筏所拒官軍乗筏張
牛革以拒矢石羣舉巨木撞賊舟舟為之碎楊幺舉鍾儀
投于水繼乃自仆牛皐投水擒幺至王前斬首函送都督
行府偽統制陳瑫等亦刼鍾儀之舟獲金交床金載龍鳳
簟以獻率所部降王亟領黄佐楊欽等軍入賊營餘酋大

驚曰是何神也夏誠劉衡俱就擒黃誠大懼不知所爲亟與周倫等首領三百人俱降牛臯請曰此寇逋誅罪不容數勞民動衆亦且累年若不畧行勦殺牛臯不知何以示軍威王曰彼皆田里匹夫耳先惑於鍾相妖巫之術故相聚以爲姦其後乃沮於程吏部盡誅雪耻之意故恐懼而不降日往月來養成元惡其實但欲求全性命而已今楊么已被顯誅鍾儀且死其餘皆國家赤子苟徒殺之非主上好生之意也連聲呼謂官軍曰勿殺勿殺牛臯敬服其言而退王親行諸寨慰撫之命少壯強有力者籍爲軍老弱不堪役者各給米糧令歸田有自請歸業者二萬七千

餘戶王皆給據而遣之又命悉賊寨之物盡散之諸軍而
縱火焚寨凡焚三十餘所揭牓於青草洞庭湖上不數日
行旅之往來居民之耕種頓若無事之時然湖湘悉平是
役也獲賊舟凡千餘鄂渚水軍之盛遂爲沿江之冠自其
與浚言至賊平果八日浚歎曰岳侯殆神筭也即日上之
朝上遣内侍一負至軍前傳宣撫問仍賜銀合茶藥及撫
勞將士賜詔褒諭有曰湖湘阻深姦宄嘯聚曩命往伐用
非其人輕敵寡謀傷威損重遂令孽寇久稽靈誅卿勇畧
冠軍忠義絶倫肅將王命隃集長沙威稜所加已聞聲而
震疊恩信既著宜傳檄而屈降消時内侮之虞宣予不殺

之武又賜札曰非卿威名冠世忠義濟時先聲所臨人自信服則何以平積年嘯聚之黨於旬朝指顧之間不煩誅夷坐獲嘉靖使　朕恩威兼暢厥功茂焉初有唐生居鼎州嘗與程昌禹論湖寇之險曰他人寨柵猶或可入如楊么寨則雖虎豹不可入也昌禹曰然則柰何唐生作俚語應之曰除是飛便會入去昌禹大笑曰世間豈有生肉翅人可使耶顧謂僚屬茲事當且止也又夏誠劉衡等嘗自詫曰吾城池樓櫓如此欲犯我除是飛來至是始驗時有盧奎者作鼎澧聞見録述其事其末曰半月之間談笑以平羣賊使有船者不能遠去有寨者不能堅守幾[illegible]

屈人紀其實也有旨兼蘄黃州制置使以目疾乞解軍事
上不許既而疾稍瘳王不復請强起視事又有旨令王
以三十將爲額八月二十三日有旨令王於襄陽府路復
州漢陽軍鄉村民社置山城水寨處疾速措置備禦事務
具已施行狀聞奏秋九月加檢校少保食邑五百户實封
二百户進封開國公制詞有曰得好生於朕志新舊染於
吾民支黨内攜爭撤狡窟渠魁面縛自至和門服矢弢弓
盡殺潢池之嘯聚帶牛佩犢悉歸田里之流逋清湖湘累
歲蕩汨之菑增秦蜀千里貫通之勢還軍鄂州益自奮厲
日率將士閱習師徒軍容甚整張浚視師還朝以聞冬十

月上賜詔褒諭十二月除荆湖南北襄陽府路招討使

行實編年四

紹興六年

紹興七年

紹興八年

紹興九年

紹興六年丙辰歲年三十四

梁興來 兼營田使 入覲 移屯襄陽易武勝

定國軍節度使除宣撫副使 周國夫人姚氏薨

起復 復虢州寄治盧氏縣 復商州 復長水

縣　戰葉陽　斬孫都統　擒蒲在　戰孫洪澗
焚蔡州　援淮西　戰何家寨　擒薛耳郭德等
戰白塔　戰牛蹄　賜銀合茶藥　賜鞍簡香茶
春正月太行山忠義保社梁興等百餘人奪河徑渡至王
軍前王以聞　上曰果爾當優與官以勸來者若此等人
來歸方見敵情遂詔王接納二月兼營田使以都督行府
議事至平江府自陳去　在所不遠願一見天顏九日得
旨[illegible]允面奏襄陽唐鄧隨郢金房均州信陽軍舊隸京西
南路乞改正如舊制又奏襄陽自收復後未置監司州縣
無以按察　上皆納之以李若虛爲京西南路提舉兼轉

運提刑公事文令湖北襄陽府路如有闕官自知通以下許王自擇強明清幹者任之及得薦舉改官陞擢差遣其有蠹政害民贓汙不濯者得自對移放罷十九日　陛辭

上賜酒器金二百兩士卒犒賞有差都督張浚至江上會諸大帥浚於座中獨稱王可倚以大事乃命韓世忠屯承楚以圖淮陽劉光世屯廬州以招北軍張俊屯盱眙楊沂中爲俊後翼特命王屯襄陽以窺中原謂王曰此事君之素志也惟君勉之王奉命遂移屯京西三月易武勝定國兩鎮之節除宣撫副使置司襄陽加食邑五百户食實封二百户制詞有曰　洛都甫邇王氣猶在於伊瀍陵寢具

存廟貌來務於鍾巽所以寓責望之意深矣王以言無重
名自非廊廟近臣今勳伐高世者不可委任上章力辭
上賜詔曰漢高帝一日得韓信齋戒築壇拜爲大將授數
萬之衆雖舉軍盡驚而高帝不以爲過與待絳灌樊酈輩
計級受賞者有閒矣豈非用人傑之才固自有體耶卿智
勇彝資忠義尤篤計無遺策動必有成勳伐之盛焜燿一
時豈止與淮陰侯初遇高帝比哉夏四月　上命至武昌
調軍丁周國夫人姚氏憂　上遣使撫問即日降制起復
勑本司官屬將佐本路監司守臣躬請視事賻贈常典外
加賜銀絹千匹兩襄奉之事鄂守主之王扶櫬至廬山連

表懇辭乞守終喪之志　上悉封還親札慰諭又累　詔
促起乃勉奉命復屯襄漢秋七月上命王凡移文僞境於
宣撫職位中增河東二字及節制河北路五字八月遣王
貴郝政董先攻虢州寄治盧氏縣下之殲其守兵獲糧十
五萬石降其衆數萬上聞之以語張浚等浚曰王措畫甚
大今已至伊洛則太行山一帶山寨必有通謀者自梁興
之來王意甚堅十三日遣楊再興進兵至西京長水縣之
業陽僞順州安撫張宣贊命孫都統及其後軍統制滿在
以兵數千拒官軍再興出戰斬孫都統擒滿在殺五百餘
人俘將吏百餘人餘黨奔潰明日再戰于孫洪澗破其衆

二千復長水縣得粮二萬餘石以給百姓官兵於是西京險要之地盡復又得僞齊所留馬萬匹芻粟數十萬中原響應王又遣至蔡州焚賊糧上賜詔褒之有曰進貔虎以馮陵殲鯨鯢於頃刻又曰長驅將入於三川震響傍驚於五路九月劉豫遣子麟姪猊許清臣李鄴馮長寧以叛將李成孔彥舟關師古合兵七十萬分道犯淮西諸將皆大恐劉光世欲舍廬州張俊欲棄盱眙同奏乞召王以兵東下欲令王獨擐其鋒而已得退保中外大震都督張浚聞之以書戒俊曰　豫之兵以逆犯順若不勦除何以立國平日亦安用養兵爲今日之事有進擊無退保遂言於

上曰岳某一動則襄漢有警復何所制力沮其議光世竟
全廬州退保采石上憂之乃以親札付浚曰不用命者以
軍法從事後光世始聽命還戰上猶慮其不足任復召王
初王自收曹成至平楊幺凡六年皆以盛夏行師為炎瘴
所侵遂成目疾重以母喪哭泣太過及是疾愈甚所居用
重簾蔽明不勝楚痛然聞詔即日啓行上聞之遣醫官皇
甫知常及僧中印以馹騎相繼至軍療治會麟敗王至江
州不違元詔冬十一月十九日奏上上語趙鼎喜甚尊朝
廷誦司馬光通鑑名分之説以稱之賜札曰聞卿目疾小
愈即提兵東下委身徇國竭節事君於卿見之良用嘉歎

今淮西賊遁未有他警已諭張浚從長措置卿更不須進
發其或襄鄧陳蔡有機可乘即依張浚已行事理從長措
置亦卿平日之志也王奉詔遂還軍時僞齊於唐州北何
家寨置鎮汝軍屯兵聚糧爲窺唐計王遣王貴董先等攻
毁之有僞五大王劉復雄擁兵出城迎敵初十日貴等遇
之于大標木依山而陳衆幾十倍一戰俱北横屍蔽野直
抵鎮汝軍焚其營而有其糧僞都統薛亨以衆十萬掠唐
鄧來援貴先嚴兵待之既戰佯北命馮賽以奇兵繞出其
後亨果來追先回兵夾擊賊大敗生擒薛亨及僞河南府
中軍統制郭德等凡七人殺獲萬計俘獻在所五大王以

匹馬逃王即奏云已至蔡境欲遂圖蔡以規取中原上恐
僞齊有重兵繼援未可與戰不許然貴等已至蔡城閉拒
未下王使人返之貴等回至白塔李成率劉復李序商元
孔彥舟王爪角王大節賈閔索等併兵來絕貴歸路貴以
馬軍迎擊賊兵盡敗追殺五里餘還至牛蹄賊復益兵追
及之有數千騎方渡澗爲董先所擊盡擁入澗中積屍填
谷得馬二千餘匹及衣甲器仗等降騎兵三千餘人賊兵
之繼來者望見官軍皆引遁　上聞捷大悅賜札獎諭曰
卿學深籌畧動中事機加兵宛葉之間奪險松栢之塞仍
得甲馬就食糗糧登聞三捷之功實冠萬人之勇益遂高

號等戰效也又遣內侍傳宣撫問賜銀合茶藥十二月大
雪苦寒上以王方按邊暴露手詔撫勞有曰非我忠臣莫
雪大耻又遣賜馬鞍四鐵簡二香茶藥等傳宣撫問召赴
在所
紹興七年丁巳歲年三十五
入覲　論馬　扈從至建康除太尉　陞宣撫使
陞營田大使　論恢復大計　論劉光世軍
解兵柄復軍乞以本軍討劉豫　論建都　乞進
屯淮甸　討廢劉豫　賜燕及茶藥等
春正月入見上從容與談用兵之要因問王曰卿在軍中

得良馬否王曰驥不稱其力稱其德也臣有二馬故常奇
之日啗芻豆至數㪷泉飲一斛然非精潔則寧餓死不受
介胄而馳其初若不甚疾比行百餘里始振鬣長鳴奮迅
示駿自午至酉猶可二百里褫鞍甲而不息不汗若無事
然此其爲馬受大而不苟取力裕而不求逞致遠之材也
值復平楊幺不幸相繼以死今所乗者不然日所受不過
數升而秣不擇粟飲不擇泉攬轡未安踴躍疾驅甫百里
力竭汗喘殆欲斃然此其爲馬寡取易盈好逞易窮駑鈍
之材也上稱善久之曰卿今議論極進二月除起復太尉
加食邑五百户實封二百户制詞有積獲齊山俘累載道

令行塞外響震関中等語賞商虢等功也繼除宣撫使兼
營田大使三月扈從至建康十四日以劉光世所統王德
酈瓊等兵五萬二千三百一十二人馬三千一十九匹隸王且詔
王德等曰聽某號令如朕親行王乃數見上論恢復之畧
以爲劉豫者金人之屏蔽必先去之然後可圖因慷慨手
疏言臣自國家變故以來從　陛下於戎伍實有致身報
國復讎雪耻之心幸憑社稷威靈前後粗立薄效　陛下
録臣微勞擢自布衣曾未十年官至太尉品秩比三公恩
數視二府又增重使名宣撫諸路臣一介賤微寵榮超躐
有踰涯分今者又蒙益臣軍馬使濟恢圖臣實何人誤蒙

神聖之知如此敢不晝度夜思以圖報稱臣竊揣敵情所以立劉豫於河南而付之齊秦之地蓋欲荼毒中原以中國而攻中國粘罕因得休兵養馬觀釁乘隙包藏不淺臣謂不以此時稟 陛下睿筭妙略以伐其謀使劉豫父子隔絕五路叛將還歸兩河故地漸復則金人之詭計日生浸益難圖然臣愚欲望 陛下假臣日月勿拘其淹速使敵莫測臣之舉措萬一得便可入則提兵直趨京洛據河陽陝府潼關以號召五路之叛將叛將既還王師前進彼必棄汴都而走河北京畿陝右可以盡復至於京都諸郡
陛下付之韓世忠張俊亦可便下臣然後分兵濬滑經略

兩河如此則劉豫父子斷必成擒僞大遼有可立之形金人
有破滅之理爲　陛下社稷長久無窮之計實在此舉假
令汝潁陳蔡堅壁清野商於虢略分屯要害進或無糧可
因攻或難於饋運臣須斂兵退保上流賊必襲而南臣俟
其來當率諸將或挫其銳或待其疲賊利速戰不得所欲
勢必復還臣當設伏邀其歸路小入則小勝大入則大勝
然後　徐圖再舉設若賊見上流進兵併力侵淮上或分
兵攻犯四川臣即長驅擣其巢穴賊困於奔命勢窮力殫
縱今年未終平殄來歲必得所欲　陛下還歸舊京或進
都襄陽關中唯　陛下所擇也臣聞興師十萬日費千金

内外騷動七十萬家此豈細事然古者命將出師民不再役糧不再籍蓋慮周而用足也今臣部曲遠在上流去朝廷數千里平時每有糧食不足之憂是以去秋臣兵深入陝洛而在寨卒伍有飢餓而死者臣故亟還前功不遂致使賊地陷僞忠義之人旋被屠殺皆臣之罪今日唯賴陛下戒勑有司廣爲儲備俾臣得一意靜慮不以兵食亂其方寸則謀定計審必能濟此大事異時迎還太上皇帝寧德皇后梓宮奉邀天眷以歸故國使宗廟再安萬姓同歡　陛下高枕萬年無北顧之憂臣之志願畢矣然後乞身歸田里此臣夙夜所自許者疏奏上以親札荅之曰有

臣如此顧復何憂進止之機朕不中制復召至寢閣命之
曰中興之事朕一以委卿又賜親札曰前議已决進止之
機　委卿自專飛發制人正在今日不可失也王復奏申
述前志札報曰臨機卿近奏毅然以恢復爲請豈天實啓之
將以輔成朕志行遂中興耶又令節制光州方率厲將士
將合師大舉進圖中原會呈秦檜王和議忌其成功沮之其
議遂寢王德酈瓊之兵亦不復畀之矣夏奏　詔詣都督
府與張浚議軍事時王德酈瓊之兵猶未有所付浚意屬
呂祉乃謂王曰王德之爲將淮西軍之所服也浚欲以爲
都統制而命呂祉以都督府參謀領之如何王曰淮西一

軍多叛亡盜賊變亂反掌耳王德與酈瓊故等夷素不相
下一旦握之在上則必爭呂尚書雖通才然書生不習軍
旅不足以服其衆某謂必擇諸大將之可任者付之然後
可定不然此曹未可測也浚曰張宣撫如何王曰張宣撫
宿將某之舊帥也然其爲人暴而寡謀且酈瓊之素所不
服或未能安反側浚又曰然則楊沂中耳王曰沂中之視
德等爾豈能御此軍哉浚艴然曰浚固知非太尉不可也
王曰都督以正問某不敢不盡其愚然豈以得兵爲念耶
即日上章乞解兵柄步歸廬山廬於周國夫人姚氏墓側
浚怒以兵部侍郎張宗元爲湖北京西宣撫判官監其軍

宗元日閱部伍乃心服王之能時連詔促王還軍主力辭
詔屬吏造廬以死請不得已乃趨朝既見猶請待罪上知
其故優詔荅之俾復其位而還宗元宗元歸寢于上曰將
帥輯和軍旅精銳上則稟承朝廷命令人懷忠孝下則訓
習武伎衆和而勇此皆宣撫岳某訓養之所致上大悅賜
褒詔曰想惟鉅鹿李齊之賢未嘗忘也聞細柳亞夫之令稱
善久之王遂上疏曰逆豫逋誅尚穴中土陵寢之祀皇圖偏
安　陛下六飛時巡越在海際天下之愚夫愚婦咸願伸
鋤奮挺以致死于敵而　陛下審重此舉累年于茲雖嘗
分命將臣鼎峙江漢僅令自守以待敵不敢遠攻而求勝

是以天下忠憤之氣日以沮喪中原來蘇之望日以衰息歲月益久汙染漸深趨向一背不復可以轉移此其利害誠爲易見臣待罪閫外不能宣國威靈致神州隔於王化虜僞穴於宮闕死有餘罪敢逃司敗之誅 陛下比者寢閣之命咸謂聖斷已堅何至今日尚未決策北向臣願用此時上禀成筭不煩濟師只以本軍進討虜少塞鰥官之咎以成 陛下寤寐中興之志順天之道因民之情以曲直爲壯老以逆順爲強弱萬全之舉茲焉可必惟 陛下力斷而行之疏奏札報曰覽卿來奏備見忠誠深用嘉歎恢復之事朕未嘗一日敢忘于心正賴卿等乘機料敵之

圖大功如卿一軍士馬精銳紀律修明皷而用之可保全
勝卿其勉之副朕注意王奉詔將行乃復奏以爲錢塘僻
在海隅非用武之地臣願建都上游用漢光武故事親帥
六軍往來督戰庶將士知聖意之所向人人用命臣當仗
國威靈皷行北向未報而酈瓊叛初王既還軍張浚竟用
呂祉爲宣撫判官王德爲都統制護其軍瓊果大譟不服
訟德於浚浚懼乃更以張俊爲宣撫使楊沂中爲制置使
呂祉爲安撫使而召德以本軍還爲都督府都統制瓊益
不服擁兵詣祉執而斬之盡其衆七萬走僞齊報至中外
大震浚始悔不用王言於是上詔報王以兵叛之後事既

異前遷都之舉宜俟機會王復上奏云叛將負國臣竊憤之願進屯淮甸伺釁僞機便奮擊期於破滅降詔奬諭而不之許王奉詔以舟師駐于江州爲淮浙聲援得報虜已廢僞齊先是六年王在襄漢豫兵連衂其爪牙心腹之將或擒或叛屢不自振然依金人之勢尚稽靈誅王知粘罕主豫而兀术常不快于粘罕可以間而動是年十月諜報兀术欲與豫分兵自清河來上令王激厲將士以備俄兀术遣諜者至王軍爲邏卒所獲縛至前吏請斬之王愕視曰汝非張斌耶本吾軍中人也引至私室責之曰吾鄉者遣汝以蠟書至齊約誘致四太子而共殺之汝往不復來吾

繼遣人問齊帝已許我今年冬以會合寇江爲名致四太子于清河矣然汝所持書竟不至何背我耶諜冀緩死即詭服乃作蠟書言與僞齊同謀誅兀朮事曰八月交鋒我窮力相擊彼已不疑江上之約其遂矣事濟宋與齊爲兄弟國因謂諜者曰汝罪萬死吾今貸汝復遣至齊問舉兵期宜以死報刲股納書厚幣丁寧戒勿泄諜唯唯拜謝而出復召之還益以幣重諭之乃遣至于再三諜徑抵兀朮所出書示之兀朮大驚馳白其主於是清河之謦不復聞豫以故得罪遂見廢奪王於是上奏謂宜乘廢立之際擣其不備長驅以取中原不報上又遣江諮至江州就賜茶

藥酒果及錫燕宣勞且賜御札嘉獎

紹興八年　戊午歲　年三十六

還軍鄂州備金人入覲論和議非

春二月還軍鄂州復累請于朝奏檜難之令條具曲折王歷述利害以聞不報五月諜報金人駐兵京師順昌淮陽陳蔡徐宿等郡期以秋冬大舉南寇又分三路兵聲言欲迎敵岳太尉朝廷第令隄備命王明遠斥堠習水戰練閱軍實爲待敵計不發兵深入王亦日夜訓閱更迭調軍屯襄漢備守而已秋召赴行在金人遣使議和將歸我河南地王入對上諭之王曰夷狄不可信和好不可恃相臣謀

國不臧恐貽後世譏議上默然宰相秦檜聞而銜之已而
金使至和議決上復親札歸功於王戮力練兵扶顛持危
之效王不樂謂幕中人曰得有盟信耶
紹興九年　己未歲　年三十七
講和　授開府儀同三司論虜情
春三月以復河南赦天下王表謝寓和議未便之意有曰
婁欽獻年於漢帝魏絳發策於晉公皆盟墨未乾顧口血
猶在俄驅南牧之馬旋興北伐之師蓋夷虜不情而犬羊
無信莫守金石之約難充谿壑之求圖暫安而解倒垂猶
云可也顧長慮而尊中國豈其然乎末曰臣幸遇明時獲

觀盛事身居將閫功無補於消埃口誦詔書面有慚於軍旅尚作聰明而過慮徒懷猶豫以致疑謂無事而請和者謀恐卑辭而益幣者進願定謀於全勝期收地於兩河唾手燕雲終欲復讎而報國誓心天地當令稽首以稱藩十一月授開府儀同三司加食邑五百户實封三百户時三大帥皆以和議成進秩一等王獨力辭且於貼黄陳情曰臣待罪二府理有當言不敢緘默夫虜情姦詐臣於面對已嘗奏陳竊惟今日之事可危而不可安可憂而不可賀可以訓兵飭士謹備不虞不可以行賞論功取笑夷狄事關國政不容不陳初非立異於衆人實欲盡忠於王室欲

望速行追寢示四夷以不可測之意萬一臣冒昧而受將
來虜寇叛盟似傷朝廷之體上三詔猶不受復温言奬激
至以郤縠守學奈公克已爲稱不得已乃拜王益率士卒
訓兵嚴備以虞旦夕之警分遣質信材辯者往伺虜情上
方遣齊安郡王士㒟等謁諸陵王自請以輕騎從士㒟洒
掃其實欲觀敵人之釁以誅其謀且上奏言虜人以和欵
我者十餘年矣不悟其姦受禍至此今復無事請和此殆
必有肘腋之虞未能攻犯邊境又劉豫初廢藩籬空虚故
詭爲此耳名以地歸我然實寄之也秦檜知其旨即奏新
復故地之初正賴大將撫存軍旅賜詔褒諭而止之又勑

王軍凡新界軍民毋得接納其自北而來者皆送還之所
遣渡河之士悉令收隸毋得往來
紹興十年
金人叛盟　援劉錡　議建儲　加少保河南府陝西
河東河北路招討使　改河南北諸路招討使分遣諸
將　復西京曹陳鄭趙州潁昌府永安南城軍等　復
垣曲沁水翼成縣等　戰曹州宛亭縣劭原曲陽永安
軍等　殺鶻旋郎君王太祿阿波那千户李孛堇萬户
千户等擒劉來孫等　駐郾城大破兀朮　敗拐子馬

戰五里店　斬阿李朶孛董　賜金合茶藥　賜金千
兩銀五萬兩錢十萬緡賜錢二十萬緡　戰小商橋
斬撒八孛董及千戶等　大戰潁昌府城西斬夏金吾
及千戶等　擒王松壽張來孫千户阿黎不田讙等
賜錢二十萬緡駐朱仙鎮以背嵬破兀术　兀术奔京
師　輯諸陵　兀术奔京師　班師乞致仕入覲
夏金人果叛盟犯拱亳諸州　上大感王言以爲忠五月
下詔命王竭忠力畫大計須奇功不次之賞崇戰士捐軀
之典開諭兩河忠義之人結約招納賜　御札曰金人過
河侵犯東京復來占據已割舊疆卿素藴忠義想深憤激

凡對境事宜可以乘機取勝結約招納等事可悉從便措置若事體稍重合稟議者即具奏來時王亦以警報奏乞詔在所陳機容會劉錡據順昌抗虜告急于朝上亟命王馳援王奉詔即遣張憲姚政赴順昌後奏請覲上遣李若虛前去就卿商量又曰設施之方則委任卿朕不可以遥度也王於是乃命王貴牛皋董先楊再興孟邦傑李寶等提兵自陝以東西京汝鄭潁昌陳曹光蔡諸郡分布經畧又遣梁興渡河會合忠義社取河東北州縣調兵之下[illegible]各詣其家人期以河北平乃相見又遣官軍東援劉錡由捋郭浩控金商之要應川陝之師而自以其軍長驅以臨

中原將發熏衣盥沐閉齋閤手書密奏言儲貳事其略曰
今欲恢復必先正國本以安人心然後不常厥居以示無
忘復讎之志初八年秋王因召對議講和事得詣資善堂
見　孝宗皇帝英明雄偉退而歎喜曰中興基本其在是
乎家人問其所以喜王曰獲見　聖子社稷得人矣其乞
詣行在也蓋欲面陳大計及李若虛來王亦以機會不可
失不復敢乞覲乃疏言之上得奏歎其忠御札報曰非忱
誠忠讜則言不及此六月授少保兼河南府路陝西河東
河北路招討使制詞有曰氣吞強虜壯自比於票姚志清
中原誓有同於祖逖又曰舉素定之成謀攄久懷之宿憤

嘉王之志在戰不在和也王益以無功辭不受 上詔諭
之曰卿陳義甚高 朕所嘉歎第惟同時並拜二三大帥
皆以次受命卿欲終辭異乎蘧伯玉之用心也王乃不敢
辭尋改河南北諸路招討使未幾所遣諸將及會合之士
皆響應相繼奏功李寶捷于曹州又捷于宛亭縣荆堽殺
其千户三人并大將鶻旋郎君又捷于渤海廟閏六月
張憲敗虜于潁昌府二十日復潁昌府王親帥大軍去蔡
而北 上以王身先士卒忠義許國賜札獎諭張憲遂進
兵陳州二十四日破其三千餘騎翟將軍益兵以來復敗
之獲其將一十八人保復陳州韓常及鎮國大王邪也孛堇等

以六千騎寇潁昌二十五日董先姚政敗之是日王貴之
將楊成破[illegible]帥漫獨化五千餘人于鄭州復鄭州二十九
日劉政復劫之于中牟縣獲馬三百五十餘匹驢騾百頭
漫獨化不知存亡秋七月一日張應韓清復西京破其衆
數千牛皐傅選捷于京西又捷于黃河上孟邦傑復永安
軍初二日其將楊遇復南城軍又與劉政捷于西京僞守
李成王勝等以兵十餘萬走棄洛陽歸懷孟時大軍在潁
昌諸將分路出戰王上自以輕騎駐于郾城縣方日進未已
兀术大怚會龍虎大王于東京議以爲諸帥皆易與獨王
孤軍深入將勇而兵精且有河北忠義響應之援其鋒不

可當欲誘致其師併力一戰朝廷聞之大以王一軍爲慮
賜札報王俾占穩自固王曰虜之技窮矣使誠如諜言亦
不足畏也乃日出一軍挑虜且罵之兀朮怒其敗初八日
果合龍虎大王蓋天大王及僞昭武大將軍韓常之兵逼
郾城王遣子雲領背嵬遊奕馬軍直貫虜陣謂之曰必勝
而後返如不用命吾先斬汝矣鏖戰數十合賊屍布野得
馬數百匹楊再興以單騎入其軍擒兀朮不獲手殺數百
人而還初兀朮有勁軍皆重鎧貫以韋索凡三人爲聯號
拐子馬又號鐵浮圖堵牆而進官軍不能當所至屢勝是
戰也以萬五千騎來諸將懼王笑曰易爾乃命步人以麻

札刀入陣勿仰視第斫馬足拐子馬既相聯合一馬僨二
馬皆不能行坐而待斃官軍奮擊僵屍如丘兀朮大慟曰
自海上起兵皆以此勝今已矣拐子馬由是遂廢兀朮復
益兵至郾城五里店初十日背嵬部將王綱以五十騎出
覘虜遇之奮身先入斬其將阿李朶孛堇大駭王時出
踏戰地望見黃塵蔽天衆欲少卻王曰不可汝等封侯取
賞之機正在此舉豈可後時自以四十騎馳出都訓練霍
堅者扣馬諫曰相公爲國重臣安危所繫奈何輕敵王鞭
堅手麾之曰非爾所知乃突戰陳前左右馳射士氣增
倍無一不當百呼聲動地一鼓敗之捷聞上賜札曰覽卿

奏八日之戰虜以精騎衝堅自謂奇計卿遣提舉遊奕迎破之鋒戕其酋領實爲雋功然大敵在近卿以一軍獨與決戰忠義所奮神明助之再三嘉歎不忘于懷上又遣內侍李世良詣王軍傳宣撫問賜金合茶藥金千兩銀五萬兩錢十萬緡尋又賜錢二十萬緡半以賞復鄭州兵半以予宣撫司非時支使兀朮又率其衆併力復來頓兵十二萬于臨潁縣十三日楊再興以三百騎至小商橋與之遇再興驟與之戰殺虜二千餘人并萬户撒八孛堇千户百人長毛毛可百餘人再興死之張憲繼至破其潰兵八千兀朮夜遁郾城方再捷王謂子雲曰賊犯郾城屢失利必

回鋒以攻頴昌汝宜速以背嵬援王貴既而兀朮果以兵十萬騎三萬來犯是貴將遊奕雲將背嵬戰于城西雲勇陣自舞陽橋以南橫亘十餘里金鼓振天城堞爲搖雲令諸軍勿牽馬執俘視柳而發以騎兵八百挺前決戰步軍張左右翼繼進自辰至午戰方酣董先胡清繼之虜大敗死者五千餘人殺其統軍上將軍夏金吾并千戶五人擒渤海漢兒王松壽女眞漢兒都提點千戶張來孫千戶阿黎不左班祗候承制田瓘以下七十八人小番二千餘人獲馬三千餘匹及雲護闌馬一匹金印七枚以獻兀朮狼狽遁去副統軍粘汗孛堇重創輿至京師而死十八日張憲

之將徐慶李山等復捷于臨潁之東北破其衆六千獲馬
百匹追奔十五里王上鄜城諸捷　上大喜賜詔稱述其
事曰自羯胡入寇今十五年我師臨陳何啻百戰曾未聞
遠以孤軍當茲巨孽抗犬羊並集之衆於平原曠野之中
如今日之用命者也復詔賜錢二十萬緡以犒軍是月梁
興會太行忠義及兩河豪傑趙雲李進董榮牛顯張峪等
破　于絳州垣曲縣奮勇入城復拔之擒其千戶劉來孫等
一十四獲馬百餘匹及器甲等又捷于沁水縣復之斬
將阿波那千戶李孛堇死者無數又追至于孟州王屋縣
之邵原漢兒軍張太保成太保等以所部六十餘人降又

追至東陽　弃營而去追殺三十人獲所遺馬八疋衣甲刀槍旗幟無數又至濟源縣之曲陽破高太尉之兵五千餘騎屍布十里獲器械槍刀旗鼓甚衆擒者八十餘人高太尉引懷孟衛等州之兵萬餘人再戰又破之賊死者十之八擒者百餘人得馬驢騾二百餘頭高太尉以餘卒逃又敗之于翼城縣復翼城縣又會喬高握堅等復趙州李興捷于河南府又捷于永安軍中原大震王上奏以謂趙俊喬高握堅梁興董榮等過河之後河北人心往往自乱願歸

朝廷臣契勘金　近累敗衂偽酋四太子等皆令老小渡河惟是賊衆尚徘徊於京城南壁近卻遣八千人過河北

此正是中興之機金　必亡之日苟不乘時必貽後患檜沮
之第報楊沂中劉錡新除而不言所遣王獨以其軍進至
朱僊鎮距京師纔四十五里兀术復聚兵且悉京師兵十
萬來敵對壘而陳王按兵不動遣驍將以背嵬騎五百奮
擊大破之兀术奔還京師王遂令李興檄陵臺令朱正甫
行視諸陵輯　永安　永昌　永熙等陵神臺枳橘栢株
之廢伐者補而全之先是王自紹興五年遣義士梁興敗
金人於太行殺其僞馬五太師及萬戶耿光祿破平陽府
神山縣遣張横敗金人於憲州擒嵐憲兩州同知及嵐
軍事判官遣高岫魏浩等破懷州萬善鎮及寨遣梁興等

宣布朝廷德意招結兩河忠義豪傑之人相與犄角破賊
又遣邊候李喜等渡河撫諭中國其約河東山寨韋銓等
皆斂兵固堡以待王師烏陵思謀虜之黠酋也亦不能制
其下但諭百姓曰毋輕動俟岳家軍來當迎降或率其部
伍舉兵來歸李通之衆五百餘人胡清之衆一千一百八
人李寶之衆八千李興之衆二千懷衛州張恩等九人相
繼而至白馬山寨首領孫淇等僞統制王鎮統軍崔慶將
官李覲秉義郎李清及崔虎劉永壽孟阜華旺等皆全率
所部至麾下以至虜酋之腹心禁衛如龍虎大王下忔查
千户高勇之屬及張仔楊進等亦咨受王旗牓率其衆自

北方來降韓常又以潁昌之敗失夏金吾金吾兀朮子婿也畏罪不敢還屯下長葛密遣使願以其衆伍萬降王遣賈興報許之是時虜酋動息及其山川險隘王盡得其實自磁相開德澤潞晉絳汾隰豪傑期日興兵　衆所揭旗皆以岳爲號聞風響應及是朱仙鎮之捷王欲乘勝深入兩河忠義百萬聞王不日渡河奔命如恐不及各齎兵仗糧食團結以俟王父老百姓爭挽車牽牛載糗糧以餽義軍頂盆焚香迎拜而候之者充滿道路所置守令熟視莫敢誰何自燕以南號令不復行兀朮以敗故復簽軍以抗王河北諸郡無一人從者乃自嘆曰自我起北方以來未

有如今日之挫衄王亦喜語其下曰這回番人直到黄龍
府當與諸君痛飲時方畫受降之策指日渡河秦檜私于
金人力主和議欲畫淮以北棄之聞王將成功大惧遂力
請于上下詔班師王上疏曰虜人巢穴盡聚東京屢戰屢
奔銳氣沮喪得間探報虜已盡棄輜重疾走渡河况今豪
傑向風士卒用命天時人事强弱已見時不再來機難輕
失臣日夜料之熟矣惟　陛下圖之疏累千百言上亦銳
意恢復欲觀成效以　御札報之曰得卿十八日奏言措
置班師機會誠爲可惜卿忠義許國言辭激切朕心不忘
卿且少駐近便得地利處報楊沂中劉錡同共相度如有

機會可乘即約期並進檜聞之益恒知王之志鋭不可返乃先詔韓世忠張俊楊沂中劉錡各以本軍歸而後言于
上以王孤軍不可留乞姑令班師一日而奉　金書者十有二王不勝憤嗟惋至泣東向再拜曰臣十年之力廢於一旦非臣不稱職權臣秦檜實誤　陛下也諸軍既先退王孤軍深在敵境懼兀朮知之斷其歸路乃聲言翌日舉兵渡河兀朮疑京城之民應王夜棄而出北遁百里王始班師郡縣之民大失望遮王馬前慟哭而訴曰我等頂香盆運糧草以迎官軍虜人悉知之今日相公去此我等噍類不遺矣王亦立馬悲咽命左右取詔書以示曰　朝廷有

吾不得擅留勞苦再四而遣之哭聲震野及至蔡有進士數百輩及僧道父老百姓會集于庭進士一人相帥叩頭曰某等淪陷腥羶將逾一紀伏聞宣相整軍北來志在恢復某等跂望車馬之音以日爲歲今先聲所至故疆漸復醜虜鳥奔民方室家胥慶以謂幸脫左衽忽聞宣相班師誠所未諭宣相縱不以中原赤子爲心其忍弃垂成之功邪王謝之曰今日之事豈予所欲哉命出詔書置几上進士等相帥歷階視之皆大哭相顧曰然則將奈何王不得已乃曰吾今爲汝留矣乃以漢上六郡之閑田處之且留軍五日待其徙從而遷者道路不絕今襄漢多是焉方亢

术夜棄京師將遂渡河有國朝舊日諸生叩馬諫曰太子毋走京城可守也岳少保兵且退矣兀术曰岳少保以五百騎破吾精兵十萬京師日夜望其來何謂可守生曰不然自古未有權臣在內而大將能立功於外者以愚觀之岳少保禍且不免况欲成功乎生蓋陰知檜與兀术事故以爲言兀术亦悟其說乃卒留居翌日果聞班師議者謂使王得乘是機也以往北虜雖强不足平也故土雖失不足復也一簣虧成萬古遺恨王既還虜人得伺其實無所畏憚兵勢漸振向之已復州縣又稍稍侵寇王抑鬱不自得自知爲檜所忌終不得行其所志凡兵動衆恢拓土宇

今日得之明日棄之養寇殘民無補國事乃上章力請解兵柄致仕上賜詔謂其方資長筭助予遠圖未有息戈之期而有告老之請不許奉詔自廬入覲上問之王筭再拜謝虜人大擾河南分兵趨川陜上命王應之以王貴行八月以趙秉淵知淮寧府虜犯淮寧為秉淵所敗又悉其衆圍秉淵王復命李山史貴解其圍虜再攻潁昌上命津發人民於新復州軍據險保聚韓世忠捷于千秋湖命以省州軍牽制九月虜犯宿亳命控扼九江又付空名告身給正任承宣使以下凡四百八十一道以激戰功冬十月川陜告急復請益光州兵援田邦直虜聚糧順昌將寇唐鄧

入比陽舞陽伊陽諸縣合捍禦隄備是冬梁與在河北不肯還取懷衛二州大破兀朮之軍斷山東河北金帛馬綱之路金人大擾

紹興十一年　辛酉歲　年三十九

擢淮西　召赴　行在除樞密副使　賜金帶銀絹鞍馬等　帶本職按閱　御前軍　還兵柄還兩鎮節充萬壽觀使奉朝請　謚號第八至殁

春正月諜報虜分路渡淮王得警報即上疏請合諸帥之兵破敵未報十五日兀朮韓常果以重兵陷壽春府二十日韓常與偽龍虎大王先驅渡淮二十五日駐廬[illegible]

報至行在上賜御札曰虜人已在廬州界上卿可星夜前
來江州乘機照應出其賊後詔未至王竊念虜既舉國來
寇巢穴必虛若長驅京洛虜必奔命可以坐制其弊二月
四日既遣奏復恐上急於退虜又上奏曰今虜在淮西臣
若擣虛勢必得利萬一以爲寇方在近未暇遠圖欲乞親
至蘄黃相度形勢利害以議攻卻上虜知荆鄂宿師必自
九江進援今若出此貴得不拘使敵罔測至是上得乞會
兵奏大喜及得擣虛奏果令緩行是日又得出蘄黃之請
益喜手札報諭以爲中興基業在此一舉初九日王始奉
初詔時方苦寒嗽力疾出師賜札曰聞卿見苦寒嗽乃能

勉爲朕行國爾忘身誰如卿者師至廬州兀朮聞王之師
將至與韓常等俱懲潁昌之敗望風遁遂還兵于舒以
俟命上賜札以王小心恭謹不敢專輒進退爲得體兀朮
用酈瓊計復窺濠州三月初四日王不俟詔麾兵救之次
定遠縣兀朮先以初八日破濠州張俊以全軍八萬駐于
黃連鎮去濠六十里不能救楊沂中趨城隅伏僅以身免
殿前之兵殲焉虜力據濠自雄聞王至又遁夜踰淮不能
軍夏四月遣兵捕郴賊駱科又遣兵援光州自朱仙鎮之
機一失虜勢浸橫暫卻遽進不可復禦隄防攻討皆無預
於恢復之計柘皐之戰能拒敵人之鋒而已中原之事未

可議也十年冬司農少卿高頴慷慨自陳欲裨贊岳其十
年連結河朔之謀措置兩河京東忠義軍馬爲攻取計梁
興不肯南還復懐衛二州絶山東河北金帛馬綱之路然
竟亦無所就虜人之強自若旣而秦檜竟欲就和議患諸
將不同已用范同策召三將論功行賞王至行在二十四
日授樞密副使加食邑七百户實封三百户特　旨位在
參知政事上賜金帶魚袋銀絹等視宰臣初除禮王奏請
還兵二十七日罷宣撫司皆冠以御前字五月十一日詔
韓世忠留院供職俊與王並以本職按閱軍馬措置戰守
同以樞密行府爲名撫定韓世忠軍于楚州先是王少俊

等十餘歲事俊甚勤紹興改元有李成之役俊旣叨王之
功得逭其責甚德王且服其忠畧屢稱薦於　上其後二
三年間蕩二廣江西之劇寇復襄陽六郡之故疆不淹時
而大功立時論許予寘諸將右上亦自謂得人傑行賞不
計其等擢之不次之位俊頗不平四年虜犯淮西俊分地
也怯而不肯行宰臣趙鼎責而遣之至平江府又辭以墜
馬傷臂鼎怒命一急足領之出関且奏請誅俊以警不用
命者旣又無功還王渡江一戰大捷解廬州圍上竒其功
畀以鎮寧崇信兩鎮之節俊益耻之及王位二府正專征
天下稱三大帥與俊體敵俊忿疾見於辭色王益屈已下

之數以畢辭致書於俊俊皆不荅楊幺平王又致書獻俊
樓船一兵械畢備俊受船復不荅書王事之愈恭俊橫逆
自若至七年恢復之請大合上意札書面命皆以中興之
事專畀王又所賜褒詞每有表異之語如曰非我忠臣莫
雪大耻卿爲一時智謀之將非他人比朕非卿到終不安
心甚者謂聽其號令如朕親行俊見之常憾其軋巳有意
傾之是歲淮西之役王聞命即行途中得俊咨目甚言前
途之糧不肯行師王不復問鼓行而進故賜札曰卿聞命
即往廬州遵陸勤勞轉餉艱阻卿不復顧問必遄其行非
一意許國誰肯如此俊聞之疑王漏其書之言於上歸則

倡言於朝謂王逗遛不進以乏餉爲辭或勸王與俊廷辨
王曰吾所無愧者此心耳何必辨及視世忠軍俊知世
忠嘗以謀劫虜使敗和議忤檜承檜風旨欲分其背嵬謂
王曰上留世忠而使吾曹分其軍朝廷意可知也王曰不
然國家所賴以圖恢復者唯自家三四輩萬一主上復令
韓太保典軍吾儕何顏以見之俊大不樂比至楚州乘城
行視俊顧王曰當修城以爲守備計王曰吾儕所當戮力
以圖尅復豈可爲退保耶俊艴然變色遷怒於二候兵以
微罪斬之韓世忠軍吏耿著與總領胡紡言二樞密來楚
州必分世忠之軍且曰本要無事却是生事紡上之朝檜

捕著下大理擇酷吏治獄將以扇搖誣世忠王嘆曰吾與世忠同王事而使之以不辜被罪吾爲負世忠乃馳書告以檜意世忠大懼亟奏乞見投地自明上驚諭之曰安有是明日宰執奏事上以詰檜且促具著獄於是著止坐妄言追官杖脊流吉陽軍而分軍之事不復究矣俊於是大憾王及歸倡言於朝謂王議棄山陽專欲保江且密以王報世忠事告檜檜聞之益怒使諫臣羅汝楫彈其事初檜不欲宗強王乃建資善之請檜擠趙鼎而黜之王獨對衆嘆惜與檜意俱不合已深惡之及檜私金虜主和議王慷慨屢上平戎之策以恢復爲己任入覲論和議則斥相臣

謀國不臧表謝新復河南赦則有唾手燕雲等語旨意大異上賜以手書諸葛亮曹操羊祜三事王恭書其後鄙曹操之為人酷虐變詐且曰若夫鞭撻四夷尊中國安宗社輔 明天子以享萬世無疆之休臣竊有區區之志不知得仲與否也至虜人渝盟上劄付檜奏於王王讀之見德無常師主善為師之說惡其言餙姦罔 上則又恚罵曰君臣大倫比之天性大臣秉國政忍面謾其主耶檜自是既憾王之非已又懼其終梗和議忤金人意謂王不死已必及禍遂有必殺王之念日夜以求所以誣陷之者王亦自知不為檜佞所容屢請解兵避之不許始檜議和諸將皆

以爲不便檜知張俊貪可以利動乃許以罷諸將兵專以付俊俾贊其議俊果利其言首同列而自歸于檜檜深感之至是得俊語復投其所甚欲乃自召俊與謀共危王以万俟卨在湖北嘗與王有怨故風卨彈之卨尤喜附檜願効鷹犬章再上不報又風羅汝楫章六上又不報會王亦累抗章請罷樞柄　上惜其去以詔慰之曰曾居位之日幾何而丐閑之章踵至無亦過意爲之憮然力辭八月還兩鎮節充萬壽觀使奉朝請恩禮如舊制詞有奮身許國彰趙士之曼纓勵志圖功撫臧宮之鳴劒表王之志終始不替世於是檜俊之怨未巳密誘王之部曲以能告王事者寵

以優賞卒無應命又遣人伺其下與王微有怨者輒引致之使附其黨否者脅之以禍聞王責嘗以潁昌怯戰之故爲臣雲所折責比其凱旋王猶怒不止欲斬之以諸將懇請獲免又因民居火貴帳下卒盜取民蘆筏以蔽其家王偶見之即斬以徇杖貴一百檜後竟貴必憾王父子使人誘之貴不欲曰相公爲大將寧免以賞罰用人苟以爲怨將不勝其怨矣檜後不能屈乃求得貴家私事以劫之貴懼而從時又得王俊者嘗以從戰無功歲久不遷頗怨王且位副張憲憂以姦貪爲憲所裁與憲有隙後本一黠卒始在東平府告其徒呼千等罪得爲都頭自是以告訐爲

利不問是否自出身以來無非以告訐得者軍中號曰王鷳兒鷳兒者鷙搏無義之稱也檜俊使人諭之輙從於是檜俊相與謀以爲張憲貴俊等皆王之部將使其徒自相攻發而因及其父子庶 主上不疑張俊乃自爲文狀付王俊妄言張憲謀還王兵使告之王貴乃使貴執憲以歸于巳是時俊附檜黨檜方專國擅權威動人主風旨所向無敢違忤是非黑白在檜呼吸閒自非守道不屈之士未有不折而從之者故貴等唯其所使憲未至張俊預爲獄待之屬吏王應求請於俊以爲密院無推勘法恐壞亂祖宗之制俊不從親行鞫煉使憲自誣謂得雲手書命憲

營還兵討憲被血無全膚竟不伏俊手自具獄以獄之成
告于檜十月械憲至行在下大棘寺十三日檜奏乞召王
父子證張憲事上曰刑所以止乱若妄有追證動揺人心
不許檜不復請十三日矯詔召王父子前一夕有以檜謀
語王使自辨王曰使天有目必不使忠臣陷不義萬一不
幸亦何所逃明日使者至笑曰皇天后土可表某心耳初
命何鑄典獄鑄明其無辜改命万俟卨卨不知所問第誣
言王之父子與憲有異謀又誣王使于鵬孫革致書于憲
貴令之虛申探報以動朝廷王之子雲以書與憲貴令之
擘畫措置而其書皆無之乃妄稱憲貴已焚其書皆無可證

者自十三日以後坐係兩月無一問及王尚等皆憂恇無辭以竟大獄或告尚曰淮西之事使如臺評固可罪也尚喜遽以白檜十二月十八日始札下寺命以此詰王尚先令簿録王家取當時御札束之左藏南庫欲以滅迹逼孫革等使證王逗遛而往來月日甚明竟不能紊乃命評事元龜年雜定之以傅會其獄會歲暮竟不成檜一日自都堂出徑入小閤危坐終日已而食柑以瓜畫其皮幾盡良久手書小帋令老吏付獄中遂報王薨矣蓋十二月二十九日也年三十有九其具獄但稱以衆證結案而王竟無服辭云憲與雲俱坐死幕屬賓客于鵬等坐者六人獨參

謀薛弼嘗有德於卨爲憲湖北時檜在永嘉曰又嘗從檜
遊且恭奴事得其懽心及在莫中知檜惡王動息輙報得
不罪遷王家族於嶺南與張憲並籍没貲産檜使親黨王
會搜括家無儋石之儲器用惟存尚方所賜之外無有也
初王之獄檜以忌怨成隙待王以必死何鑄既明王無辜
失檜意遷鑄執政而俾使虜實奪其位卨自請任其責乃
擢之爲中丞專主鍛鍊獄之未成也大理丞李若樸何彦
猷以爲無罪固與卨爭卨即日彈若樸謂其黨庇王與彦
猷俱罷大理卿薛仁輔亦言其冤卒以罪去知宗士㒟請
以百口保王卨劾之竄死于建州布衣劉允升上疏訟其

究下棘寺以死王俊以告誣自左武大夫果州防禦使超轉正任觀察使姚政龐榮傅選等以傅會遷轉有差後王俊離軍檜猶不忘之授以副總管從者賞違者刑尚知避嫌無不夤結奉承時董先亦逮至檜恐其有異辭引先面諭且甘言撫勞之曰毋恐第證一句語今日便出先唯唯檜使大程官二人護先至獄中先對吏果即伏遂釋之不逾半刻唯樞密使韓世忠不平獄成詣檜詰其實檜曰飛子雲與張憲書不明其事體莫須有世忠曰相公言莫須有何以服天下因力爭檜竟不納王死洪皓時在虜中馳蠟書還奏以爲虜所大畏服不敢以名呼者唯王號之爲

岳爺爺諸酋聞其死皆酌酒相賀曰和議自此堅矣他日
皓還朝論及王死不覺爲慟上亦素愛王之忠聞皓奏益
痛悔焉薨之日天下知與不知皆爲流涕下至三尺童子
亦怨秦檜云查籥謂人曰虜自叛河南之盟岳某深入
不已檜私于金人勸上班師金人謂檜曰爾朝夕以和請
而岳某方爲河北圖且殺吾壻不可以不報必殺岳某而
後和可成也檜於是殺王以爲信沈尚書介謂岳霖曰王
之忤張俊也以廉忤秦檜也以忠俊方厚貲而王獨清檜
方私虜而王獨力戰此所以不免也時以爲名言

忠文王紀事實錄

行實拾遺

王天性至孝自北境紛擾母命以從戎報國輒不忍憂趣之不得已乃留妻養母從　高宗皇帝渡河河北陷淪失盜區音問絕隔王日夕求訪數年不獲俄有自母所來者謂之曰而母寄余言爲我語五郎勉事聖天子無以老媪爲念也乃竊遣人迎之阻於寇攘往返者十有八然後歸

王欣拜且泣謝不孝自歸有痼疾王雖身服王事軍旅應酬無虛刻嘗以昏莫竊暇至親所嘗藥進饍衣服器用視燥濕寒煖之節語欬行履未嘗有聲遇出師必嚴飭家人謹侍養微有不至詈罰自妻始及母薨水漿不入口者三日每慟如初毀瘠幾滅性自與子雲跣足扶櫬歸葬不避塗潦蒸暑諸將佐有願代其役者王謝之路人無不涕泣旣葬廬于墓朝夕號痛又刻木爲像行溫凊定省之禮如生時連表哀訴願終三年喪上三詔不起勑監司守臣請之又不起責其官屬以重憲使之以死請乃勉強奉詔終制不忍棄衰絰自　二聖北狩夷狄猾夏王每懷誓不與

遷俱生之志刺繡爲袍有誓作中興臣必殄金賊主之文
其後援筆爲詞詩經行紀歲月無不以取中原滅逆虜爲
念手攘群盜如李成曹成馬友彭友虔吉湖湘之寇皆同
時諸將所不能爲之功然大營驛等題則曰此蜂蟻之羣
也豈足爲功北踰沙漠蹀血虜庭盡屠夷種復 二聖取
故疆使主上奠枕則吾所志至翠巖寺詩又有山林嘯聚
何勞取沙漠羣凶定破機之句每拜官辭避之語亦然於
檢校少保則曰未能攘却夷狄掃除僭竊宣撫副使則曰
顧王宇恢復之迹未見尺寸太尉則曰腥羶叛逆之族尚
據中土而臣官職歲遷月轉實負初心少保則曰羯胡敗

盟未見殄滅豈可以身爲謀貪冒爵祿又曰侯臣功績有成將拜手稽首祗承休命其志可知矣小心事上畏威咫尺聞大駕所幸未嘗背其方而坐上稱其尊朝廷及賜詔屢有小心恭謹不敢專輒之褒如紹興六年禦劉麟至江州十一年禦兀朮舒州俟命之類是也視國事猶其家常以國步多艱主上春秋鼎盛而皇嗣未育聖統未續對家人私泣聞者或相與竊迂笑之十年北征首抗建儲之議援古今陳利害雖犯權臣之忌而不顧天下聞而壯之奉身儉薄食不二載居家惟御布素服食器用取足而已不求華巧旁無姬妾蜀帥吴玠素服王善用兵欲以子女

交驩嘗得名姝有國色飾以金珠寶玉𥁞奩鉅萬遣使遺王次漢陽使者先以書至王讀之甚不樂即日報書厚遣使者而歸其女諸將或請曰相公方圖關陝何不留此以結好王曰吾少師於其厚矣然國恥未雪聖上宵旰不寧豈大將宴安取樂時耶左右莫敢言玠見女歸益敬服以爲不可及少時飲酒至數斗不亂上嘗面戒曰卿異時到河朔方可飲酒自是絶口不復飲諸將有勸者輙怒之見妻御繒帛則曰吾聞后宮妃嬪在北方尚多窶乏汝既與吾同憂樂則不宜衣此命易以布素家人有擣練者聞王歸即遽止

朝廷命王與韓世忠張俊分地任責虜畏王威名獨不敢
窺荊襄常出淮西侵寇王守巴地之外又屢爲應援十一
年虜入壽春踰淮而來王初得警即上奏乞出師繼又念
虜旣入寇巢穴必虛乞出京洛以制其弊復恐上急於退
虜是日復奏乞出蘄黃相度先議攻郤皆未有詔也至援
濠州亦不待詔而行其切於謀國如此
臨戎誓衆言及國家之陷仰天横泗氣塞莫能語士卒感
憤皆欷歔而聽命奮不顧身臨敵必先士卒摧精擊鋭不
破不止或人問天下何時太平王曰文官不愛錢武官不
惜命則太平矣與將校語必勉忠孝節義士皆願効死力

每征討出師朝聞命夕就道祈寒大暑不憚勞苦雖疾亦不問鞍虜勍敵衆人所避王獨行如隆冬按邊而上有非我忠臣莫雪大耻之喻盛夏出師而上有暑行勞勤朕念之不忘之語不顧目疾東下援赴而上有委身徇國竭節事君之歎自力寒嗽疾馳先驅而上有國爾忘身誰如鄭者之褒者不一也於事尤不避繁瑣當復襄漢平楊么之時諸將碌碌不足恃朝廷憂∴之責委於王州郡之所告急密諜之所探聞朝徹宸旒暮馳莫府一日之間既命圖襄漢又命圖楊么交至沓集王隨事酬應未嘗憚煩所部兵二萬餘人守禦者半攻討者半東西調役畧無乏事

平居憂國知無不為諸大將率以兵為樂坐糜廪庾漫不加卹王獨常有憂色每調軍食必蹙額謂將士曰東南民力耗弊極矣國家恃民以立國使爾曹徒耗之大功未成何以報國及京西湖北之地始平即募民營田凡流逋失業及歸正百姓給以耕牛糧種輟大軍之儲萬石貸其口食俾安集田里一意耕耨分委官吏責成大功又為屯田之法使戎伍攻戰之暇俱盡力南畝無一人游閒者其疆理溝洫之制皆有條緒行之二三年流民盡歸田野日闢委積充溢每歲餽運之數頓省其半上嘗手書曹操諸葛亮羊祜三事賜之守臣武赳等以營田還荊湖之民至今

賴其利焉
諸大將多養冗貟自肆崇飾體貌　王獨以宣撫司官屬有冗
貟蠹國害民乞行裁減其體國率如此
上嘗亟稱其忠見於詔札則曰卿志存憂國義尊報君又
曰卿忠義之心通于神明又曰忠義出于天資忱恂著於
臣節見於制詞則曰秉誼忠純又曰精忠許國其類不可
殫紀
樂施踈財不殖資產不計生事有無所得錫賚率以激犒
將士兵食不給則資糧於私廩九江有宅一區聚家族之
北來者有田數頃盡以贍守家者張俊貪占田徧天下而

家積鉅萬嘗謂其形迹已故憾之卒之日雖王會極力捜括家無餘貲秦檜猶疑之謂所藏不止是興大獄數年盡捕家吏逮治有死者而卒不得錙銖云

上知其屢空欲擇第於行都欲以出師日自任其家事王辭曰北虜未滅臣何以家爲起復制詞亦有霍票姚辭第之志

御軍之術其大端有六曰重蒐選貴精不貴多昔嵬所向一皆當百上初以韓京吳錫二軍付王皆不習戰鬬且多老弱王擇其可用者不滿千人餘皆罷歸數月遂爲精卒

上喜賜報曰可見措置有方忠誠體國二曰謹訓習止兵

休舍輒課其藝暇日尤詳至過門不入視無事時如有事時如注城挑壕等藝皆被重鎧精熟安習人望之以爲神三曰公賞罰待千萬人如待一人張憲之部卒郭進有功從莫邪關頓解金束帶及所用銀器賞之又補秉義郎子雲嘗以重鎧習注坡馬躓而踣王以其不素習怒曰前驅大敵亦如此耶遽命斬之諸將叩頭祈免猶杖之百乃釋之餘如傅慶以奔功誅辛太以違命誅任士安以慢令受杖過無大小必懲必戒張俊嘗請問用兵之術荅曰任信智勇嚴五者不可闕一請問嚴曰有功者重賞無功者峻罰四曰明號令授兵指畫約束明簡使人易從違者必罰

五曰嚴紀律行師用衆秋毫不犯有踐民稼傷農功市物售直不如民欲之類其死不貸卒有取民麻一縷以束芻者詰其所自得立斬之六曰同甘苦待人以恩常與士卒最下者同食樽酒臠肉必均及其下酒少不能遍則益之以水日受一啜出師野次士卒露宿雖館舍具備不獨入詔詞有所謂絶少分甘與人同欲又云甘苦同於士卒雖萬衆而猶一心者指此諸將遠戍則使妻至其家問勞其妻妾遺之金帛申殷懃之勸人人感其誠各勉君子以忠報其有死事者哭之盡哀輟食數日存其孤或以子婚其女士卒有疾輒親造撫視問所欲至手爲調藥朝廷寧有

犒多者數十萬緡少者數萬緡付之有司分給一錢不私
藏嘗命其將支犒帶甲人五緡輕騎人三緡不帶甲者二
緡將裁其數匿金歸己杖而殺之有是六者用能恩威兼
濟人人畏愛重犯法部衆十數萬本四方亡命樂縱嗜殺
之徒皆奉令承教無敢違戾夜宿民户外民開門納之莫
敢先入晨起去草莽無亂者所過民不知有兵市井粥販
如平時湖口人項氏家粥薪自給有卒市薪項愛其不擾
欲自損其直二錢以授之卒曰吾可以二錢易吾首領耶
竟不敢從益償其直而去雖甚飢寒不變節每相與自詫
曰凍殺不拆屋餓殺不打虜是我軍中人也民見他將兵

遁亡滅影聞爲岳家軍過則相帥共觀舉手加額感慕至泣

御衆得其死力楊再興殁于虜焚其屍得矢鏃二升蓋不償不止也在合肥日遣騎馳奏至楊子江風暴禁渡典者力止之騎曰寧爲水溺死不敢違相公令自整小舟絶江望者以爲神

凡郢戍皆日至寡敵至衆如南薰門王善之戰以八百人破五十萬桂嶺曹成之戰以八千人破十萬衆不可殫舉而最後以背嵬騎五百大破兀术十萬之衆兀术號善用兵精大懼亟棄京師其兵之精蓋如此

用兵無奇正臨機制勝嘗自言爲将無謀不足以搏匹夫故王於用謀如紹興二年逸諜以破曹成六年僞書以廢劉豫之類不可槩舉故制詞嘗有慮而後會之機謀成而動 有功 冠三軍之勇 計然後戰等語

臨事定猝遇敵不爲摇動敵以爲撼山易撼岳家軍難攻郢州城不設壕塹路不設伏而 自不敢犯兵雖常勝無驕色先計後戰務出萬全自結髮從軍大小數百戰未嘗敗北以此

凡出兵必以廣上德爲先殲其渠魁而釋其餘黨不妄戮一人 桿将冠成嘗殺降即劾其罪是以信義著敵人不疑

恩結於人心雖虜之僉軍皆有親愛願附之意如建炎三
年在常州紹興十年龍虎大王下忔查千户高勇等之來
皆千里來奔故制詞有得仁人無敵之勇宣子不殺之武
廣好生於朕志等語
權雖專莫敢擅輒初襄漢平諸郡彫瘵州縣官率乏時不
上詔王得自專辟置臧否之權王詮擇人物以能安集百
姓為先張旦守襄陽兼四川安撫使牛皐為副使李尚義
通判襄陽府事李道為四州都統制周識攝郢孫暈攝隨
舒繼明攝信陽高青攝唐皐藻貳之張應攝鄧党尚友貳
之郢莫則孫革蔣廷俊邵俅訾諧等各由小吏識拔人樂

於赴功朞月之間咸以最聞迨其稍還舊觀即上章乞還
辟置之權上降詔援衛青不與招賢事稱之且曰自非思
慮之審謙謹之至何以及此其遠權勢蓋如是諸大將貪
功王每被賞輒以無功辭甚至六七辭不肯妄受上嘗賜
詔曰卿每拜官必力懇避誠知懷冲遜之實非但爲禮文
之虛也復襄漢時宰臣朱勝非使人諭之以歛至日建節
旄王愕然曰丞相待我何薄耶乃謝使者曰爲其善辭丞
相岳其可以義責不可以利誘襄陽之役君事也使訖事
不授節將坐視不爲乎援一城而予一爵者所以待衆人
而非所以待國士也及建節力辭不得已乃受劉光世之

兵上初以畀王檜知其有大舉北征意沮之寢其命畧無
溫色及復軍首乞不假濟師以本軍進討以除心腹患酈
瓊叛之又乞進屯淮甸上賜詔褒之兵隸李回日授神武
副軍都統制已乃聞爲甥壻高澤民僞爲之請而得之王
驚惕即日自陳乞正澤民罔上之誅力辭不受又數見回
白其事回乃奏云岳某一軍自從討賊服勤職事忠勇之
名聞於江右紀律之嚴信於疲氓留屯洪州聲勢甚遠江
湖群寇率皆逃避近遷神武副軍都統制士論皆謂稱職
及得其外甥壻私書乃知此除曾經樞密院陳乞某小心
惶懼累與臣言實非本心所敢僥望上即報回曰岳某勇

於戰鬬馭衆有方昨除神武副軍都統制出自朕意非因
陳乞可令安職又力辭回再三諭之乃止後慕屬劉康年
亦爲之請毋封國夫人次子雷授以文資王得其實鞭康年
五百繫之上章待罪乞反恩汗
功成不居盡推與同列及其下始受襄漢之命朝廷令劉
光世遣馬軍五千人爲牽制六郡盡復光世之軍始至及
論賞乃奏乞先賞光世功李寶結約山東豪傑數千人屢
請以曹州率衆來之泗以歸爲韓世忠奏留之寶截髮慟
哭願還王戲下世忠以書來諗王荅曰是皆爲國家報虜
何分彼此世忠歎服每辭官必云某所之戰皆將士竭力

在臣行功辭少保之章曰臣方同士卒之甘苦明將帥以
恩威冀成尺寸之功仰報君父之德豈可身被厚寵恝然
不以當鋒刃冒矢石者爲心上將士之功絲毫必錄行賞
於朝惟恐不厚或功優賞薄不避再三之請爲之開陳然
不當得則一級不妄予部將有正任廉車者數人率積於
此轉餉之臣於軍須無闕者皆上之朝如曾紆薛弼劉延
年程千秋徐與可張運之屬皆以勞遷或得職名何子端
陳進等雖小吏亦以功進二階下及游說有助如進士蕭
清臣趙澗陶著等皆命之以官尤嚴死事之典朝没暮上
如舒繼明扈從舉及張漢之吳立等皆蒐訪而得不遺一

人雲從戰數立奇功乃常匿之所遷擢旨朝廷與槩上所
特命襄漢功第一不上逾年銓曹辨之始遷武翼郎并楊
幺亦第一又不上張浚廉得其實曰岳侯避寵榮一至此
廉則廉矣然未得爲公也乃奏云湖湘之役岳雲實爲奇
功以雲乃飛子不曾保明乞與特推異數王猶辭不受嘗
以特旨遷三資王辭曰士卒冒犯矢石斬將陷陳立奇功
者臣始所事狀得霑一級男雲無故遽躐崇資是不能與
士卒一律將何以服衆又言非所以示將士大公至正之
道累表不受上嘉其志特俞其請帶遥刺則曰始就義方
尚存乳臭雖屢經於行陳曾未見於事功比者驟遷官職

必令志氣怠惰伏望追還成命庶使粗知官爵之難勉力學業他日或能備效驅策又曰使雲不知名器之重或就驕溢上則負陛下之恩下則取縉紳之議并臣之罪亦復難逃又云正己而後可以正物自治而後可以治人若使男雲受無功之賞則是臣已不能正己而自治何以率人乎至十年頴昌之戰功先諸將而辭忠州防禦則曰君之馭臣固不吝於厚賞父之教子豈可責以近功男雲隨行迎敵雖有薄効殊非大功乞収成命帶御器械則又力辭獲免而止

上嘗賜詔稱之曰卿力抗封章推先將士蓋不特因執謙

避耻同漢將之爭功而使其自立勲勞復見西平之有子
遇諸子尤嚴平居不得近酒爲學之暇使操畚鍤治農圃
曰稼穡艱難不可不知也重節誼謹施報死猶不忘張所
以誘諭行至長沙賊酋劉忠者誘其附巳以叛所罵忠不
從竟遇害其子宗本尚幼王訪求鞠養教以儒業飲食起
居使諸子相處　紹興七年遇明堂恩搭其子而補宗本
奏曰臣昨建炎初因論事罷黜　聖造寬洪偶幸逃死于
時孤孑一身狼狽羈旅因投招撫使張所所一見與臣云
及兩河燕雲利害適偶契合臣自白身借補修武郎其後
所軍次北京未及渡河貶謫南方卒以節死臣念張所實

先意兩河而身未北渡已遭横議今其身多彫喪後嗣零
落臣竊痛之使臣不言臣則有負欲望矜憐將臣今歲奏
薦恩例補所男宗本仍乞依張俊例於文資内安排又陳
述所死難之由乞追復舊職仍乞優加褒異以旌其忠上
俞之復特賜其家銀絹百匹兩與一資恩澤
議論持正不善附人年少未顯見當路要人未嘗有强顔
攀附意故卒以此買戾素無一介之助致位通顯皆上所
親擢上賞褒其功謂左右曰用將須擇孤寒忠勇久經艱
難親冒矢石者
王得附竹帛之光以此好禮下士食客所至常滿一時名

人才士皆畢萃幕府商論古今相究詰切直無所違忤或語至夜分乃寢出則戎服升首坐理軍務入則峩冠褒衣窮經傳或雅歌投壺持循禮灋恂恂如書生口未嘗言己功制詞所謂廉約小心得祭遵好禮之實又云有公孫謙退不伐之風又云卑以自牧履滿異不伐之謀其類可考

秦國夫人李氏遺事

娶李氏名娃字孝娥奉其姑有禮度又能籌理軍事王出軍則必至諸將家撫其妻子以恩結之得其歡心在宜興日王嘗召至行在部下謀叛李氏得之不言一日會諸將于門即坐告之捕斬叛者一軍肅然

諸子遺事

雲年十二從張憲戰憲得其力大捷號曰嬴官人軍中皆呼爲王征伐未嘗不與京西之役手握兩鐵鎚重八十斤先諸軍登城攻下鄧州又攻破隨州潁昌之役大戰無慮十數合出入虜陣甲裳爲赤體被百餘創然每戰捷王獨不上故其功多不聞歷任王機莫帶御器械提舉醴泉觀官至左武大夫忠州防禦使死之日年二十三贈安遠軍承宣使

雷故任忠訓郎閤門祗候贈武畧郎

霖故任朝請大夫敷文閣待制贈中[illegible]大夫

震故任朝奉大夫提舉江南東路常平事
霆故名霱改賜今名任修武郎閤門祗候

昭雪廟謚

紹興二十五年秦檜薨于位子熺勒令致仕高宗皇帝厲精萬幾首欲復王官而時宰万俟卨嘗主王獄力陳以爲虜益猖獗方此顧和一旦録故將疑天下心不可及紹興之末虜益猖獗朝廷始追咎和議太學生程宏圖上書其畧曰今日之事國家所以應之者先務有四其一曰下詔書以感南北之士和議既行之後爲故相秦檜所誤沮天下忠臣義士之氣一旦思得其死力必有以感動其心而

奮起之故忍痛之詔不可不亟下然詔不可徒下也首當正秦檜之罪復無辜之冤以舒天下不平之心而振其敢爲之氣且檜所以失吾南北之心者自趙鼎以不主和議而竄海外身滅家亡則學士大夫忠義之氣沮矣自岳飛以決定用兵而誣致大逆則三軍之士忠憤之氣沮矣至如長告訐之風起羅織之獄一言及時事不問是否例置死所使天下不知有陛下而欲人呼巳謂之聖臣則天下匹夫匹婦忠憤之氣由此掃地矣檜所以失吾中原之心者亦有由矣士大夫陷沒虜中而家屬有在中國者悉覊之日檜既不能庇其宗族以結其心而使之起義以報

我乃返御虜人之請而悉還之方其去時如赴死所中原忠義南望吞聲恨其絕望於我也今者要當正秦檜之罪而籍其家財雪趙鼎岳某之罪而復其官祿然後下詔臣將見其懽忭鼓舞吐憤紓懷朝讀詔書而暮赴義矣上深然其言下詔諭中原及諸國等人又詔燕北人昨被遣歸者蓋爲權臣所誤追悔無及又許王家自便盡室生還竄檜黨于荒遠削籍除名示不復用初以岳陽與王之姓同易爲純州至是復仍舊號於是上意一孚志士爭奮汪徹以御史中丞宣諭京西諸將與合軍陳謀以訟王之寃徹諭之曰當以奏知諸軍哭聲如雷皆呼曰爲我岳公爭氣

効死都督張浚參贊陳俊卿聞此語皆悲感服先是王薨
一年前後年此日諸將復之武昌騎戲又一下卒忠義所
激自題一詩云自古忠臣帝主疑全忠全義不全尸武昌
門外千株柳不見楊花撲面飛聞者為之悲泣罷遊暨
孝宗皇帝涖祚云初首下詔曰故岳某起自行伍不踰數年
位至將相而能事上以忠御衆有法屢立功效不自矜夸
餘烈遺風至今不泯去冬出戍鄂渚之衆師行不擾動有
紀律道路之人歸功於某某雖坐事以歿太上皇帝念之
不忘今可仰承聖意與追復元官以禮改葬訪求其後特
與錄用制詞有云事上以忠至無嫌於辰告行師有律幾

不犯於秋毫外摧孔熾之強胡内翦方張之劇盜名之難掄衆所共聞會中原方議於橐弓而當路力成於投杼坐急絳侯之繫莫然内史之灰逮更化之云初示褒忠之有漸思其姓氏既仍節鉞於岳陽念爾子孫又復孤惸於嶺表欲盡還其寵數乃下屬於耿躬是用峻升孤棘之班疊畀齋壇之組近纔禮葬少酬魏闕之心故邑追封更慰轅門之望豈獨發幽光於既往庶幾鼓義氣於方來末云聞李牧之爲人殆將拊髀關西平而未録敢緩旌賢其辰告之語蓋指王建儲之議也子雲復左武大夫忠州防禦使以禮祔葬子孫襁褓以上皆官之後嫁則官其夫張憲復龍

神衛四廂都指揮使閬州觀察使官憲子孫賜王家錢萬
緡建廟於鄂州賜其號曰忠烈詔三省曰秦檜誣岳某舉
世莫敢言李若樸爲獄官獨白其非罪今訪問甄録既而
李若樸除郎何彦猷妻劉氏經都堂具狀乞比類李若樸
除郎事理推恩奉聖旨何彦猷特贈兩官與一子恩澤
淳熙四年前太常少卿顔度奏請定謚太常議以宗社再
安遠邇率服猛虎在山藜藿不採爲折衝禦侮定亂安民
秋毫無犯危身犯上確然不移爲布德執義請謚曰武穆
詔依
淳熙五年五月五日霖以知欽州召見賜對便殿上宣諭

曰卿家紀律用兵之法張韓遠不及卿家冤枉朕悉知之
天下共知其冤霖對曰仰蒙聖察撫念故家不勝感激

籲天辨誣通叙

王奮自單平宣政之間已著功於河朔　高宗皇帝受密詔開霸府而王首被識擢蓋自是而歷位孤卿專制閫外未嘗有蚍蜉蟻子之援獨以孤忠結知明主自信不疑勳名既高讒慝横出而王之迹始危矣是時城狐負恃勢可炙手天下之士莫敢一攖其鋒而王之加罪也何鑄薛仁輔以不願推鞫而逐李若樸何彥猷以辨其非辜而罷士㒟以百口保任而幽之閩韓世忠以莫須有三字何以服

天下爲問而奪之柄最後而劉允升以布衣扣閽而坐極典矣一時附會之徒如万俟卨則以頽備鍛鍊自諫議而得中丞王俊則以希旨誣告自遥防而得廉車姚政龐榮傳選之流亦以阿附而並沐纍遷之寵矣王薨之後復有程宏圖者大書直指以明王之冤幸而大明當天宏圖之言適合聖意宏圖蓋未敢逆爲此望也然則是理之在人心如何哉紹興更化遂褫讜復純州還諸孤之在嶺嶠者重以念王不忘之德意屬之　孝宗皇帝嗣位之初首加昭雪既復其官爵又錫之冢地䟽以寵命而禄其子孫以緡錢而恤其家族給以元業而使之不餬口於四方旌以

廬兒而俾有以慰部曲三軍之心日月照臨下燭幽隱雨
露霑漑偏及死生聖恩洋洋度出史諜蓋自漢魏以來功
臣被誣誕謾無實未有如王之抑及其昭雪之際眷渥有加
亦未有如王之榮者也而其所以爲冤者不容不辨蓋王
之釁端造乎張俊而秦檜者實成之俊之怨王不一也而
大者有三焉淮西俊之分地趙鼎命之怯敵不行迨王一
戰而捷俊則恥之一也視韓世忠軍俊迎檜意欲分其背
嵬王執義不可比行楚州城俊欲與版築王又曰吾曹當
戮力圖克復豈可爲退保計耶俊則怒之二也殭虜大寇
俊等不能制而王談笑取之 主上眷寵加厚踰於諸將

王於俊爲後輩不十數年爵位相埒俊則嫉之三也檜之怨王尤不一也而大者亦有三焉全家南還已莫掩於撻辣縱歸之跡草檄辱國復汗覗於室撚寄聲之問以至二策之合不得輒易大臣之盟檜之私虜如此則主和之際豈容有異議然王一則曰恢復二則曰恢復犯其所甚諱一也昔王之諸孫名甫者守鄞會稽文惠王史浩謂之曰方代邸侍燕閒嘗一及時事檜怒之輒損一月之俸趙鼎以資善之議忤檜卒以貶死其謀危國本之意非一日矣然王首進建儲之議犯其所不欲二也韓世忠謀刼使者敗和議得罪於檜檜命王使山陽以捃摭世忠軍事且戒令

備反側托以上意王曰主上幸以世忠陞宥府楚之軍則
朝廷軍也公相命其以自衛果何爲者若使其捃摭同列
之私尤非所望於公相者及興耿著獄將究分軍之說連
及世忠王歎曰某與世忠同王事而使之不辜被罪吾爲
負世忠乃馳書告以檜意世忠亟奏求見上驚諭之曰安
有是旣而以詰檜且促具著獄著得減死犯其所深惡三
也夫俊以其憾王之心而諂事於檜檜之憾王者視俊爲
尤切唱和一辭遂啓大獄況當時輔之以羅汝楫之迎合
王鵬兒之告訐万俟卨挾故怨而助虐王貴刼於私而強
從則王固非以淮西之逗留而王之子雲非以通書而致

變張憲亦非以謀復王掌軍而得罪也雖然淮西之事御
札可考也逼書之迹書已焚矣雖鍛鍊之是從矣復掌軍
之謀則又取信於仇人之說而必成於狴犴之内甚而陳
首之事自甘軍法以實其言至行府興獄雖張俊極力以
文致而其半亦自云妄矣嗚呼冤哉洪皓嘗奏事而論及
王不覺爲慟以爲虜中所大畏服不敢以名稱者惟王至
號之爲岳爺爺及王之死虜之諸酋莫不酌酒相賀以爲
和議自是可堅而杳蠡嘗謂人曰虜自叛河南之盟王深
入不已檜私于金人勸上班師兀朮遺檜書曰爾朝夕以
和請而岳某方爲河北圖且殺吾壻不可以不圖必殺岳

某而後和可成也檜於是殺王以爲信即晧之所奏而觀
之篇之言其不妄也若夫辨寃之説金佗碎編編之詳矣
不欲復贅

忠文王紀事實録卷之四

忠文王紀事實録卷之五

奏議

謝講和表

武勝定國軍節度使開府儀同三司湖北京西路宣撫使兼營田大使臣岳某上表言今月十二日准都進奏院遞到赦書一道臣已即躬率統制統領將佐官屬等望闕宣讀訖觀時制變仰聖哲之宏規善勝不爭實帝王之妙算念此艱難之久姑從和好之宜睿澤誕敷輿情胥悅臣某誠懽誠抃頓首頓首竊以婁敬獻言於漢帝魏絳發策於晉公皆盟墨未乾顧口血猶在俄驅南牧之馬旋興北伐

之師蓋夷虜不情犬羊無信莫守金石之約難充溪壑之
求圖暫安而解倒懸猶云可也顧長慮而尊中國豈其然
乎恭惟　皇帝陛下大德有容神武不殺體乾之徤行巽
之權務和衆以安民迺講信而脩睦已漸還於境土想喜
見於威儀臣幸遇明時獲覩盛事身居將閫功無補於涓
埃口誦詔書尚有慚於軍旅尚作聰明而過慮徒懷猶豫
而致疑謂無事而請和者謀恐卑辭而益幣者進臣願定
謀於全勝期收地於兩河唾手燕雲終欲復讎而報國誓
心天地當令稽顙以稱藩臣無任瞻天望聖激切屏營之
至

乞出師札子

起復太尉武勝定國軍節度使湖北京西路宣撫使兼營田大使臣岳某奏臣自國家變故以來起於白屋從 陛下於戎伍實有致身報國復讎雪恥之心幸憑 社稷威靈前後粗立薄效 陛下録臣微勞擢自布衣曾未十年官至太尉品秩比三公恩數視二府又增重使名宣撫諸路臣一介賤微寵榮超躐有踰涯分今者又蒙益臣軍馬使濟恢圖臣實何人誤蒙神聖之知如此敢不晝度夜思以圖報稱臣竊揣敵情所以立劉豫於河南而付之齊秦之地蓋欲荼毒中原以中國而攻中國粘罕因得休兵養

馬觀釁乘隙包藏不淺臣謂不以此時禀　陛下睿筭妙
畧以伐其謀使劉豫父子隔絶五路叛將還歸兩河故地
漸復則金人之謀計日生浸益難圖然臣愚欲望　陛下
假臣日月勿拘其淹速使敵莫測臣之舉措萬一得便可
入則提兵直趨京洛據河陽陝府潼關以號召五路之叛
將叛將既還王師潜進彼必捨汴都而走河北京畿陝右
可以盡復至於京東諸郡　陛下付之韓世忠張俊亦可
便下臣然後分兵濬滑經畧兩河如此則劉豫父子斷必
成擒大遼有可立之形金人有破滅之理為　陛下社稷
長久無窮之計實在此舉假令汝潁陳蔡堅壁清野商於

[redacted]分屯要害進或無粮可因攻或難於餽運臣須斂兵
[redacted]上流賊必追襲而南臣俟其來當率諸將或挫其鋭
或待其疲賊利速戰不得所欲勢必復還臣當設伏邀其
歸路小入則小勝大入則大勝然後徐圖再舉設若賊見
上流進兵併力以侵淮上或分兵犯四川臣即長驅擣其
巢穴賊困於奔命勢窮力殫縱今年未終平殄來歲必得
所欲[redacted]陛下還歸舊京或進都襄陽關中惟 陛下所擇也
臣聞興師十萬日費千金內外騷動七十萬家此豈細事
然古者命將出師民不再役粮不再籍盖慮周而用足也
今臣部曲遠在上流去朝廷數千里平時每有粮食不足

之憂是以去秋臣兵深入陝洛而在寨卒伍有飢餓而死者臣故亟還前功不遂致使賊地陷僞忠義之人旋被屠殺皆臣之罪今日惟賴　陛下戒勑有司廣爲儲備俾臣得一意靜慮不以兵食亂其方寸則謀定計審必能濟此大事異時迎還　太上皇帝　寧德皇后梓宫奉邀天眷以歸故國使宗廟再安萬姓同歡　陛下高枕無北顧之憂臣之志願畢矣然後乞身歸田里此臣夙夜所自許者臣不勝拳拳孤忠昧死取　進旨

乞本軍進討劉豫札子

太尉武勝定國軍節度使湖北京西路宣撫使兼營田大

使臣岳某言賊豫逋誅尚宂中土陵寢乏祀皇圖偏安
陛下六飛時巡越在海際天下之愚夫愚婦莫不疾首痛
心願得伸鋤奮梃以致死于敵而 陛下審重此舉累年于
茲雖嘗分命將臣鼎峙江漢而皆僅令自守以待敵不敢
遠攻而求勝是以天下忠憤之氣日以沮喪中原來蘇之
望日以衰息歲月益久汙染漸深趨向一背不復可以轉
移此其利害誠爲易見臣待罪閫外不能宣國威靈克殄
小醜致神州隔於王化僭僞宂於宮闕死有餘罪敢逃司
敗之誅 陛下比者寢閣之命聖斷已堅咸謂恢復之功
指日可冀何至今日尚未決策北向臣願因此時上禀成

葬不煩濟師只以本軍進討虜少塞鰥官之咎以成
陛下寤寐中興之志順天之道因民之情以曲直爲壯老
以逆順爲強弱萬全之效茲焉可必惟 陛下力斷而行
之不勝大願區區愚忠畢罄於此干冒 天威無任戰汗
俟譴之至取 進止

乞移都奏略

錢塘僻在海隅非用武之地臣請 陛下建都上游用漢
光武故事親勒六軍往來督戰庶將士知 聖意之所向
人人用命臣當仗 國威靈鼓行北向殄滅北虜則中興
之功即日可冀

乞定儲嗣奏畧

今欲恢復必先正國本以安人心然後 陛下不常厥居以示不忘復讎之意

乞終制劄子

草土臣岳飛劄子臣今月十二日至江州瑞昌縣界准樞密院奏勘會岳某丁母憂已擇日降制起復緣目今人馬無人主管及見措置進兵渡江不可等待奉

聖旨先次行下岳某特起復仍日下主管軍馬措置邊事不得辭免伏念臣孤賤之迹幼失所怙鞠育訓導皆自臣母國家平燕雲之初臣方束髮從事軍旅誓期盡瘁不知

有家自從　陛下渡河以來而臣母淪陷河朔凡遣人一十八次始能般挈得脫虜歐驚悸致疾遂以纏綿臣以身服戎事未嘗一日獲侍親側躬致湯藥之奉今者遭此大難荼毒哀苦每加追念輒欲無生而　陛下恩眷有加即命起復在臣么微固深銜戴然臣重念為人之子生不能致菽水之歡死不能終衰絰之制面顏有靦天地弗容且以孝移忠事有本末若內不克盡事親之道外豈復有愛主之忠臣已般挈扶護前來欲於江州或南康軍界營葬伏望　聖慈矜憐餘生許終服制取　進止

乞終制第三劄子

草土臣岳某奏近於四月十二日具奏辭免起復檢校少保武勝定國軍節度使湖北京西路宣撫副使今月初一日准 御前金字牌遞到尚書省劄子奉 聖旨不允令學士院降詔仍不得再有陳請依已降 指揮日下主管軍馬措置調發不管少失機會者伏念臣叨荷 聖恩倍加倫等惟期盡忠庶圖報稱緣臣老母淪亡哀苦號泣兩目遂昏方寸亦多徙志自揆餘生豈復尚堪器使非敢獨孝于親而於 陛下不竭其忠正謂突屯如此不能任事況臣一介右列若以學術稍優謀略可取亦當勉強措置調發臣於二者俱無所長今既眼目昏眊又不能身先士卒

賈作銳氣苟不罄瀝血誠披告　陛下則他日必致顛隮

上辜委寄伏望春慈俯察孤衷許臣終制取　進止

太學　岳鄂王故宅也今司
土之神或曰即　王焉
公朝申錫廟號爵封徽章具
存　王血忱衛社共天命而
立民彝忠在令甲乃今右我
多士扶持名教威靈凜凜猶

生時敵愾之忠何拳拳斯文
如此哉孝悌忠信自有撻甲
兵之道聲明文物仁義禮樂
所暨可以化夷爲華我
朝中天之禍烈矣實自當時
諸人不知乎此有以啓之此

所以詒　王之憂也　王齋
志地下有時神游故宅幸其
今爲斯文之所聚也所以備
之甚力者蓋謂六籍之教不
墜五帝三王之學常明天理
人倫常不晦蝕夷狄其能侵

中國乎其視唐張睢陽志於
爲厲鬼以擊賊者又萬萬矣
夫爲厲鬼以擊賊孰愈乎昭
義理暢聲教而使賊自懾服
者乎此　王所以宜食於故
宅也景定壬戌年閏本齋同

舍廬陵謝起巖蒐王世系勲閥凡旂鼎所銘冊書所著奉常所議考功所録州志家乘野史所紀其涉於王者輯爲一書計若干卷目曰紀事實録不特使圃神貺者有

考抑以示妥安靈娭之意又
十年爲咸淳七年乃相率裒
金而壽之木書之篇末極知
其僭是歲春二月望 明善齋
齋諭學生吳安朝謹識

戊子三月二十日蓬山話舊第十四集藏園主人
出示此書世所稀見德清俞陛雲番禺商衍
瀛杭縣邵章靜海高毓浵易水陳雲誥桂林
張書雲閩縣胡嗣瑗貴陽邢端同敬觀
商衍瀛識時年七十有八
江夏傅嶽棻杭縣袁毓麐許寶蘅同觀

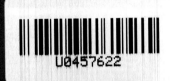